DECISÕES RACIONAIS E INTUITIVAS

Blucher

Itiro Iida

DECISÕES RACIONAIS E INTUITIVAS
Aplicações gerenciais

Goiara Mendonça de Castilho
Revisora técnica

Decisões racionais e intuitivas: aplicações gerenciais

Editora Edgard Blücher Ltda.

Publisher Edgard Blücher
Editor Eduardo Blücher
Coordenação editorial Jonatas Eliakim
Produção editorial Isabel Silva
Preparação de texto Luciana Duarte
Diagramação Taís do Lago
Revisão de texto Bonie Santos
Revisão técnica Goiara Mendonça de Castilho
Capa Leandro Cunha
Imagem da capa iStockphoto

Blucher

Rua Pedroso Alvarenga, 1245, 4° andar
04531-934 – São Paulo – SP – Brasil
Tel.: 55 11 3078-5366
contato@blucher.com.br
www.blucher.com.br

Segundo Novo Acordo Ortográfico, conforme 5. ed. do *Vocabulário Ortográfico da Língua Portuguesa*, Academia Brasileira de Letras, março de 2009.

Dados Internacionais de Catalogação na Publicação (CIP)
Angélica Ilacqua CRB-8/7057

Iida, Itiro
Decisões racionais e intuitivas : aplicações gerenciais / Itiro Iida. – São Paulo : Blucher, 2021.
232 p.

Bibliografia
ISBN 978-65-5506-313-4 (impresso)
ISBN 978-65-5506-314-1 (eletrônico)

1. Processo decisório 2. Administração – Gerência 3. Solução de problemas 4. Comportamento organizacional I. Título

21-4122 CDD 158.83

Índices para catálogo sistemático:
1. Processo decisório

DEDICATÓRIA

Tive a grande honra de conhecer três pessoas extraordinárias: **Alberto Luiz Coimbra** – um dirigente que ousou desafiar o *status quo*; **Carlos Matus** – uma das pessoas mais inovadoras que conheci; e **Lynaldo Cavalcanti de Albuquerque** – um líder que não tinha medo de errar. E é a eles que dedico esta obra, *in memoriam*.

AGRADECIMENTOS

Agradeço pelas valiosas sugestões recebidas, principalmente de Álvaro Braga de Abreu, Ana Maria Spinola, Eunice M. L. Soriano de Alencar, Ivan Rocha Neto, Maria da Gloria de Oliveira Neta, Maurício Miranda Sarmet, Ronaldo Soares Andrade e Rosemary Achcar. Agradeço especialmente a Goiara Mendonça de Castilho pela criteriosa revisão técnica. Recebi incondicional apoio dos meus familiares: Helenice, Gizelle, Renato e Ricardo.

APRESENTAÇÃO

A tomada de decisões é uma das funções mais importantes que realizamos, cotidianamente, durante toda a vida. Algumas são simples e fáceis, mas outras são complexas e muito estressantes. Existem decisões pessoais ou profissionais que nos afetam decisivamente. Em todas as situações procuramos acertar, mas os erros são inerentes ao processo decisório, pois dependem de episódios armazenados na memória, nem sempre acessíveis à consciência, além do estado emocional do momento. Mesmo sendo inevitáveis, esses erros podem ser reduzidos pelo conhecimento dos processos mentais. E a qualidade das decisões pode ser melhorada por esforços conscientes.

Durante muitos séculos, acreditou-se na racionalidade humana e que as melhores decisões seriam aquelas baseadas em informações confiáveis, sujeitas a análises e ponderações racionais, seguindo lógicas formais. Segundo essa crença, as emoções seriam prejudiciais, produzindo decisões irracionais, que seriam de pior qualidade. Contudo, pesquisas recentes demonstraram que os processos racionais e aqueles emocionais atuam ao mesmo tempo na nossa mente, e o bloqueio voluntário de qualquer um deles produz resultados nefastos.

Os conhecimentos sobre as ciências exatas e naturais avançaram muito nos últimos séculos, mas o mesmo não aconteceu com os estudos da cognição humana, que, em termos comparativos, têm uma história recente, principalmente se contextualizados no campo da investigação experimental. Os pesquisadores em neurociências vêm investigando o funcionamento da mente na tomada de decisões desde os anos 1960, quando prevaleciam os modelos racionais nas principais referências para o estudo da tomada de decisões. Apenas na década de 1980 explicações mais naturalísticas ganharam força.[1,2] Nesse contexto, as pesquisas de laboratório e de campo descobriram que a mente utiliza rotinas subconscientes na tomada de decisões complexas. Essas rotinas, chamadas de heurísticas, ocorrem em quase todas as situações e estão fora do nosso controle consciente.

Com o avanço das pesquisas em neurociências, sobretudo a partir da década de 1990, agora entendemos melhor os mecanismos da nossa mente e sabemos onde falham. As decisões dependem crucialmente das informações armazenadas na memória, frutos do aprendizado e das experiências anteriores. Contudo, a nossa mente é muito diferente da memória de um computador. A maior diferença está no processo de evocação das informações armazenadas na memória de longo prazo. No caso do computador, essas informações podem ser acessadas fielmente, sempre que se desejar. Na nossa mente, esse processo ocorre automaticamente, trazendo à consciência aqueles padrões armazenados que mais se assemelham às soluções procuradas em cada caso.

Além disso, os padrões armazenados vão se modificando com o tempo. Assim, a mente não pode ser considerada uma depositária fiel porque os registros de memória podem ser fragmentados ou enviesados pela percepção do evento (i.e., atribuição do significado dada ao evento no momento em que ocorre), como também os processos de evocação podem ser susceptíveis a diversos tipos de distorções, chamados de enganos ou vieses. Tendo consciência desses enganos e vieses, podemos evitar erros e melhorar a qualidade das decisões. Alguns erros não podem ser totalmente eliminados, mas podemos ficar alertas e providenciar medidas externas para reduzi-los ou corrigi-los.

Os erros são inerentes ao processo de decisão. Contudo, as decisões podem ser melhoradas realizando-se esforços conscientes para abastecer a memória com experiências significativas relacionadas às futuras decisões. A melhor decisão é aquela que se antecipa aos sintomas do problema, atuando preventivamente sobre as suas causas. Na área gerencial, há aqueles que têm "visão" do futuro e conseguem atuar preventivamente, eliminando ou neutralizando um problema por corrigir as suas causas. Outros atuam sobre suas consequências e vivem sobrecarregados para corrigir as emergências e urgências. Quando não se atua preventivamente, essas urgências nunca cessam de aparecer.

Diante de uma situação ou de um problema, nosso subconsciente oferece imediatamente sugestões para a decisão, que podem ser aceitas ou não pelo raciocínio consciente. Após tomar a decisão, esta deve ser externalizada e comunicada de alguma forma. Nesse ponto, há muitas diferenças individuais. Devido a inibição, insegurança ou medo de errar, muitos adiam ou simplesmente omitem-se de comunicar a decisão tomada. Isso geralmente é muito prejudicial, pois é preferível uma decisão errada a nenhuma, desde que possa ser posteriormente corrigida. A omissão ou o adiamento da decisão leva à paralisia, e o problema pode agravar-se, segundo o dito popular: "Adiou a decisão? Já errou". A solução tardia pode tornar-se muito mais difícil e onerosa.

Existem pessoas muito hábeis e rápidas na tomada de decisões. Todas elas utilizam intensivamente sua intuição com rapidez e coragem. Essas pessoas são especialmente valiosas quando colocadas nos principais cargos executivos, pois contribuem para dar maior fluidez aos processos gerenciais. Coerentemente, costumam ter uma ascensão mais rápida em empresas mais dinâmicas e competitivas.

CONTEÚDO

CAPÍTULO 1
A NATUREZA DAS DECISÕES

Decisão é a escolha de uma resposta, um caminho ou uma solução diante de uma situação ou de um problema. Pode ser apresentada por palavras, frases, gritos, gestos, expressões faciais, pareceres escritos, relatórios ou uma combinação deles. Uma das decisões fundamentais para a nossa sobrevivência é aquela que tomamos diante de um perigo iminente: enfrentar ou fugir.

Tomamos milhares de decisões todos os dias, pois elas são essenciais para a nossa sobrevivência, o exercício da atividade profissional e a convivência social. Algumas são domésticas e corriqueiras, como a escolha da cor da roupa ou do sapato que usaremos no dia. Outras são bem complexas, como a do jovem que escolhe a futura profissão. Essas decisões complexas geralmente não apresentam soluções fáceis ou óbvias. No nível institucional também acontecem situações semelhantes. Algumas decisões são cruciais, podendo afetar a vida e a subsistência de muitas pessoas ou a lucratividade de empresas. Em política internacional, uma decisão pode significar paz ou guerra entre nações.

A decisão depende do raciocínio, sempre coadjuvado pelas emoções, e ocorre a seguinte maneira: a) há uma situação que requer uma decisão; b) existem diferentes opções; e c) há uma avaliação das consequências dessas opções, imediata ou remotamente. A decisão leva à escolha de uma das opções, influenciada pelas experiências anteriores, pela emoção e pelo raciocínio.

Geralmente, quando tomamos decisões pessoais ou de negócios, ficamos confiantes de que foram considerados todos os aspectos importantes. Contudo, podemos conhecer apenas as influências conscientes e desconhecer a ampla gama de influências subconscientes e/ou o papel das emoções sobre as decisões humanas. Nossa mente subconsciente está sempre ativa, queiramos ou não, oferecendo possibilidades e sugestões e emitindo "pareceres" para preencher as lacunas com suposições.[3] Nessas manifestações há forte influência de certas peculiaridades, desejos, motivações pessoais e experiências passadas.

Durante muitos séculos acreditou-se que as decisões humanas poderiam ser racionalizadas. Essas decisões racionais seriam as melhores, devendo-se refutar todos os tipos de influências emocionais, que seriam inferiores e danosas. Acreditando-se nisso, foram elaborados muitos modelos para decisões racionais, geralmente visando otimizar alguma *função-objetivo*, como maximizar as vendas ou os lucros ou minimizar outras variáveis, como o índice de acidentes ou criminalidade. Esses modelos mostraram muitas falhas, levando a alguns resultados desastrosos. Assim, a partir da segunda metade do século XX, começaram a surgir estudos sobre as influências das emoções e das intuições na tomada de decisões.

Os estudos sobre o papel da intuição nas decisões humanas começaram a surgir na década de 1960 e ganharam maior ênfase nas décadas de 1970 e 1980, quando as empresas passaram a enfrentar maiores competições em uma conjuntura de incerteza. Nessas condições, os modelos racionais não davam orientações convincentes. Douglas Dean e John Mihalasky desenvolveram um indicador de percepção extrassensorial (intuição), que chamaram de *índice psi*. Realizaram um estudo de dez anos na Escola de Engenharia de Newark, no início dos anos 1960, e submeteram 67 presidentes de empresas aos testes.[4] Eles compararam os índices *psi* obtidos pelos executivos com os resultados econômicos de suas respectivas empresas nos cinco anos anteriores. Descobriu-se que 60% dos respondentes conseguiram índice *psi* acima da média, e 40%, abaixo. Aqueles acima da média dirigiam empresas que tinham alcançado melhores resultados financeiros, tendo obtido, pelo menos, 200% a mais de lucro naqueles cinco anos. As empresas dirigidas por executivos com índice *psi* abaixo da média obtiveram aumentos de lucro mais modestos, entre 51% e 100%, no mesmo período. Dean e Mihalasky concluíram que os executivos com elevado *índice psi* têm maior probabilidade de gerar maiores lucros para suas empresas.

HISTÓRIA

Desde o tempo dos antigos filósofos gregos (séculos VI e VII a.C.) temos acreditado que a racionalidade deve prevalecer nas melhores decisões humanas. Na antiga Grécia, sempre que os líderes viam-se diante de uma decisão premente, subiam ao Monte Parnasso para consultar o Oráculo de Delfos. Ali havia uma fissura na parte lateral de um vulcão ativo, com emanações de vapores quentes e sulfurosos. Fazendo leituras dessas emanações vaporosas, os gregos interpretavam a vontade do deus Apolo.[5] Esse oráculo transformou-os em fatalistas, admitindo apenas as opções *sim* ou *não,* e nunca o talvez ou a aleatoriedade. Contudo, filósofos como Aristóteles, Sócrates e Platão não ficaram apenas nas interpretações de emanações vaporosas e avançaram nos conhecimentos filosóficos e científicos. Assim, desenvolveram os fundamentos da matemática e da geometria, baseando-se em um conjunto de axiomas, sempre de forma determinística, pois acreditavam que o futuro ocorreria conforme os desígnios dos deuses.

Só muitos séculos depois surgiram os estudos da probabilidade e da estatística para explicar certos fenômenos naturais que sofrem influência de fatores aleatórios.[5] Esses fatores manifestam-se não apenas na natureza, mas também nos processos industriais de produção seriada. Na impossibilidade prática de eliminar a aleatoriedade para produzir apenas peças boas, desenvolveram-se métodos de controle de qualidade para separar, *a posteriori*, a produção defeituosa, que era refugada pelos procedimentos de controle de qualidade.

MODELO PLATÔNICO

Platão imaginou a mente como um coche puxado por dois cavalos, um branco, representando a razão, e outro negro, representando a emoção. Aquele da razão nos conduz ao bom caminho, enquanto o da emoção nos perturba e nos desvia desse caminho. O cocheiro deveria exercer a sua autoridade para conduzir o coche fazendo prevalecer a razão, para viver com harmonia e alegria, fugindo das emoções negativas e destrutivas. Aqueles que se deixassem dominar pelo cavalo negro das emoções teriam uma vida atribulada e desorientada. Aristóteles chegou a admitir dois tipos de saberes: o conhecimento imediato (intuição) e o científico (experimental). O conhecimento imediato seria alcançado por meio dos sentidos e das vivências anteriores, tendo um caráter subjetivo. Aquele científico teria bases experimentais, podendo ser comprovado objetivamente. Essas duas modalidades não seriam independentes entre si, porque só se pode chegar aos conhecimentos científicos mais precisos com o uso da intuição.[6]

O modelo platônico privilegia a razão sobre a emoção para sufocar os instintos primitivos e durou muitos séculos, levando à crença da superioridade humana sobre os outros animais. O próprio Platão chegou a imaginar um mundo melhor e mais ordenado, governado somente pela razão. Seus seguidores faziam apenas suposições sobre a atividade do cérebro, pois não tinham instrumentos para verificar o seu funcionamento interior. Nas últimas décadas, o funcionamento do cérebro começou a ser desvendado com o advento da neurociência e o avanço das técnicas de imageamento cerebral.

O modelo platônico ruiu em definitivo quando se descobriu que a separação entre razão e emoção não tem comprovação científica, e o cérebro trabalha simultaneamente com atividades racionais e emocionais. A parte do cérebro chamada de neocórtex, formada durante o longo processo evolutivo, durante 500 milhões de anos, não transformou os humanos em seres puramente racionais, capazes de ignorar os seus impulsos emocionais. Ao contrário, parte significativa do neocórtex está envolvida com os processos emocionais. Descobriu-se que o racional não pode prescindir do emocional, pois ele só funciona adequadamente quando interage continuamente com ele. Portanto, a falta de emoções compromete seriamente a qualidade das decisões racionais.

FILÓSOFOS ILUMINISTAS

A filosofia grega exerceu grande influência sobre a cultura ocidental e teve muitos seguidores ao longo do tempo, principalmente entre os filósofos iluministas dos séculos XVI e XVII. A racionalidade humana foi enfatizada por esses filósofos, cujo principal expoente é René Descartes (1596-1650), considerado o pai da filosofia moderna. Segundo Descartes, os seres humanos teriam duas substâncias: a sagrada, comandada pela razão, e a profana, dominada pelas emoções.[7] Ele queria livrar a mente humana das crenças primitivas, ilógicas e falsas do passado, dominadas pelas emoções, dissociando a mente do corpo, que passaram a ser vistas como entidades distintas.[6]

No livro *Discurso sobre o método*, Descartes elaborou uma proposta para se chegar à verdade utilizando apenas processos racionais. Desenvolveu o método cartesiano para abordar sistematicamente os problemas, parte por parte, do simples ao complexo, fazendo verificações para ter certeza de que nada foi omitido. Para ele, só o pensamento poderia levar à verdade, de acordo com a famosa máxima "*cogito ergo sum*" (penso, logo existo).

Por causa da grande influência de Descartes e de outros filósofos iluministas, o pensamento racional predominou durante os três séculos seguintes no desenvolvimento da cultura ocidental. A partir dele, a lógica e a razão passaram a predominar sobre as emoções. Dessa forma, as emoções e as intuições foram relegadas a um plano secundário, consideradas fraqueza e tratadas com desdém.

Os seguidores do cartesianismo elaboraram diversas propostas para instrumentar o pensamento racional. Francis Bacon e Auguste Comte pretenderam organizar uma sociedade baseada na "ciência racional". Thomas Jefferson desejava que os estadunidenses fossem dirigidos pela "razão e somente pela razão". Immanuel Kant associou a moralidade com a racionalidade. Durante a Revolução Francesa, um grupo de pensadores radicais fundou o Culto da Razão e transformou diversas catedrais francesas em templos da racionalidade. Não havia nenhum templo para cultuar a emoção, que era considerada atributo dos débeis, devendo ser desprezada.[7]

ABORDAGENS PSICOLÓGICAS

O comportamento humano resulta de um complexo fluxo de percepções, sentimentos e pensamentos, tanto no nível consciente como no subconsciente, interagindo de forma contínua, muitos dos quais fora do nosso controle consciente. Há mais de um século, psicólogos e pesquisadores já sabem que dispomos de uma vida subconsciente viva e ativa, que funciona em paralelo com a vida consciente, exercendo poderosa influência sobre ela.[3]

Estudiosos como Sigmund Freud e Carl Jung investigaram a parte subconsciente da mente, fazendo inferências a partir de sonhos e mitos, além de observações do comportamento.[6] Para Sigmund Freud (1856-1939), criador da psicanálise, nós temos uma vida interior, configurada em desejos, complexos e temores, que ficam no subconsciente, mas interferem no funcionamento exterior. De acordo com Freud, a vida exterior seria uma busca para satisfazer as necessidades armazenadas no interior da mente. Um exame atento das transferências do subconsciente para o consciente poderia explicar muitos comportamentos humanos.

Carl Jung (1875-1961) considerava que a mente tinha quatro funções primordiais: sensação, pensamento, sentimento e intuição. A *sensação* é a função dos sentidos, indicando que alguma coisa existe, como o som e a luz. Depois, o *pensamento* faz a interpretação, dando um significado ao objeto percebido. Por exemplo, um som pode ser interpretado como ruído, música ou voz humana. Em terceiro lugar, o *sentimento* faz um julgamento, associando algum valor à coisa percebida, por meio das cargas emocionais. Assim, podemos julgar se algo é agradável ou desagradável, bonito ou feio, valioso ou inútil. Finalmente, a *intuição* produz um palpite, uma impressão ou uma visão de futuro. Para isso, usa dados da mente subconsciente para produzir sugestões integrais e completas. Ou seja, faz uma ligação entre o passado e o futuro. Nessa ligação entre o passado e o futuro surge a quinta categoria, que é o *tempo*.

Para Jung, haveria uma luta permanente entre as quatro funções para alcançar a integralidade. A dificuldade estaria nos opostos polares. O *pensamento* opõe-se ao *sentimento* e a *sensação* opõe-se à *intuição*. Jung acreditava que cada pessoa teria uma ou duas funções mais desenvolvidas, sendo deficiente nas demais. Assim, se tivesse o *pensamento* dominante, poderia ter o *sentimento* inferior. O mesmo aconteceria em relação ao par oposto *sensação-intuição*. Jung estudou exaustivamente o processo de relacionamento do homem com o mundo, principalmente na aquisição de conhecimentos e no uso dos conhecimentos nas ações. Segundo ele, as pessoas se classificariam em extrovertidas e introvertidas. Os extrovertidos dirigem suas energias para o mundo exterior, enquanto os introvertidos as direcionam para o seu próprio íntimo.

Recentemente essas teorias foram confirmadas experimentalmente, estudando-se o funcionamento cerebral com implante de eletrodos nos cérebros de animais e seres humanos que tinham sofrido deficiências cerebrais decorrentes de tumor ou AVC.[8]

Abordagem cognitiva

Ainda no escopo da psicologia, outras abordagens têm apresentado contribuições significativas para a compreensão da tomada de decisões. Destaca-se a abordagem cognitivista, mais especificamente a ciência cognitiva, aliada à economia comportamental, na qual pesquisadores como Daniel Kahneman e Amos Tversky[9, 10, 11] tiveram importante papel na consolidação da área de investigação sobre os processos de tomada de decisão, principalmente no contexto de decisões mais naturalísticas em que sobejam os vieses cognitivos no processo decisório (ver Capítulo 3).

Cita-se ainda a abordagem comportamental aplicada à economia, em que o conceito de racionalidade limitada (*bounded rationality*) proposto por Herbert Simon[12, 13] implica algum grau de flexibilização de pressupostos contextualizados em modelos racionais para a tomada de decisão. Assim, assume-se que nem todas as possibilidades são conhecidas (limitações cognitivas) e/ou nem todas as probabilidades são computadas (limitações computacionais).

No campo da neurociência, os esforços têm se orientado para o mapeamento das estruturas e dos circuitos importantes para a tomada de decisão, e pesquisas que utilizam técnicas de imageamento cerebral têm se multiplicado expressivamente nas décadas de 2000 e 2010. A título de ilustração, a teoria de processamento dual – segundo a qual a tomada de decisão implica duas vias de processamento, sendo uma mais intuitiva e outra mais analítica – tem sido respaldada por dados empíricos robustos evidenciando, inclusive, o decisivo papel de estruturas subcorticais envolvidas na modulação das emoções durante o processo decisório.

Contudo, a despeito das inúmeras abordagens psicológicas, para compreender o processo de tomada de decisão, o mais salutar é adotar uma perspectiva multidimensional, uma vez que as decisões podem ser influenciadas por um conjunto complexo de variáveis, sendo relevantes as contribuições de diversas áreas da psicologia e diferentes olhares sobre a questão.

O PROBLEMA DA DECISÃO

Normalmente, as pessoas que tomam decisões pretendem acertar. Contudo, ocorrem algumas falhas inevitáveis inerentes ao processo de tomada de decisão, que podem emergir de maneira inesperada. As decisões, no mundo comercial e político, mesmo aquelas baseadas em muitas análises e ponderações, podem dar errado. Isso pode ser atribuído a numerosos fatores, como falha da memória, suposições erradas, preconceitos, evolução inesperada das circunstâncias externas ou, simplesmente, má sorte.

Uma decisão errada tem pelo menos dois ingredientes: uma pessoa ou um grupo de pessoas que comete um erro de julgamento; e um processo de decisão que não consegue detectar e corrigir o erro no devido tempo.[14]

As pessoas decidem utilizando conhecimentos e estratégias. Os conhecimentos estão armazenados na memória de longo prazo em forma de representações ou padrões, que se tornam conscientes pela linguagem, pelas ações ou por outros modos. As estratégias permitem inferir informações e escolher as opções de respostas adequadas, fornecendo critérios para essas escolhas.

A qualidade das decisões pode ser melhorada pelo conhecimento do processo mental envolvido na decisão, além do treinamento e do acúmulo de experiências pertinentes. Estas visam principalmente enriquecer a memória com padrões mentais úteis nas soluções, que serão evocados inconscientemente pela intuição.

No nível institucional, podem-se tomar medidas adicionais, organizando uma equipe interdisciplinar para analisar os diversos fatores envolvidos, além de criar mecanismos de acompanhamento e controle para identificar eventuais erros e providenciar as correções necessárias.

TIPOS DE PROBLEMAS

Existem muitos fatores que influenciam nas decisões, de acordo com a natureza dos problemas e seus contornos para a tomada de decisões, que podem ser classificados basicamente em três tipos:[8]

Problemas simples: são problemas para os quais não existem regras bem estabelecidas, mas que envolvem poucas variáveis e cujas consequências são relativamente leves. Em muitos casos, as decisões podem ser revertidas sem grandes prejuízos. Cotidianamente tomamos centenas de decisões desse tipo, como escolha da roupa, comida, ao que assistir na TV e assim por diante. Ao escolhermos assistir a um programa que não nos agrade, podemos decidir mudar de canal sem maiores consequências.

Problemas bem estruturados: nesse caso, geralmente existem regras de decisão para guiar o processo de inferências a partir de certas premissas. O processo para alcançar as soluções pode ser explicitado em regras, regulamentos e leis, aceitos por todos e com poucas interferências de opiniões ou paixões pessoais. As soluções propostas também são aceitas por todos, com poucas divergências. Isso ocorre, por exemplo, na solução de um problema de matemática, no projeto de construção de um edifício, no resultado de um jogo de futebol ou no julgamento de um criminoso.

Problemas complexos: esse tipo geralmente envolve grande número de fatores e de incertezas. São caracterizados pelo grande número de opções de consequências imprevisíveis, de imediato e no futuro, gerando conflitos entre possíveis vantagens e desvantagens. Muitos profissionais defrontam-se cotidianamente com decisões complexas, como o chefe que deve decidir sobre a promoção ou demissão de um empregado. Duas das decisões mais complexas que os jovens devem tomar são a escolha da futura profissão e da pessoa com quem vão se casar ou conviver.

Todos nós nos deparamos cotidianamente com dezenas ou centenas de problemas simples. No âmbito profissional, alguns trabalham mais com problemas bem estruturados, por exemplo, o programador de computador, o juiz de futebol e o eletricista. Outros, com aqueles complexos, como um diretor de teatro ou um headhunter (profissional que busca os melhores profissionais do mercado para uma empresa).

DECISÕES DETERMINÍSTICAS E NÃO DETERMINÍSTICAS

Algumas decisões podem ser determinísticas, o que significa que há *só uma* resposta correta para o problema. Isso acontece no mundo físico, envolvendo propriedades de materiais ou aspectos financeiros. Por exemplo, a espessura de uma chapa de aço para suportar determinado peso pode ser calculada por fórmulas matemáticas. Isso acontece também no cálculo do custo de produção de um bem material. Nesses casos, mesmo que as respostas não estejam completamente corretas, ficam bem próximas disso.

Em outros casos, como previsões climáticas ou a população de andorinhas em uma região, dependem de fatores externos, que envolvem perturbações sem controle, reduzindo a certeza e transformando as decisões em não determinísticas. A maioria das decisões humanas cai nessa categoria não determinística, pois baseia-se em diversas opções possíveis que não podem ser avaliadas objetivamente. Exemplos típicos são aqueles que envolvem preferências ou gostos pessoais, como um prato de comida ou a música favorita.[15]

Sempre que se tomam decisões com certas intenções, podem ocorrer muitas aleatoriedades pelo caminho, que provocam desvios, e, assim, os objetivos pretendidos não são alcançados. Por exemplo, quando um jogador de futebol chuta a bola para o gol, podem ocorrer diversas aleatoriedades que provocam desvios da bola, e, mesmo que a bola chegue ao destino certo, poderá ser interceptada pelo goleiro. Dessa forma, menos de 10% dos chutes resultam em gol, que é o objetivo pretendido. Esses resultados podem ser melhorados por artilheiros habilidosos, que conseguem reduzir as aleatoriedades, mas elas sempre continuarão a existir.

A mente humana pouco evoluiu nos últimos milênios e, comparada aos modernos computadores, pode ser considerada uma máquina extremamente tosca e nem sempre confiável. Contudo, tem a grande vantagem de processar eventos raros, pouco relacionados entre si e aleatórios, estabelecendo conexões inusitadas, relembrando fatos muito antigos. Esse processo ocorre de maneira não controlada e pode produzir erros, que não são eliminados totalmente, mas cujos efeitos podem ser reconhecidos e amenizados a fim de melhorar a qualidade das decisões.

ALEATORIEDADES

As aleatoriedades transformam as respostas determinísticas em não determinísticas. Assim, não se podem utilizar métodos e procedimentos determinísticos para solucionar problemas não determinísticos, sob risco de cometer grandes erros. Essas aleatoriedades estão presentes na maior parte dos problemas humanos e sociais. Na gestão de empresas, elas tendem a crescer quando se sobe no nível hierárquico, da baixa para a alta administração.

As ciências exatas e naturais trabalham com leis determinísticas, pois atuam sobre materiais e seres que têm comportamentos previsíveis. Assim, os teoremas da matemática, as leis da física e da química e os comportamentos de plantas e animais selvagens não costumam variar muito de acordo com as circunstâncias. Isso aplica-se também à música, cujas partituras são universalmente aceitas.

Isso em geral não acontece com os seres humanos e os sistemas sociais, que se comportam de forma complexa e, muitas vezes, imprevisível. Dessa forma, não se podem aplicar as leis das ciências exatas e naturais ao estudo do comportamento humano ou aos eventos sociais e econômicos.[16] Esse dilema ocorre, por exemplo, quando um pesquisador em física teórica é promovido a um cargo gerencial. Nesse caso, ele não pode esperar que as pessoas se comportem como elétrons.

A fábula de Andrócles

As decisões estão sujeitas a vários fatores aleatórios, que podem fazer a diferença entre o sucesso e o fracasso, popularmente chamados de sorte ou azar. Dependem também da sensibilidade para reconhecer as oportunidades e o momento certo, além da coragem para agir. Um bom exemplo é a fábula do escravo Andrócles, narrada pelo historiador Aulo Gélio no tempo do imperador romano Calígula.[6]

Andrócles era escravo de um nobre romano e decidiu fugir, o que era extremamente arriscado, pois seria perseguido, capturado e severamente castigado. Ele correu em direção às montanhas e estava colhendo frutos para comer quando descobriu uma caverna coberta pela vegetação às margens de um regato. Julgou que seria um bom lugar para se refugiar, pois era bem escondido, com disponibilidade de água e comida. Andrócles entrou na caverna, mas foi surpreendido pelo rugido de um leão feroz. Diante do inesperado, ele ficou assustado e momentaneamente imóvel.

O leão rugiu outras vezes. Andrócles percebeu que o rugido do leão não era propriamente agressivo, mas eram uivos de dor. Ele aproximou-se cautelosamente do leão e descobriu que havia um espinho em sua pata. O medo de Andrócles diminuiu e ele dirigiu-se ao leão com voz suave e propôs um acordo: "Eu retiro seu espinho e, em troca, você me deixa ir embora". Aproximou-se com muita cautela da fera e retirou o espinho da pata inflamada. Depois, foi recuando para sair da caverna, e o leão o seguiu. Mas, em vez de atacá-lo, o leão roçou a juba na perna do escravo, em sinal de gratidão.[6]

Salvo e aliviado, Andrócles retirou-se em busca de outro esconderijo, mas não teve sucesso, porque foi descoberto e preso pelos soldados do antigo senhor. Como castigo, seria lançado aos leões nos jogos seguintes, para servir de exemplo aos outros fujões. No dia do jogo, Andrócles foi posto no centro do Coliseu, onde havia uma jaula com um leão faminto. Quando a jaula foi aberta, ele reconheceu o seu antigo "paciente" da caverna. Andrócles dirigiu-se confiantemente ao leão e começou a afagá-lo. O público emocionou-se com a coragem e a habilidade do escravo e começou a ovacioná-lo. Com isso, tanto ele como o leão ganharam a liberdade. Essa fábula ensina que a nossa vida depende do acaso e das oportunidades, mas também da sensibilidade para identificá-los e de coragem para atuar no momento adequado.

QUALIDADE DAS DECISÕES

Devido às aleatoriedades do processo decisório, nunca é possível tomar decisões 100% corretas. Em termos estatísticos, a distribuição da qualidade das decisões segue uma curva de Gauss. A qualidade média das decisões pode ser melhorada passando-se da curva A para a B, como se vê na Figura 1.1. Isso pode ser feito basicamente pela ação consciente de adquirir experiências significativas a serem armazenadas na memória de longo prazo.[17] Também podem-se adotar certas medidas externas para se reconhecer e corrigir os vieses e enganos introduzidos pela mente quando se evocam essas experiências implicitamente, ou seja, de forma nem sempre plenamente consciente. Desse modo, embora as decisões dependam, em grande parte, de processos não plenamente acessíveis ao consciente, estas podem ser submetidas a certos controles para que os erros não se transformem em ações efetivas.

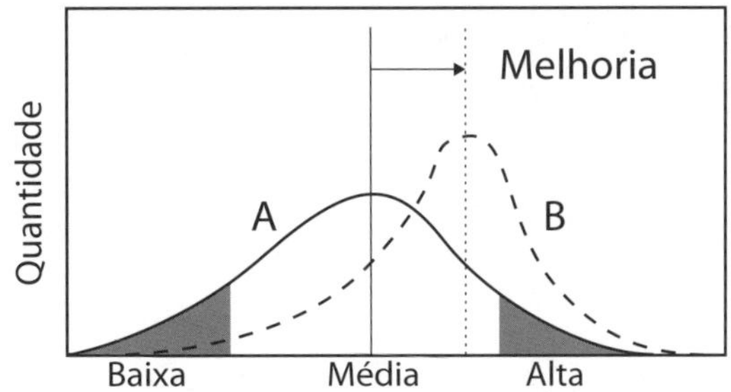

Figura 1.1 A qualidade das decisões distribui-se de acordo com a curva de Gauss, e sua qualidade média pode ser melhorada, mas os erros nunca podem ser totalmente eliminados.

Portanto, com esforço consciente, principalmente para evitar a influência das diversas distorções da mente, chamadas de vieses, pode-se melhorar a qualidade média das decisões. Além disso, diversas medidas externas, que dependem de outras pessoas ou da organização institucional, podem melhorar a qualidade média dessas decisões.

CAPÍTULO 2
OS MECANISMOS DA MENTE

Para entender como ocorrem as decisões, é necessário conhecer o funcionamento do cérebro humano. Até a metade do século XX, o cérebro era uma caixa preta sobre a qual se faziam diversas conjecturas, como fez o psicanalista Sigmund Freud. A partir disso, o conhecimento sobre o funcionamento do cérebro humano foi aumentando com o avanço das pesquisas em neurociências. Essas pesquisas evoluíram muito nas últimas décadas, com a ajuda de novos procedimentos, como a *functional Magnectic Resonance Imaging* (fMRI), que permite ver imagens de partes do cérebro em funcionamento em tempo real enquanto se exerce alguma atividade cerebral.

ESTRUTURA DO CÉREBRO

Estima-se que os primeiros seres vivos dotados de neurônios tenham surgido há 500 milhões de anos. Realizavam apenas funções simples que envolviam principalmente respostas reflexas ou automáticas.[7] Ao longo de muitos séculos, o cérebro foi se expandindo e se especializando, tornando-se capaz de executar funções mais complexas. Os seres primitivos tinham apenas alguns milhares de neurônios. O mundo era habitado por animais dotados de cérebros especializados, permitindo que abelhas identificassem uma flor, que peixes e aves pudessem migrar por orientações magnéticas. Chamamos esses comportamentos de *instintos*. Eles têm uma programação rígida e não podem ser modificados pela aprendizagem.

O *Homo sapiens*, que apareceu há 300 mil anos, era dotado de cérebro com cerca de 86 bilhões de células nervosas conectadas entre si, formando extensas redes com funções específicas. Com isso, era capaz de executar funções como falar, planejar e inventar novas ferramentas.[14] Atualmente, o cérebro humano é três vezes maior que o dos primatas mais próximos, como gorilas, chimpanzés e orangotangos, permitindo-nos realizar funções superiores, como planejar, usar a linguagem e inventar novas ferramentas. Somos capazes de analisar logicamente os problemas e acumular conhecimento.

Os humanos das cavernas passaram centenas de milhares de anos como caçadores-coletores nômades. Só no período Neolítico (10.000 a.C. a 5.000 a.C.), passaram a produzir seus próprios alimentos, com o desenvolvimento da agricultura. Muitos historiadores consideram a agricultura a maior descoberta da humanidade, pois criou condições para o aumento da população e a criação de cidades, produzindo uma grandiosa evolução das organizações social e econômica. A cultura neolítica possibilitou o desenvolvimento das civilizações da Mesopotâmia, do Egito e da China, a partir de 5.000 a.C., com elevada complexidade. Contudo, essa evolução ocorreu em tempo relativamente curto, em termos históricos: o nosso cérebro (*hardware*) não teve tempo suficiente para acompanhá-la e, de certa forma, ainda funciona como no tempo do homem das cavernas. E, sem *upgrades* significativos, continua a rodar os sofisticados *softwares* atuais, com evidentes desvantagens desse *hardware*, cometendo muitos erros de processamento e demorando mais do que o esperado.

Ao longo da história, foram feitas diversas analogias com o cérebro humano. Na segunda metade do século XX, com o advento da informática, o cérebro humano foi assemelhado a um computador. Contudo, esse modelo parcial é falho por excluir as emoções, que não podem ser representadas por estruturas lógicas de uma linguagem de programação. As emoções nos permitem decidir, por exemplo, se simpatizamos ou não com certas pessoas por um simples olhar, o que seria difícil de programar racionalmente.

TEORIA DO CÉREBRO TRIÚNO

O neurocientista Paul MacLean (1913-2007) desenvolveu a teoria do cérebro triúno (Figura 2.1), pela qual o cérebro seria composto de três camadas que se foram superpondo durante o processo evolutivo de milhões de anos: o complexo reptiliano, o sistema límbico e o córtex e neocórtex.[14]

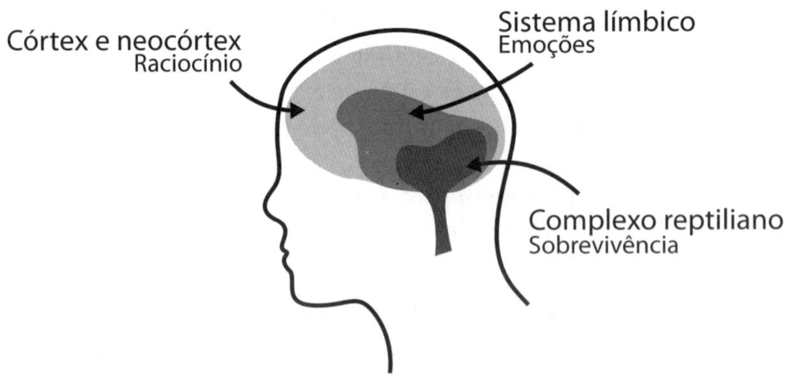

Figura 2.1 Vista lateral do cérebro, mostrando a estrutura com três camadas superpostas. Fonte: adaptada de Finkelstein, Whitehead e Campbell.[14]

Complexo reptiliano

O *complexo reptiliano* é a parte mais primitiva do nosso cérebro, composta do tronco encefálico e do cerebelo, e situa-se no topo da medula espinhal. O tronco encefálico realiza funções básicas, relacionadas com a sobrevivência física e a manutenção do organismo, como respiração, digestão, circulação, regulação térmica e reprodução. Abriga também as emoções primitivas de medo e agressividade, que comandam os instintos de lutar ou fugir. O cerebelo regula a fome, o sono e os movimentos corporais. Assim, garante a sobrevivência, a reprodução e a dominação para o estabelecimento de territórios. É ele que orienta as tartarugas marinhas para o local da desova, retornando à praia onde nasceram. Todos os seres vertebrados (répteis, peixes, anfíbios, mamíferos) possuem estruturas cerebrais reptilianas. Contudo, os mamíferos se diferenciam por ter, adicionalmente, o sistema límbico e o córtex e neocórtex.

Sistema límbico

O *sistema límbico* ou córtex límbico é a estrutura cerebral mais antiga, do ponto de vista evolutivo, tendo surgido com os mamíferos primitivos (velhos mamíferos). É composto de vários elementos, como amígdala (emoções), hipocampo (memória de longo prazo), hipotálamo (controle do sistema autônomo), tálamo (conexão com demais partes do sistema límbico) e outros. A *amígdala* converte as sensações em *emoções*, gerenciando os desejos, o prazer, a fobia e a violência. Paul Ekman encontrou seis emoções básicas comuns a várias culturas e localidades do mundo: medo, raiva, alegria, tristeza, surpresa e nojo.[18] Estas geram imediatamente uma reação visceral do organismo. Os animais com lesões na amígdala não sentem medo nem raiva, e perdem o impulso para competir.

O *hipocampo* converte as informações sensoriais em memória de longo prazo. Ele tem grande capacidade de armazenamento de informações subconscientes. Essas informações armazenadas são continuamente rememoradas em forma de sugestões automáticas para as decisões. As emoções mais intensas provocam maiores estímulos da amígdala e são mais facilmente memorizadas, auxiliando na sobrevivência dos animais. Isso acontece com as crianças desde os primeiros anos de vida. O uso repetitivo de certas conexões neurais do hipocampo aumenta a capacidade e a facilidade de recuperação das informações armazenadas. Essa estrutura, portanto, está relacionada com a memória e a aprendizagem, que ocorrem por meio dos estudos e das experiências.

O sistema límbico como um todo produz decisões emocionais rápidas, em frações de segundo. Elas foram essenciais à evolução das espécies, pois acionam mecanismos defensivos, necessários à sobrevivência, atuando no nível subconsciente.[19] A mente racional é mais demorada, pois faz análises e valorações conscientes das opções. Por exemplo, pode-se jogar um pedaço de cipó perto de um macaco distraído. Ao visualizar esse objeto, ele imediatamente dá um pulo, para fugir de uma mordida de cobra. No instante seguinte, ao analisar detidamente o objeto imóvel, pelo raciocínio, chega à conclusão de que este é inofensivo.

Córtex e neocórtex

O *córtex* é constituído por três capas que envolvem o cérebro, contendo cerca de 80% dos neurônios cerebrais dos humanos. O córtex permite a cognição, atuando em conjunto com o sistema límbico no processamento das emoções. Surgiu com a evolução do cérebro de alguns mamíferos (novos mamíferos), ocorrida há 100 milhões de anos, diferenciando os primatas dos demais animais. A evolução prosseguiu e o gênero *Homo* surgiu há 2 milhões de anos, chegando à forma atual dos *Homo sapiens* há cerca de 300 mil anos, quando adquiriu uma nova camada, chamada de neocórtex, responsável por uma mudança dramática desses novos primatas. O neocórtex surgiu pelo crescimento do cérebro no lobo frontal, no qual se realizam os processamentos superiores dos humanos, como o raciocínio, o planejamento de ações e o pensamento lógico, sendo responsável pela moralidade.

As emoções produzidas pelo sistema límbico são informações "cruas" de baixa qualidade e sem maiores compromissos, sujeitas a uma decisão posterior do neocórtex, funcionando como um filtro. Essas duas mentes trabalham conectadas, e ambas são essenciais. A deficiência de uma delas ou a interrupção do canal de comunicação entre elas pode provocar sérias consequências. O neocórtex é capaz de anular os comandos emitidos pelo sistema límbico de maneira consciente, e isso é extremamente importante para a nossa convivência social.

Pela ação do hipocampo, somos capazes de reconhecer o rosto de uma pessoa conhecida, mas o neocórtex pode nos avisar que não gostamos dela. Emoções muito fortes e perturbadoras podem provocar saturação nesse canal. Nessa ocasião, a capacidade cognitiva é bloqueada e a pessoa torna-se incapaz de raciocinar. Se uma criança sofrer contínuas perturbações, pode ocorrer uma mutilação da conexão entre o sistema límbico e o neocórtex. Muitas vezes, a capacidade intelectual, em testes de QI, não é alterada, mas o bloqueio emocional pode mudar o comportamento, provocando queda no desempenho e tendências ao alcoolismo e à criminalidade.[8, 19]

O *córtex pré-frontal* é a pequena parte do neocórtex, situada logo atrás da testa, que funciona como centro de controle do cérebro, fazendo integração entre percepção, emoção e consciência e administrando todos os processos mentais superiores, responsabilizando-se pela coordenação de nossos pensamentos e ações, focalizando nossa atenção, inibindo certas reações, resolvendo conflitos e elaborando planos. Assim, permite a tomada de decisões conscientes, calculadas, muito diferentes daquelas viscerais. Por exemplo, ao pegarmos um prato quente, nossa reação imediata é soltá-lo. Contudo, podemos ponderar que isso provocaria sua quebra e, então, localizamos uma mesa para apoiá-lo. Dessa forma, os humanos tornaram-se capazes de contrariar os sentimentos primitivos, tomando decisões deliberadas e mais complexas, como prever o futuro, planejar e elaborar estratégias.

A rede neural que constitui o córtex pré-frontal consolida-se lentamente durante a infância e deteriora-se na velhice, com a demência. Pode ser inibida temporariamente pelo uso de álcool ou drogas. Em laboratório, pode-se inibir ou ativar temporariamente seu funcionamento por meio de estimulações eletromagnéticas. Em um pequeno experimento, no qual se provocou inibição do córtex pré-frontal, pediu-se que um sujeito lembrasse de palavras que começavam com determinada letra. Esse sujeito deveria esperar alguns segundos para pronunciá-las, mas começou a pronunciar compulsivamente as palavras, no momento que as lembrava, sendo incapaz de esperar, demonstrando falha de controle.[20]

Embora essa divisão do cérebro em três partes seja útil para explicar certos fenômenos, é importante ressaltar que se trata de um modelo bastante simplificado.[3] Algumas criaturas primitivas também têm tecidos semelhantes ao córtex. Por conseguinte, o comportamento delas não é tão instintivo quanto o consideramos. Essas três partes são descritas como áreas independentes entre si, mas na realidade funcionam em conjunto, integradas, com inúmeras ligações neurais entre elas.

HEMISFÉRIOS CEREBRAIS

Visto de frente, o cérebro é composto de dois hemisférios, o esquerdo e o direito, que têm diferentes funções, embora se comuniquem entre si. O hemisfério esquerdo realiza operações no nível consciente, trabalhando com palavras e números, sendo responsável pelos processos lógicos, analíticos, racionais, verbais, digitais, sequenciais e temporais, baseando-se em regras, que chamaremos de *sistema reflexivo.* O hemisfério direito é responsável pelos processos não lógicos, não verbais, de percepção visual-espacial, simultâneos, holísticos, emotivos, análogos e intuitivos. Esse hemisfério opera com imagens e situações mais integradas, processadas no nível subconsciente, de forma intuitiva, e o chamaremos de *sistema automático.*[21]

O funcionamento diferenciado dos dois hemisférios cerebrais produz dois sistemas cognitivos (Quadro 2.1). As respostas automáticas são rápidas e intuitivas, não envolvendo raciocínios ou escolhas conscientes, enquanto as reflexivas são mais lentas, porque exigem mais informações e processamentos. Muitos cientistas constroem rapidamente imagens mentais de suas teorias e descobertas, mesmo que tenham dificuldade de verbalizar e descrever racionalmente essas ideias. O mesmo acontece com executivos que tomam decisões intuitivas e não conseguem justificá-las racionalmente. Os povos orientais (chineses, japoneses, coreanos etc.) que utilizam ideogramas para escrever às vezes são considerados mais intuitivos, porque esses ideogramas são armazenados como figuras, promovendo maior desenvolvimento do hemisfério direito do cérebro.

Quadro 2.1 Características dos dois sistemas operacionais da cognição

Sistema automático	Sistema reflexivo
Rápido	Lento
Subconsciente	Consciente
Intuitivo	Dedutivo
Incontrolável	Controlável
Passivo, sem esforço	Ativo, com esforço
Experiências anteriores	Métodos, procedimentos

Fonte: adaptado de Thaler e Sunstein.[21]

O sistema automático opera em situações repetitivas, para as quais desenvolvemos comportamento em padrões automáticos, utilizados sem esforço ou deliberação, sem reflexão consciente, embora possam ser suprimidos por livre vontade. Por exemplo, ao voltarmos para casa, percorrendo um caminho habitual, operamos automaticamente, sem pensar. Nesse caso, existe forte ligação entre estímulo e resposta, de modo que a solução não depende de raciocínios conscientes. As respostas automáticas ocorrem na parte mais primitiva do cérebro, chamada de complexo reptiliano (Figura 2.1). Compartilhamos esse tipo de comportamento com outros animais "irracionais", como cobras e ursos. O sistema reflexivo é deliberado e consciente, usado para se fazer uma operação aritmética ou escolher um caminho não habitual, como aquele para se chegar a um lugar desconhecido, guiados por um mapa.

Os dois sistemas operam de forma simultânea, cooperativamente, interagindo continuamente e dando saltos de um para o outro. Enquanto o sistema reflexivo busca uma solução consciente, o sistema automático pode atuar dando "dicas"; ou, inversamente, o sistema automático adianta-se, gerando ideias que são analisadas pelo sistema reflexivo. Ao escrevermos um livro, operamos a maior parte do tempo no sistema reflexivo para redigir as frases. Contudo, podem ocorrer contribuições inusitadas, como *flashes* de ideias, que ocorrem de forma descontrolada. Nesse caso é o sistema automático que atua, apresentando sugestões espontâneas e extemporâneas.

Por exemplo, os norte-americanos, quando recebem informações sobre o clima em graus Fahrenheit, e os europeus, quando o fazem em graus Celsius, usam o sistema automático. Se perguntarmos a um norte-americano a temperatura em Celsius, ele terá de realizar cálculos, passando do sistema automático para o reflexivo. Ao trafegarmos por uma estrada conhecida, operamos no automático a maior parte do tempo. Mas, de repente, pode acontecer um acidente ou pode haver um buraco na pista; então, passamos o comando para o reflexivo. Na Inglaterra, os motoristas trafegam do lado esquerdo da pista utilizando o sistema automático na maior parte do tempo. Em outros países europeus, isso seria considerado infração, por trafegar na contramão. Então, para evitar acidentes, os ingleses precisariam prestar mais atenção quando dirigem no continente europeu, passando para o sistema reflexivo.

O sistema automático continua a operar fora do nível consciente, organizando as informações recebidas, tanto durante o estado de vigília quanto durante o sono. Esse período de organização das informações no subconsciente é chamado de *incubação,* considerado um tempo de maturação para que o próprio cérebro se organize e produza a solução do problema, mesmo que haja um "desligamento" consciente do problema. Isso corresponde ao famoso *Eureka* de Arquimedes, que lhe ocorreu quando estava tomando banho de tina e a água entornou.

Naturalmente, é mais cômodo e rápido operar no automático. Fazemos isso diariamente, na maioria das tarefas repetitivas. As operações reflexivas podem transformar-se em automáticas com experiência, treinamento e muitas repetições. Por exemplo, um jovem aprendiz, dirigindo um carro, vai sentir muito mais estresse e cansaço em relação a um motorista experiente, porque utiliza o reflexivo na maior parte das vezes. Com o tempo, o novato vai transferindo as tarefas do reflexivo para o automático. Assim, ao passar as marchas, já não precisará olhar para a alavanca de câmbio. Desse modo, as pessoas que conseguem utilizar o automático em maiores proporções têm uma vida mais fácil e melhor. Contudo, correm também maiores riscos, porque a simplificação do automático pode produzir erros de decisão, devido aos diversos tipos de vieses e distorções introduzidos pela mente subconscientemente.

Há grandes diferenças individuais quanto à capacidade e à habilidade de trabalhar com esses dois sistemas. Algumas pessoas de personalidade mais analítica atuam melhor no reflexivo, enquanto outras, mais arrojadas e corajosas, no automático. Em linguagem de planejamento, pode-se dizer que os primeiros são melhores na elaboração de estratégias, enquanto os segundos, na ação tática, com melhor percepção da realidade situacional.

MAPA DO CÉREBRO

Embora o estudo do cérebro e suas correlações com o comportamento tenham raízes antigas na história da humanidade, o termo "neurociência" é relativamente recente, tendo a área alcançado grande projeção com os estudos de Joseph LeDoux, que pretendia realizar o mapeamento de cérebro com intuito de descobrir regiões especializadas em certas funções.[22] Um grande avanço nos estudos sobre as funções do cérebro ocorreu a partir da década de 1990, com o desenvolvimento da *functional Magnectic Ressonance Image* (fMRI), que permite acompanhar, em tempo real, o funcionamento tridimensional do cérebro, monitorando aumentos e reduções do fluxo de sangue em certas regiões do cérebro enquanto realizam determinadas funções.[14] Com isso, tornou-se possível identificar as áreas cerebrais relacionadas a cada uma dessas funções. Também podem-se inibir temporariamente essas funções, em laboratório, e verificar as suas consequências em termos comportamentais.

António Damásio, neurocientista português que trabalha nos Estados Unidos, realizou estudos com pacientes que apresentavam lesões em áreas específicas do cérebro.[8] Ele descobriu que algumas dessas lesões alteram as emoções e podem comprometer princípios éticos e convenções sociais, afetando a capacidade de planejar e antecipar o futuro, o sentido de responsabilidade perante si e os outros e a capacidade de exercer o livre-arbítrio. A desconexão entre o sistema límbico e o neocórtex provoca uma doença chamada *alexitimia,* em que as pessoas não conseguem associar as sensações físicas às respectivas emoções. Por exemplo, reclamam de dores estomacais, suores e tontura, mas não sabem que estão ansiosos.[19] Essas ocorrências provocam mudança de personalidade, pois a pessoa pode inventar narrativas sem fundamento, construindo um mundo fantasioso, ou cometer crimes sem sentir remorso. Estima-se que cerca de 70% da população carcerária sofra de algum tipo de lesão das funções cerebrais.[8]

Damásio descobriu uma região particularmente importante do cérebro, o *córtex orbifrontal*, situado atrás dos olhos, na parte inferior do lóbulo frontal.[8] O córtex orbifrontal faz interações entre as emoções viscerais e o processo de decisão. As emoções geradas no sistema límbico são submetidas a uma análise nessa parte do cérebro, para aprovação ou desaprovação, mesmo sem uma deliberação consciente. Por exemplo, ao percorrermos as opções do menu de um restaurante, a cada alternativa lida, o córtex orbifrontal já vai classificando-as como gosto/não gosto, para posterior decisão e início da ação. Desse modo, sem uma assistência contínua e imediata dessa região do córtex, gerando emoções, o processo de decisão ficaria seriamente comprometido. Se essa região for danificada por um tumor ou acidente vascular cerebral (AVC), os pacientes conseguem manter a capacidade física e a inteligência intacta e sem nenhuma deficiência cognitiva, mas apresentam distúrbios de comportamento. Parecem mais distantes, frios e "desligados". Começam a realizar coisas irresponsáveis. As tarefas cotidianas passam a ser executadas morosamente e com extrema dificuldade. Os familiares dizem que se sentem convivendo com um estranho.

Há diferenças de funcionamento entre os lóbulos pré-frontais direito e esquerdo, e isso influencia o humor da pessoa.[8] O lado direito é responsável pelos sentimentos negativos, como medo e agressividade, enquanto o esquerdo refreia as emoções brutas, atuando como um termostato. A falha de um deles pode alterar a personalidade. Se isso ocorrer no lado direito, a pessoa torna-se menos irritadiça e menos agressiva. Se for do lado esquerdo, apresenta preocupações e medos exagerados.

FUNCIONAMENTO DO CÉREBRO

As imagens de fMRI permitem acompanhar o funcionamento do cérebro, em tempo real, enquanto ele realiza alguma função. Elas capturam a atividade em determinadas áreas cerebrais mais demandadas pela tarefa. Em termos descritivos bastante simples, a atividade neuronal decorre de transmissões eletroquímicas entre as células que compõem o tecido nervoso. Entre os mensageiros químicos ou neurotransmissores mais importantes destaca-se a dopamina (DA).

DOPAMINA

Dopamina é um neurotransmissor que ajuda a regular as emoções, desde os primeiros indícios de prazer até o mais profundo asco.[7] Os neurônios especializados que transmitem dopamina assemelham-se aos fotorreceptores da retina, que detectam os raios de luz que entram no olho. Assim como a visão é iniciada na retina, o processo de tomada de decisões começa com as flutuações dos níveis de dopamina. Essas flutuações dos níveis de dopamina também indicam discrepância entre a expectativa e a realidade ou algum tipo de dissonância entre o previsto e o real.[20] Ela funciona como mensageiro da surpresa quando ocorre um erro de previsão, espalhando-se por diferentes estruturas cerebrais, emitindo um aviso de alerta. À medida que fazemos ajustes, aproximando a realidade daquilo que era esperado, os níveis de dopamina diminuem. Isso acontece, por exemplo, quando desconfiamos de uma pessoa e, gradativamente, vamos adquirindo confiança.

A dopamina foi descoberta por dois pioneiros das neurociências, James Olds e Peter Milner, em 1954, quando investigavam um neurotransmissor constituído por células nervosas diferenciadas do cérebro *(spindle neurons),* mais longas e delgadas que as demais.[7, 8] Esse tipo de célula é responsável pela cognição e só se encontra na mente humana e nas dos grandes primatas. Contudo, os humanos têm quarenta vezes mais células desse tipo que os primatas. Elas são muito sensíveis e são capazes de transmitir impulsos nervosos a velocidades superiores às de outras células nervosas. Até pequenas mudanças ambientais são percebidas pelos *spindle neurons*, provocando liberação da dopamina.

James Olds e Peter Milner descobriram que a dopamina gera prazer em ratos, atuando em uma pequena região específica na parte central do cérebro, em 1954. Eles fizeram experimentos a partir da colocação de eletrodos que liberavam uma corrente elétrica na área septal do cérebro após pressão de uma barra, estabelecendo assim uma contingência reforçadora entre o comportamento de pressão à barra e a liberação do reforço via corrente elétrica.[23] Contudo, é importante pontuar que, à época do estudo de Olds e Milner, muito pouco era conhecido sobre o papel dos neurotransmissores. Entretanto, estudos como esse pavimentaram o caminho para a descoberta do papel de vários neurotransmissores, sendo a dopamina reconhecidamente um neurotransmissor importante para se compreender o valor reforçador do alimento dentre outros reforçadores primários.[24]

Por exemplo, ao associar um estímulo sonoro (bip) com alimento, a dopamina é liberada logo após o bip, mesmo sem a liberação posterior da comida. Assim, após alguns ensaios de condicionamento, a dopamina passa a ser liberada antecipadamente à recompensa, mediante a criação de *expectativa* dessa recompensa. Se a recompensa chegar, há confirmação dessa expectativa, reforçando o hábito aprendido. Se a expectativa não se confirmar, o evento é identificado como *erro* e o nível de dopamina cai rapidamente, produzindo estado de frustração e a extinção da resposta. Esse processo é conhecido como sinal de erro de previsão. Isso tudo acontece em apenas alguns milissegundos. Os pesquisadores aumentaram o nível de dopamina nos ratos e constataram que isso produz estado de êxtase e torpor, que é quando param de comer e beber até morrerem de sede. Posteriormente, descobriu-se que o excesso de dopamina ocorre com os humanos viciados em drogas, álcool ou sexo, produzindo efeitos semelhantes.

Detecção de erros

O cérebro monitora continuamente a discrepância entre a expectativa e o seu resultado, aprendendo com os erros e transformando-os em fatores de sucessos futuros. Quando ocorre um erro, as expectativas são rapidamente ajustadas, permitindo que futuras previsões sejam revistas. Isso permite que lições do passado sejam incorporadas às decisões futuras. Portanto, o fluxo de dopamina é um aspecto essencial do processo de tomada de decisões. O organismo tende a aumentar a frequência dos comportamentos que geram prazer (reforço positivo) e a diminuir a frequência dos comportamentos que levam à frustração pela ausência do reforço, até chegar à extinção das respostas. Esse mecanismo é a base do processo de aprendizagem por tentativas e erros e permite que as experiências passadas sejam aproveitadas para decisões futuras.

O fenômeno foi extensamente pesquisado pelos psicólogos comportamentais (behavioristas), comprovando que o reforço positivo (recompensa) contribui para aumentar a frequência de um comportamento, enquanto acontece o inverso nas situações em que o reforço é retirado (extinção) ou quando se segue uma consequência aversiva ao comportamento (punição positiva). Tanto os acertos como os erros desempenham papéis importantes no processo de aprendizagem e devem ser igualmente considerados. Assim, os métodos educacionais que pretendam eliminar os erros por considerá-los tolices ou "burrices" perdem a oportunidade de direcionar adequadamente o processo de aquisição de novos conhecimentos e habilidades. O fracasso, nas pesquisas científicas, é considerado tão valioso quanto o sucesso, pois revela um caminho que *não* deu certo, ajudando a focar melhor a exploração de outras alternativas.

Diversas pesquisas constataram que a dopamina regula outras emoções, além do prazer, inclusive aquelas profundamente negativas. Também transmite informações para as células que comandam os movimentos, disparando outras funções orgânicas. Ao ouvir um forte estrondo, o organismo é preparado imediatamente para uma ação, quando a dopamina provoca aumento da adrenalina, que é injetada na corrente sanguínea. As pupilas se dilatam, o coração acelera, e o corpo assume uma postura mais estável.

AJUSTES DO COMPORTAMENTO

Wolfram Schultz, da Universidade de Cambridge, realizou experimentos com macacos sobre ajustes do comportamento.[25] Um macaco preso em uma jaula deveria mover um *joystick* para receber alimento. Esse mecanismo podia ser movimentado em duas direções: girando ou levantando. O aprendizado era feito por tentativas. Inicialmente, um macaco sadio era recompensado (com alimento) sempre que realizasse determinado tipo de movimento, por exemplo, girar para a direita. Após aprender esse movimento considerado correto, ele conservava o padrão, pois sabia que seria recompensado.

Após 25 repetições, o padrão desse movimento correto era modificado intencionalmente pelos pesquisadores e o macaco acabava descobrindo-o novamente, por novas tentativas e erros, em processo convergente. Se os neurotransmissores de dopamina forem extirpados cirurgicamente da mente dos macacos, seu comportamento torna-se errático e ineficaz. Eles tornam-se incapazes de prever os resultados de prazer associados aos estímulos ambientais e não conseguem manter um padrão consistente para receber as recompensas, indicando que não conseguem aprender com os seus erros a fim de ajustar os comportamentos futuros.

A liberação ou o estancamento do fluxo de dopamina influencia o processo de tomada de decisões, conforme uma expectativa seja confirmada ou não. Há uma memorização dos caminhos de sucesso e de fracasso para serem utilizados nas futuras decisões. Ou seja, a dopamina controla o processo de aprendizagem, permitindo que resultados do passado sejam utilizados nas futuras decisões. Os neurônios que transmitem dopamina tornam-se mais ágeis quando são acionados com frequência. O cérebro emite avisos "sutis" para a tomada de decisões. Esses avisos são também chamados de *intuição,* que pode ser melhorada com a prática deliberada de determinadas ações. Os operadores das bolsas de valores dizem que sentem leves emoções positivas para indicar ações em alta e um vago senso de incômodo para aquelas em baixa. Esses sentimentos sutis são inexplicáveis, mas são essenciais porque funcionam como gatilhos para a tomada de decisões.[7]

Pessoas com mutações genéticas, com reduzido número de receptores de dopamina, também têm dificuldade de ajustar seu comportamento diante dos reforços negativos. Mesmo uma pequena redução desses receptores provoca efeitos comportamentais devastadores. Devido à dificuldade de ajustar o comportamento pelos erros, continuam a cometê-los, mesmo que isso seja autodestrutivo. As pessoas com essas mutações mostraram-se mais vulneráveis à dependência de drogas, álcool ou jogos de azar.

Além da dopamina, há outros neurotransmissores importantes para a modulação das emoções. Por exemplo, a acetilcolina (ACh) também tem importante papel modulador na antecipação de uma recompensa, enquanto o GABA e os opioides endógenos estão relacionados a sensações de triunfo e prazer, concorrendo para o estabelecimento de comportamentos altamente prováveis em contextos de tomada de decisão.[26, 27]

MEMÓRIA

A memória é uma das funções mais importantes da mente e é fundamental para o processo decisório. Ela está relacionada com transformações transitórias ou duradouras da estrutura neural do cérebro e se classifica em três tipos,[4] conforme um dos primeiros modelos explicativos para a memória, o chamado Modelo de Múltiplos Armazenadores, proposto por Atkinson e Shiffrin em 1968.[28]

Memória sensorial

A *memória sensorial* é provocada pelos estímulos ambientais captados pelos órgãos sensoriais e armazenados durante curtíssimo tempo (frações de segundo) antes de se dissiparem. As informações captadas na memória sensorial são conduzidas para a memória de curto prazo desde que sejam alocados recursos atencionais para a informação.

Memória de curto prazo

A *memória de curto prazo* (MCP) ou de *curta duração* retém informações no córtex pré-frontal durante períodos de 5 a 30 segundos, que podem ser descartadas na maioria dos casos, principalmente quando não envolvem partes ativas da memória de longo prazo (MLP) requeridas para a tarefa. Esse tipo de memória está associado a circuitos autorregenerativos de neurônios que se ligam e se desligam rapidamente. A capacidade média de retenção é de sete unidades ou pedaços de informação (*chunks*), oscilando de cinco a nove, ou seja, 7 ± 2 informações.

Por exemplo, o conjunto RKYO contém quatro informações, e YORK, apenas uma, porque é uma palavra conhecida, com letras relacionadas entre si. Isso significa que conseguiremos lembrar 100% de um conjunto com cinco ou menos informações não relacionadas entre si e, a partir disso, as probabilidades de esquecimento aumentam. O número do CPF contém onze dígitos, e é difícil memorizá-lo de uma única vez, devendo ser desdobrado em quatro partes ou *chunks*. Se, em certo momento, a memória já estiver carregada com sete (+ duas) unidades e chegar uma informação nova, uma das anteriores será descartada para abrir vaga à nova. O conceito da memória de curto prazo foi redefinido posteriormente como memória de trabalho ou operacional (daí o frequente equacionamento entre os dois termos), sendo esse modelo de memória caracterizado pela existência de um componente executivo, responsável pelo controle e pela regulação do sistema e dois subsistemas escravos relacionados à manutenção de diferentes tipos de informação.[29]

A memória de curto prazo ou de trabalho é extremamente importante, apesar da transitoriedade e da pequena capacidade, porque dependemos dela para as nossas ações cotidianas. Ela é importante também para a tomada de decisões dada a associação com outras informações relevantes na memória de longo prazo, concorrendo assim para a viabilização de *flashes* ou *insights* e a geração de inúmeras ideias. Essas associações, decorrentes da ativação da memória de longo prazo, podem escapar ao monitoramento consciente da informação e, em situações de emergência, assomarem à consciência de forma súbita, muitas vezes concorrendo para soluções inovadoras e criativas de problemas.

A pequena capacidade da memória de trabalho explica por que o córtex pré-frontal tem dificuldade de trabalhar simultaneamente com grande quantidade de opções. Assim, sempre que for possível, é preferível fornecer apenas uma quantidade limitada de informações, desde que sejam significativas e importantes para o problema em análise. Existem muitas diferenças individuais quanto à capacidade da memória de trabalho, tanto na quantidade de informações retidas quanto no tempo de retenção, variações essas, geralmente, associadas à inteligência fluida.[164] Naturalmente, com maior quantidade e tempo de retenção, há mais chances de se fazerem associações. Como essas associações podem escapar à consciência, ocorrem boas e más associações que podem ser selecionadas posteriormente por processos controlados (conscientes). Quanto maior o número de alternativas geradas, maiores serão as chances de encontrar uma boa ideia. Portanto, nesse caso, a quantidade pode ser sinônimo de qualidade.

Memória de longo prazo

A *memória de longo prazo* (MLP) ou de *longa duração* é armazenada em diversas regiões corticais, dependendo da natureza das informações (imagens, sons, música, números, palavras, eventos). Ela retém grande número de informações por um longo tempo, podendo persistir por várias décadas. É por meio dela que conseguimos evocar lembranças da infância, família, amigos, viagens e experiências passadas na vida profissional. Está associada a modificações da estrutura da célula nervosa (e não apenas a circuitos que se ligam e desligam) de caráter mais duradouro e tem grande capacidade de armazenamento.

Não se conhecem plenamente os mecanismos que transformam algumas memórias de curto prazo naquelas de longo prazo, mas supõe-se que haja interferência das emoções nessa conversão. A memória de longo prazo contribui com o processo de decisão ao buscar padrões arquivados em estratos fora da consciência (memória implícita), frutos de experiências anteriores e que emergem aleatoriamente. Desse modo, uma grande quantidade de informações armazenadas é ativada constantemente e trazida para o centro de decisão, automaticamente, sem controle consciente. Isso pode ocorrer por classes, tipos de opções, tipos de resultados e pelas ligações entre opções e resultados. Posteriormente, são submetidas ao processo de raciocínio, quando se comparam os resultados possíveis e se fazem inferências *vis-à-vis* a preferências e objetivos pessoais, e a restrições externas do problema.[20]

Segundo Marius Usher, a MLP armazena uma infinidade de experiências.[30] A mente armazena muitas informações valiosas, fruto da aprendizagem baseada na vivência que contribui para que a intuição seja confiável. Desde que nascemos conhecemos pessoas de diferentes personalidades e passamos por muitas situações, tanto boas quanto más. Todas elas ficam memorizadas e, às vezes, emergem sem sabermos por quê. Assim, temos a sensação de que certa pessoa não é confiável ou que alguma coisa não sairá bem se tomarmos determinada decisão. Talvez porque alguma vez tenhamos conhecido alguém com a mesma personalidade e percebido que não era uma boa pessoa, ou tenhamos tomado uma decisão parecida que não terminou bem. Diariamente, precisamos tomar uma infinidade de decisões e nem sempre encontramos suporte suficiente na razão. Nesse caso, a intuição poderá fornecer valiosos subsídios.

Essas características da MLP são relevantes e contextualizam uma importante distinção para a compreensão do papel da intuição no processo de tomada de decisões. Na década de 1970, Endel Tulving nos apresentou o conceito de *memória episódica* e *memória semântica*, sendo a primeira relacionada aos eventos (fatos) vividos pela pessoa e a segunda a conhecimentos gerais.[31] Ambas são consideradas declarativas ou explícitas, pois conseguimos falar sobre fatos autobiográficos ou gerais. Entretanto, existe um tipo de memória duradoura, e até mais longeva, que envolve todo um corpo de conhecimento que não podemos explicitar ou declarar, como nosso conhecimento procedural (p. ex., andar de bicicleta ou nadar) ou nossas histórias de emoções condicionadas.

Tanto a memória implícita quanto aquela explícita podem ser recuperadas pressupondo-se processamento implícito (geralmente não consciente, rápido, que exige pouco esforço) ou explícito (geralmente consciente).[32] Ou seja, não temos acesso consciente a todo conhecimento que adquirimos, muito menos ao processamento envolvido na ativação dessa informação. Assim, não é surpreendente que as pessoas tenham, por vezes, a forte sensação de familiaridade, sem conseguir precisar a origem da informação (*déjà-vu),* uma forte impressão de alguma coisa ou um conhecimento vago acerca de algo.

EXPERIÊNCIAS REPETITIVAS

Quando uma tarefa é executada pela primeira vez, utilizam-se os conhecimentos conscientes (explícitos) para a escolha da melhor alternativa e do caminho a ser percorrido. Há intensa utilização da memória de curto prazo, com colaboração daquela de longo prazo, desarquivando aleatoriamente padrões semelhantes que possam ser eventualmente úteis. Com a repetição dessa tarefa, criam-se ligações preferenciais de neurônios, aliviando a carga da mente consciente e passando-a gradativamente para o automático. Nesse caso, o cérebro liga diretamente o estímulo causador à resposta mais vantajosa, já conhecida, estabelecendo forte ligação entre o estímulo e a respectiva resposta.

Com novas repetições, a resposta passa a ser automática, sem esforço ou deliberação consciente, embora possa ser suprimida por livre vontade. Esse processo de aprendizagem tem duração variável, dependendo da complexidade da tarefa e da frequência de repetições.

EMOÇÃO E RAZÃO

Os seres humanos são guiados por dois processos mentais, o emocional e o racional, que têm funcionamentos bem distintos, mas interagem continuamente na tomada de decisões (ver Quadro 2.2). A mente emocional é rápida e funciona de forma não controlada, utilizando as informações da memória de longo prazo, decorrente de experiências anteriores.[33] A racional é mais lenta para fazer as conexões lógicas, ligando causa e efeito, utilizando o sistema reflexivo e a memória de curto prazo em busca de alternativas.[19]

O controle exercido pelo córtex pré-frontal permite realizar uma seleção das emoções geradas no sistema límbico, multiplicando as probabilidades de ocorrências com as respectivas intensidades de ganhos ou perdas. Isso nem sempre é feito com cálculos precisos, mas apenas de forma estimativa, rapidamente. Racionalidade é uma forma de pensar visando melhorar o ganho e o prazer ou reduzir a perda e a decepção, permitindo executar decisões "calculadas", sem sucumbir aos impulsos emocionais. As decisões racionais avaliam as intensidades das ocorrências de *prazer*, ganho ou utilidade.[7] De forma similar, as situações podem indicar ocorrências desagradáveis, estressantes ou perigosas. A mente racional não pode silenciar as emoções, mas pode ajudar a decidir se são adequadas e se vamos segui-las ou ignorá-las.

Quadro 2.2. Os mecanismos que produzem as decisões emocionais são diferentes daqueles racionais, embora haja contínuas interações entre eles

	Emocional	Racional
Processo mental	Predominantemente não consciente	Consciente
Fonte da memória	Experiências anteriores, erros cometidos, emoções vividas	Aprendizagem de conteúdo, regras, normas e procedimentos
Base das decisões	Instinto, intuição	Métodos, regras, critérios
Mecanismo básico	Associativo	Dedutivo, lógico
Velocidade da decisão	Rápida	Lenta
Controle do processo	Não controlável	Controlável
Abordagem	Holística, total	Analítica, sequencial
Explicações	Não é explicável	Pode ser descrito

EMOÇÕES

Emoção é um tipo de resposta orgânica automática que provoca um conjunto de mudanças fisiológicas, influenciado por nosso passado evolutivo e por nossa história pessoal, em resposta a certos estímulos.[18] Durante a emoção, o organismo produz mudanças fisiológicas rápidas, de alguns milésimos de segundo, no sistema nervoso autônomo (SNA), provocando: alterações dos batimentos cardíacos, aumento do fluxo sanguíneo nas pernas e mãos, ruborização, respiração acelerada, maior transpiração, temperatura da pele maior ou menor. As emoções também provocam mudanças nas expressões faciais, na voz e na postura corporal. Isso ocorre inconscientemente e, na maioria dos casos, elas são benéficas à sobrevivência imediata. Algumas mudanças são visíveis e/ou audíveis, enquanto outras só podem ser registradas com aparelhos especiais. Após a reação automática, em milésimos de segundo, pode haver uma avaliação consciente, mais demorada, para a tomada de decisão racional, quando se pode seguir ou não a reação emocional.

Em laboratório, podem ser selecionadas algumas variáveis para serem monitoradas com o auxílio de equipamentos adequados, principalmente o ritmo cardíaco, a temperatura da pele e a condutividade dérmica. Esta última é registrada por um par de eletrodos colocados na superfície da pele e ligados a um polígrafo, sem nenhum processo invasivo. O sistema nervoso autônomo provoca o aumento de pequenas quantidades de suor, não visíveis, mas suficientes para reduzir a resistência ôhmica da condutividade elétrica da pele. Esse processo é utilizado nos detectores de mentira, supondo-se que uma mentira produz, involuntariamente, uma alteração da condutividade dérmica. Damásio descobriu que as pessoas doentes, com lesões no lóbulo frontal, não apresentam sintomas de emoções diante de fortes estímulos ambientais impactantes.[8]

As emoções mais intensas provocam reações imediatas, sem passar pela consciência. Geralmente são emoções primárias, como raiva e medo, e estão relacionadas com a sobrevivência imediata: enfrentar ou fugir. O segundo tipo passa pelo processo cognitivo, pode ser mais lento e gera um sentimento, que pode ser deliberado. A mente racional não impede o surgimento das emoções, mas pode exercer controle sobre elas, selecionando aquelas consideradas boas ou convenientes para que só elas sejam externalizadas.

Gatilhos

As emoções são desencadeadas por certos sinais que funcionam como gatilhos. Esses gatilhos podem ter três origens. Podem ser *automáticos*, como um barulho repentino (impacto), *individuais*, como medo de avião, e *culturais*, como o preconceito racial. Existe também um tipo de avaliação reflexiva que resulta de pensamentos e memórias, como a lembrança de um acidente trágico ou do dia em que nasceu nosso filho.

Pré-consciência

Há dois níveis de emoção: o pré-consciente e o consciente. Os primeiros sinais da emoção pré-consciente ocorrem antes que a pessoa tome consciência. Quando os impulsos pré-conscientes começam a crescer, irrompem no nível consciente. A fronteira entre os dois é chamada de limiar da decisão (ver Figura 5.1).[19] As emoções inconscientes exercem forte influência na forma de percebermos e reagirmos, mesmo que não se saiba o porquê. É o caso de uma pessoa que teve uma contrariedade ao acordar e passa o dia mal-humorada. Assim que a emoção emerge na consciência, o neocórtex entra em funcionamento e a pessoa torna-se capaz de afastar o estado negativo.

Emoções básicas

Paul Ekman conviveu durante algum tempo com o povo fore, em 1967-1968, nas regiões montanhosas de Papua-Nova Guiné.[18] Esse povo vivia na Idade da Pedra e não tinha contato com a civilização. Ele queria descobrir se eles expressavam certas emoções básicas com as mesmas expressões faciais que os povos civilizados. As palavras são representações das emoções, e não as próprias emoções. O vocabulário para descrever as emoções é diferente em cada língua e as traduções nem sempre representam emoções equivalentes.

Na falta de vocabulário adequado para se comunicar com os primitivos, Ekman contava pequenas histórias, com o auxílio de um tradutor. Por exemplo: "o filho foi atacado por uma fera e morreu"; "uma cobra está entrando pela porta da casa"; "os amigos caçaram um porco do mato". As expressões faciais eram fotografadas. Também eram mostradas fotos com diversas expressões faciais, pedindo que eles selecionassem aquela mais coerente com a história, denotando certas emoções. Dessa forma, Ekman[34] chegou a seis emoções básicas bem definidas: *alegria, surpresa, medo, tristeza, raiva* e *aversão.*

Emoções universais

Paul Ekman fez um teste com as fotos representando diferentes emoções com pessoas de diferentes culturas de Chile, Argentina, Brasil, Japão e Estados Unidos. Em todas elas encontrou coerência entre as expressões faciais e as respectivas emoções consideradas universais: tristeza, raiva, medo, aversão (asco), surpresa e alegria.[18] São consideradas emoções *negativas*: tristeza, raiva, medo e aversão; a alegria (felicidade) é considerada *positiva*. A emoção da surpresa é considerada *neutra*, porque pode ser positiva ou negativa. Todas as outras emoções, como ciúme, inveja, contentamento, entusiasmo, êxtase e muitos outros, constituem-se em combinações de segunda, terceira ou quarta ordens dessas emoções universais, em diferentes graus.

Dor e prazer

Dor e prazer são fenômenos governados pelo cérebro, que regulam as atividades dos neurotransmissores e dos neurorreguladores.[8] Dor e prazer ocorrem de forma instintiva, embora possam ser alterados pela educação, influenciando a tomada de decisões e o comportamento social. Pessoas com alterações congênitas de ausência de dor ficam mais sujeitas a acidentes, como queimaduras graves e ferimentos. Assim, a dor e o sofrimento influenciam o mecanismo de tomada de decisões, aumentando a proteção para a sobrevivência. No entanto, podem nos levar a comportamentos excessivamente prudentes, o que nem sempre é considerado desejável para os executivos, pois todas as decisões envolvem riscos inerentes.

Medo

Medo é uma resposta diante de uma ameaça potencial, que nos ajuda a evitar o perigo iminente ao nos engajarmos em comportamentos de luta ou fuga. Alguns medos são normais e servem para preservar a nossa integridade física. O medo do fracasso pode prejudicar o nosso desempenho, levando-nos a tomar atitudes precipitadas de defesa, a fim de impedir que os outros nos enfrentem ou nos prejudiquem.[35] Tais sentimentos são mais fortes quando não conhecemos ou não confiamos. Quando há desconfiança, as nossas ações tendem a ser mais hostis, principalmente nos casos em que membros do grupo agem contra os interesses da maioria ou quando são considerados traidores.

Crianças recém-nascidas já têm dois medos básicos: medo de cair e de barulhos altos e repentinos. Contudo, o medo exagerado é patológico. Uma mulher tinha medo de avião e passou a ler relatos de acidentes aéreos. Chegou a comprar um vídeo com os piores desastres do mundo.[36] Logo, esse medo de voar transformou-se em pavor. Um empresário próspero tinha medo da falência e chegava a imaginar uma situação em que acabava de perder tudo e era acossado pelos credores. Com o tempo, acabou falindo. Um estudante que temia o fracasso no vestibular chegou a ter amnésia na hora da prova, embora estivesse bem preparado.

Em todos esses casos, as pessoas estão reforçando o medo com pensamentos ou ações negativas. Joseph Murphy recomenda que se faça o contrário, pela *lei da substituição*: sucesso em vez do fracasso, alimentando a cognição com situações positivas, buscando exemplos de pessoas arrojadas, bem-sucedidas e se imaginando também bem-sucedido.[36] No caso da mulher, ela poderia imaginar uma viagem agradável de avião, para passar férias em uma praia paradisíaca com a família; o empresário, pensar em como faria para expandir seus negócios e conquistar novos mercados; o estudante, imaginar-se como universitário ou profissional já graduado. O importante é que essa "alimentação" da mente possa construir em hábito consciente, buscando exemplos positivos de casos de sucesso.

REGRAS DE EXIBIÇÃO

Cada cultura apresenta diferentes formas de demonstrar as emoções, chamadas de regras de exibição. Essas regras moldam o exagero, a diminuição, o fingimento ou a dissimulação na exibição das emoções. Também dependem das circunstâncias e da plateia a quem são exibidas as emoções. Em competições esportivas, por exemplo, na comemoração de um gol, podem ser bastante ampliadas. As exibições geralmente são acompanhadas de gestos, como o de cobrir a boca com as mãos para esconder um sorriso. Os gestos simbólicos, como o meneio da cabeça para indicar aprovação ou desaprovação, o polegar levantado ou polegar e indicador formando anel de "ok", para aprovação, são puramente culturais.

Segundo Paul Ekman, as regras de exibição se constituem em competência social muito importante, que depende da cultura e das circunstâncias.[18] Por exemplo, os japoneses são mais contidos em expressar suas emoções em público. Há outros casos em que essas exibições são exageradas, como as manhas das crianças que têm o seu desejo contrariado. Isso depende também da situação. Uma pessoa pode apresentar um tipo de manifestação para determinada emoção quando está com o pai ou com o chefe, e outro, muito diferente, para a mesma emoção, quando está em um bar com os amigos. Ao assistir a vídeos engraçados, os sorrisos aparecem mais na companhia de amigos e, dependendo das circunstâncias, podem transformar-se em manifestações ruidosas de gargalhadas. Assim, a reação diante de outras pessoas pode ser diferente daquela quando se está sozinho, pois estamos sempre checando como os outros estão reagindo. Essa mudança de comportamento é chamada de adaptação à plateia. Para diferentes plateias podem ocorrer diferentes adaptações.

Microexpressões

Os movimentos faciais são compostos de microexpressões, que são *flashes* de contrações musculares muito rápidas, com durações inferiores a 0,2 segundo. As expressões faciais são provocadas pelas contrações simultâneas de seis músculos faciais, podendo chegar a combinações superiores a 10 mil expressões.[18] Essas microexpressões são muito sutis para olhos não treinados e muito rápidas, mas podem ser gravadas em vídeo para serem estudadas em câmera lenta.

Marcadores somáticos

António Damásio introduziu a denominação *marcadores somáticos* para descrever as diversas transformações imediatas e incontroláveis que ocorrem no corpo durante uma emoção.[8] É uma espécie de alarme automático que nos avisa sobre um perigo iminente ou uma oportunidade de ouro. Nessas ocasiões, o cérebro libera moduladores peptídeos para a corrente sanguínea, e o sistema imunológico também se altera rapidamente. Isso provoca alteração no funcionamento das glândulas endócrinas (suprarrenais, pituitária), das vísceras (coração, pulmão, intestinos), da pele e da musculatura esquelética (responsável pelos movimentos). As glândulas suprarrenais injetam adrenalina no sangue.

Tudo isso ocorre rapidamente, em milésimos de segundo. Se a emoção for positiva, o coração bate mais rapidamente, a pele fica corada, os músculos do rosto em torno da boca e dos olhos apresentam expressão de alegria, enquanto toda a musculatura fica relaxada. Se a emoção for negativa, os vasos sanguíneos podem sofrer estreitamentos e contrações, o coração pode sobressaltar-se, a boca fica seca, a pele empalidece e começa a suar, o rosto contraído expressa tristeza, e há contração na barriga e aumento de tensão nos músculos do pescoço e das costas.

Esses marcadores aparecem antes que a pessoa tome consciência do que está acontecendo, e dizemos que estão abaixo do limiar da decisão. Por exemplo, se a imagem de uma barata for mostrada rapidamente a uma pessoa com fobia de barata, sensores em sua pele detectam surgimento de suor, mesmo que a figura não seja identificada conscientemente. Depois, o impulso emocional é transmitido ao córtex, e ela passa a ter autoconsciência emocional. Nesse ponto, podemos exercer um julgamento e tomar uma decisão.

Os marcadores somáticos dependem das emoções primárias (alegria, surpresa, tristeza, raiva, medo e nojo/aversão), que existem em todos os humanos desde o nascimento.[18] Dependem também das emoções secundárias, que são moldadas durante a vida, pelos processos de educação e socialização. Essas emoções secundárias, como inveja e ciúme, resultam de vários graus de combinação entre as primárias.

Os marcadores, portanto, se estruturam a partir das interações com o ambiente e a sociedade. São adquiridos por experiências e controlados por um sistema interno de preferências e um conjunto externo de circunstâncias, que incluem as variáveis situacionais do momento e também as convenções sociais e as regras éticas, inclusive religiosas. No início, durante a infância e a adolescência, castigos e recompensas são aplicados pelos pais, colegas, professores e outros, moldando certos valores, cultura, ética e convenções sociais. Esse processo continua até o final da vida. Dessa forma, cada pessoa, individualmente, tem o seu repertório próprio de marcadores somáticos, dependendo da experiência e de todas as circunstâncias vividas.

Quando o resultado de uma ação provoca um incômodo, mesmo que seja um sentimento fugaz, surge uma sensação visceral desagradável. Esse marcador negativo funciona como um alarme automático: "preste atenção – isso vai dar errado". Esse sinal pode fazer com que a pessoa rejeite imediatamente o caminho em curso para explorar alternativas, protegendo-a de futuros prejuízos.

Esse processo ocorre, por exemplo, quando escolhemos uma roupa para comprar em uma loja e rejeitamos certos modelos e cores. Existem também os marcadores somáticos positivos, que produzem satisfação e conforto, funcionando como incentivo para se prosseguir no caminho escolhido. Os marcadores somáticos não são suficientes para a tomada de decisões. Contudo, são importantes porque aumentam a velocidade e a precisão na tomada de decisões, fazendo uma seleção preliminar e imediata das alternativas, comparando as vantagens/desvantagens ou o custo/benefício, mas não são suficientes para as boas decisões, que dependem de outras variáveis externas.

INTUIÇÃO

Intuição é um mecanismo subconsciente dos circuitos neurais reguladores do cérebro que apresenta espontaneamente "palpites" ou pressentimentos para solução de um problema, sem necessidade de raciocínio e sem provocar alterações perceptíveis no corpo.[8] Funciona como uma "voz" interior muito sutil apresentando ideias e sugestões que servem de candidatos à solução a partir de uma situação percebida. A própria mente já faz uma pré-seleção e apresenta apenas os candidatos considerados mais viáveis para a solução.[6] Representa uma etapa criativa, muito frequente no trabalho de artistas e poetas. Contudo, está presente também em trabalhos científicos e tecnológicos, pois muitas descobertas científicas e avanços tecnológicos basearam-se em ideias que surgiram, primeiro, no nível subconsciente.

A intuição ocorre rapidamente, mas há ocasiões em que não a externamos, devido a uma "censura" racional por algum motivo prático ou restrições econômicas, sociais ou culturais. Também há muitas diferenças individuais. Depois deve haver uma etapa lógica e analítica para realizar a seleção mais adequada para a solução, de acordo com as necessidades e conveniências de cada caso. Isso significa que as sugestões geradas espontaneamente no subconsciente, sem maiores compromissos, devem ser compatibilizadas com a situação e os contornos e restrições externos. Por exemplo, ao pensar em viagem de férias, podem vir à mente países exóticos do extremo Oriente, mas isso deve ser compatibilizado com as disponibilidades financeiras e de tempo. Ao visitarmos um amigo enfermo, podemos perceber a gravidade da doença, mas a boa convivência social nos ensina a dizer: "Caramba! Você melhorou bastante".

A intuição ocorre a todas as pessoas, mas apenas aquelas consideradas intuitivas confiam nela o suficiente para aceitá-la como base de suas ações.[6] Essas pessoas podem aprender a ouvir a voz interior, que é muito rápida e fugaz, reconhecendo suas manifestações e confiando nas suas indicações e advertências, mesmo que contrariem aquilo que está estabelecido ou é adotado usualmente. A maioria das outras pessoas, consideradas racionais ou controladas, acaba sufocando, conscientemente, as sugestões que vêm do subconsciente.

A matéria-prima da intuição são as memórias das experiências acumuladas na mente, constituindo padrões de soluções para cada situação. Esses padrões são evocados sem muito controle, de acordo com certos "gatilhos" e, frequentemente, são enganosos. A qualidade da intuição depende das informações acumuladas na mente e da qualidade do gatilho. No jargão da computação costuma-se dizer: "onde entra lixo, só pode sair lixo". Pode-se fazer um esforço consciente para acumular boas informações que sirvam de matéria-prima útil para as futuras soluções. Esse processo passa por um filtro, influenciado pelos ambientes familiar e cultural. Por exemplo, muitas pessoas educadas nas décadas de 1920 e 1930 no sul dos Estados Unidos eram racistas. Da mesma forma, os alemães dessa época eram antissemitas e os japoneses, ultranacionalistas e imperialistas. Isso provoca vieses na mente, distorcendo as soluções, podendo provocar erros, que serão examinados no Capítulo 3.

Muitos profissionais são valorizados pela capacidade de realizar ações intuitivas, mesmo que não sejam capazes de justificá-las objetivamente, devido aos bons resultados que conseguem alcançar. É o caso, por exemplo, de centroavantes em jogos de futebol, que sabem colocar-se bem na área adversária, "adivinhando" a trajetória da bola, e até parece que possuem um ímã imaginário nos pés para atraí-la.

LESÕES CEREBRAIS E A VISÃO DO FUTURO

Um dos traços mais importantes dos humanos é a capacidade de aprender e planejar a vida, não apenas para obter resultados imediatos, mas também com perspectivas futuras. Aprendemos a fazer isso desde crianças, por meio da educação e da socialização. Pessoas com lesão cerebral frontal tornam-se incapazes de utilizar os conhecimentos que as orientem na vida e as façam capazes de realizar inferências a partir de uma dada situação, produzindo respostas antecipatórias. Isso as torna insensíveis ao futuro. Privadas das previsões, elas vivem apenas do presente. Assemelham-se a pessoas alcoolizadas ou drogadas, que só conseguem processar a vida presente, com obscurecida visão do futuro. Contudo, nem todas as capacidades são afetadas pela lesão, possibilitando o funcionamento normal de outras funções. A seguir, são ilustrados alguns casos clínicos que mostram como certas lesões afetam o processo de tomada de decisão.

O paciente Elliot

Em 1982, António Damásio atendeu um paciente chamado Elliot (nome fictício), que tinha sofrido uma operação de extração de um pequeno tumor na região do córtex cerebral aos 30 anos de idade.[8] Antes dessa operação, Elliot ocupava um cargo gerencial em uma grande empresa. Era um marido e pai dedicado, com atividades sociais na igreja local. Contudo, após a cirurgia, o comportamento de Elliot mudou radicalmente. Embora continuasse com o QI de 97, dentro da média normal, tornou-se muito inseguro e com dificuldade de tomar decisões. As decisões rotineiras, que antes eram tomadas em alguns minutos, passaram a levar horas. Até aquelas escolhas corriqueiras, como a cor da camisa ou do canal de TV, tornaram-se muito penosas. Na hora do almoço, ficava circulando entre vários restaurantes, examinando os menus, os preços, as arrumações das mesas, os lugares disponíveis e assim por diante, mas era incapaz de escolher um deles.

As decisões de Elliot tornavam-se especialmente difíceis quando envolviam relacionamentos humanos e sociais, embora apresentasse menor dificuldade nos domínios dos objetos, espaço, números e palavras. Seu desempenho profissional caiu e ele foi demitido do emprego. Ele tentou recomeçar diversas vezes com negócios próprios, mas sempre acabava falindo. Sua esposa pediu o divórcio. O sistema de previdência social recusava-se a pagar-lhe pensão por invalidez, pois tinha corpo saudável e a inteligência intacta, conforme atestavam as perícias médicas. Muitos o consideravam preguiçoso, fingido e até impostor. Arruinado, ele voltou a morar com seus pais.

Em muitas horas de conversa, Damásio descobriu que Elliot não demonstrava emoções: nenhuma tristeza, nenhuma frustração, nenhuma impaciência, embora conservasse a capacidade cognitiva e o raciocínio lógico.[8] Essa ausência de emoções foi confirmada pelos amigos de Elliot e pela sua família. Damásio resolveu submeter Elliot a um experimento com um polígrafo para medir o suor nas mãos (fortes emoções provocam pequenos suores nas mãos – esse princípio é aplicado nos detectores de mentira). Várias fotos impactantes foram mostradas a Elliot: casa incendiando, edifício ruindo com terremoto, pessoas sangrando em acidentes, pessoas se afogando em enchentes, cenas de agressões domésticas e outros. Elliot ficava impassível e as suas mãos não suavam.

Damásio descobriu que Elliot não sentia emoções e que isso dificultava a tomada de decisões. Desse modo, concluiu que as emoções estariam intrinsecamente ligadas à capacidade de tomar decisões. Esse diagnóstico foi confirmado com estudos de mais doze pacientes com lesão no córtex pré-frontal (até 1993). Sintomas semelhantes foram observados nos antigos pacientes de asilos e prisões que haviam sido submetidos à lobotomia, que é o corte cirúrgico da ligação entre o córtex pré-frontal e o tálamo. Essa constatação era inusitada, pois até então se acreditava que as emoções eram antagônicas à racionalidade, de modo que uma pessoa privada de emoções deveria conservar a capacidade de tomar decisões, que dependeriam só da racionalidade. Sem o envolvimento emocional, essas decisões racionais deveriam ser até melhores. Contudo, não foi o que se verificou no experimento com Elliot. A deficiência emocional provocou grande dificuldade para ele tomar decisões, como foi descrito no livro *O erro de Descartes*.[8]

O caso Mary Jackson

Existem muitos outros relatos de mudanças radicais do comportamento, como o de Mary Jackson.[7] Ela era uma jovem de 19 anos, inteligente, cheia de motivação e com um futuro brilhante pela frente. Teve origem humilde, mas devido ao bom desempenho escolar, conseguiu bolsa para estudar medicina em uma Ivy League. Tinha um namorado, Tom, com quem planejava casar-se e pretendia exercer clínica de pediatria no seu antigo bairro. Contudo, no segundo ano da faculdade, o comportamento dela começou a mudar. Tom foi o primeiro a perceber.

Ela começou a frequentar bares e boates. Começou a ir para a cama com homens escolhidos ao acaso e experimentou crack. Suas notas na faculdade caíram muito. Ao consultar um neurologista, este constatou que a memória de curto prazo de Mary havia desaparecido. Ao mostrar-lhe um pente e pedir que esperasse trinta segundos, ela começava a pentear-se imediatamente. Apresentava um temperamento impulsivo, uma fúria incontrolável e autodestrutiva. Constatou-se que seu córtex pré-frontal tinha sido destruído por um tumor e, com isso, ela não conseguia conter as emoções.

Outro caso envolve um professor de meia-idade de Virgínia, que era casado e bem conceituado.[7] De repente, começou a baixar pornografia infantil pela internet e a seduzir garotas bem jovens. Foi preso e enviado a um programa para tratamento de pedófilos, mas foi expulso quando fez várias propostas às mulheres participantes e manifestou vontade de estuprar a vizinha. Queixava-se de dores de cabeça insuportáveis. O exame mostrou um grande tumor localizado no córtex pré-frontal. Após remoção desse tumor, os impulsos sexuais aberrantes desapareceram imediatamente. Infelizmente, esse alívio durou pouco tempo, porque um ano depois, o tumor voltou a crescer e os impulsos à pedofilia retornaram.

JOGO DE CARTAS DE IOWA

António Damásio e Antoine Bechara, pesquisadores da Universidade de Iowa, nos Estados Unidos, desenvolveram um jogo de baralho denominado *Iowa Gambling Task*.[7,8]

Quatro conjuntos de cartas, duas vermelhas e duas pretas, são colocados sobre a mesa, em frente ao sujeito (jogador). Dois conjuntos (A e B) são considerados de alto risco. O jogador ganha 100 dólares para cada carta retirada, mas pode pagar multa elevada, de até 1.250 dólares. Essas multas, de diferentes valores, estão colocadas aleatoriamente em algumas cartas. Os outros dois conjuntos (C e D) são considerados de baixo risco. O jogador ganha 50 dólares, mas as multas são menores que 100 dólares, também aleatórias e menos frequentes a cada carta retirada.

O jogo consiste em retirar as cartas, uma de cada vez, com instrução de ganhar o máximo possível. O jogador é informado que existe um ganho e uma eventual multa associada a cada carta, mas ele só fica sabendo após virar a carta. Ele não sabe que existem diferenças de ganhos e de multas entre os quatro conjuntos. É solicitado também que verbalize o critério adotado a cada virada. O jogador recebe um crédito inicial de 2 mil dólares e pode virar as cartas a seu critério. Os números das cartas viradas e a totalização dos respectivos ganhos e perdas são anotados pelo pesquisador, mas não são revelados ao sujeito. Este também não pode fazer qualquer tipo de anotação. O estado emocional do jogador é continuamente monitorado por um polígrafo, que mede a condutividade dérmica, provocada pelo microssuor nas mãos.

O experimento foi realizado com dois grupos de sujeitos, de níveis intelectuais semelhantes. O grupo A era constituído por pessoas sem nenhuma lesão cerebral. O grupo B, por pessoas com lesões no córtex pré-frontal, região do cérebro responsável pelas emoções que interferem na tomada de decisões. Apesar dessa deficiência, esses sujeitos eram considerados inteligentes e com o QI preservado.

As pessoas do grupo A começam a virar as cartas dos quatro conjuntos, aleatoriamente, em busca de pistas ou padrões. Logo descobrem que há diferenças de ganhos e perdas entre os quatro conjuntos. Após virar dez cartas, os jogadores já apresentam sinais de nervosismo (suor nas mãos) diante da perspectiva de ganhar ou perder. Essa sensação de desconforto permite que eles identifiquem os conjuntos A e B, que proporcionam maiores prêmios, mas ficam frustrados com as elevadas multas. No início dão preferência aos conjuntos A e B, atraídos pelos elevados prêmios, mas chegam à conclusão de que isso não compensa, pelo valor das multas, também elevadas.

Após virar cerca de cinquenta cartas, convergem as preferências para os conjuntos C e D, ao descobrirem que são menos "perigosos". Em geral, mantêm essa preferência até o fim, embora voltem, esporadicamente, para os conjuntos A e B, para logo retomarem o caminho que lhes parece mais prudente. Só depois de oitenta cartas são capazes de explicar a estratégia adotada. Não há meio de os jogadores fazerem cálculo preciso dos ganhos e perdas totais. Apenas foram informados de que quando a cota dos 2 mil dólares se esgotar, poderão fazer um "empréstimo" com o pesquisador. O processo termina com cem viradas, e só depois disso os jogadores são informados do encerramento, quando ficam sabendo dos resultados alcançados (ver Figura 2.2).

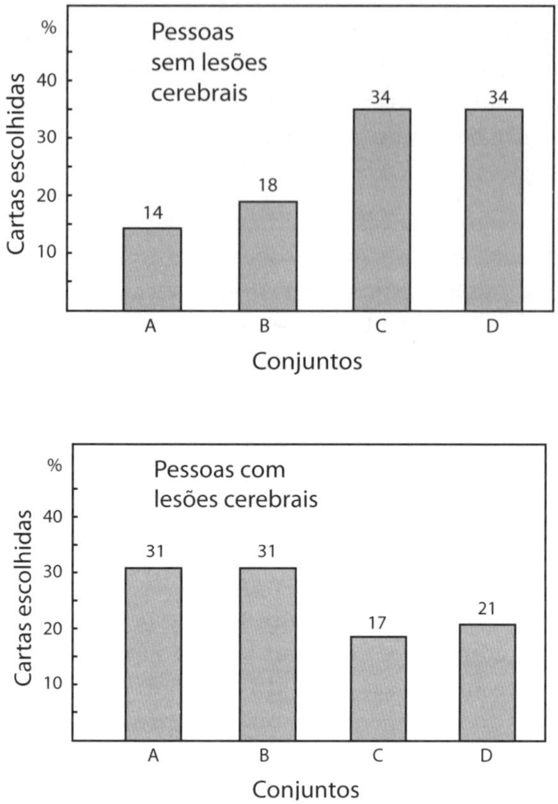

Figura 2.2 Resultados do jogo de cartas de Iowa. As pessoas sem lesões cerebrais preferem as cartas dos conjuntos C e D (de baixo risco), enquanto aquelas com lesões cerebrais, as dos conjuntos A e B (de alto risco). Fonte: adaptada de Damásio (1996).[8]

O comportamento dos sujeitos do grupo B, com lesões cerebrais, foi bem diferente. Após uma exploração inicial, esses sujeitos viravam sistematicamente mais cartas dos conjuntos A e B, e cada vez menos dos conjuntos C e D. Apesar de obterem ganhos maiores com as cartas A e B, tinham que pagar pesadas multas e acabavam "falindo" após cerca de cinquenta jogadas, quando contraíam novos empréstimos. Segundo Damásio, eles não conseguiam ajustar seu comportamento arriscado devido à ausência de emoções. As informações sobre ganho e perda em cada jogada não eram utilizadas para decidir a jogada seguinte. Curiosamente, algumas pessoas do grupo B definiam-se como conservadoras, enquanto as do grupo A se consideravam arrojadas.

Os registros da condutividade dérmica do grupo A mostravam picos, associados a fortes emoções provocadas pelas perdas ou por grandes ganhos. Entre os membros do grupo B, esses registros eram linhas planas, mostrando ausência de emoções. Isso foi confirmado em outro experimento. Os sujeitos foram submetidos a uma sessão com projeção de um conjunto de imagens diversificadas, constituído de cenas normais, como paisagens e figuras abstratas, intercaladas com imagens impactantes, contendo cenas de horror, castigo físico e sexo explícito.

Os registros do grupo A apresentaram picos correspondentes às cenas impactantes, mas não às demais cenas, enquanto os registros do grupo B não apresentavam essas oscilações de condutividade dérmica, mostrando que não sentiam emoções. Curiosamente, conseguiam lembrar-se das imagens, inclusive da sequência em que foram apresentadas, indicando que estavam atentos. Chegavam a comentar que os conteúdos eram perturbadores, mas não se sentiam comovidos. Eram capazes de reconhecer o evento, mas isso não lhes provocava emoções.

Os jogadores do grupo B, privados das emoções, controlados pelas perspectivas imediatistas, tornaram-se insensíveis ao futuro. Eles preferem investir no presente, pois são incapazes de prever o futuro. Ao contrário, os indivíduos do grupo A, socialmente adaptados, conseguem controlar seus impulsos, especialmente em situações que tenham grande significado na sua vida pessoal. Damásio chama essa situação de *miopia para o futuro*, à semelhança das pessoas sob influência do álcool e das drogas.[8] A embriaguez e as drogas reduzem a visão do futuro e só permitem processar o presente com clareza.

Pode-se afirmar que as pessoas do grupo A apresentavam aprendizagem e ajuste do comportamento guiados por punição e recompensa. Ou seja, as informações obtidas em cada jogada serviam para ajustar a jogada seguinte, convergindo em torno do objetivo pretendido. Por sua vez, as pessoas com lesões cerebrais não conseguiam utilizar os conhecimentos acumulados, na hora da decisão, além de terem dificuldades para adquirir novos conhecimentos que poderiam melhorar o seu processo de decisão. Os efeitos benéficos dos conhecimentos adquiridos pela educação e pela socialização, desde a tenra idade, foram anulados. Os outros seres humanos, considerados normais, são capazes de renunciar às recompensas imediatas em favor de melhores perspectivas futuras. Mesmo estes podem sofrer "apagões" instantâneos no funcionamento do córtex, o que os leva a tomar decisões insensatas.

AS PESQUISAS DE GARY KLEIN

Gary Klein estudou o processo de tomada de decisões durante vinte anos, fazendo entrevistas pelo método socrático com pessoas que tomavam muitas decisões. Em seus primeiros estudos, trabalhou com bombeiros.[14] Logo no início, entrevistou um experiente comandante do corpo de bombeiros, acostumado a resolver problemas urgentes. Para sua surpresa, esse comandante declarou que *não* tomava decisões. Diante de uma situação, ele explicou que simplesmente fazia rapidamente o que deveria ser feito. Depois, Klein explicou o conceito de decisão e o comandante disse que apenas em alguns casos mais complicados fazia escolhas conscientes entre as alternativas. Em 156 decisões analisadas, o comandante precisou analisar alternativas em apenas dezoito vezes, ou seja, em 12% dos casos, enquanto nos 88% restantes atuava intuitivamente.[37] Klein concluiu que existem dois processos de decisão. Aquelas *rápidas*, que ocorrem pelo reconhecimento de padrões armazenados na memória de longo prazo, provenientes de experiências anteriores acumuladas, e aquelas lentas, decorrentes de comparações racionais de alternativas (Figura 2.3).

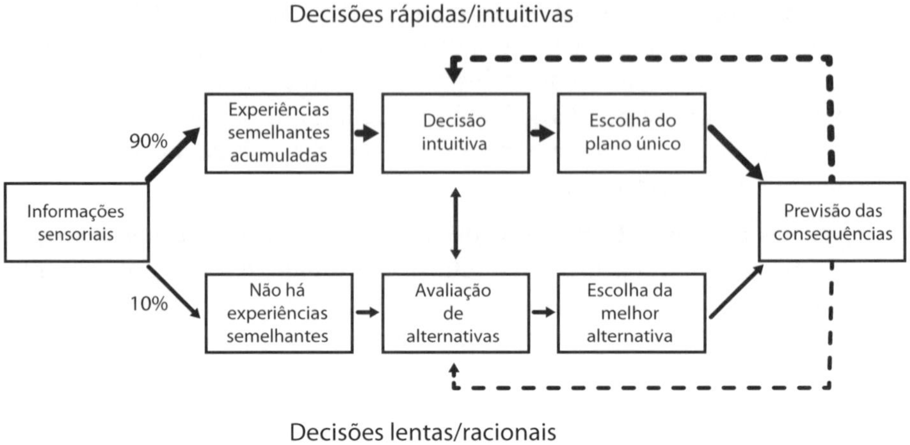

Figura 2.3 As decisões rápidas são intuitivas, e as lentas, racionais.

A proporção entre decisões rápidas e lentas depende do repertório de experiências semelhantes armazenadas na memória de longo prazo, que fornecem padrões para a solução, de maneira intuitiva. Depende também da padronização ou da variabilidade das tarefas. Em geral, há predomínio quantitativo das decisões rápidas e intuitivas sobre as de racionalidade lenta na proporção aproximada de 90% para 10%, confirmando as pesquisas de Klein.

As pessoas sem experiências significativas para o problema em análise devem recorrer à escolha consciente das alternativas com maior frequência. Isso ocorre, por exemplo, com um cozinheiro que prepara automaticamente a comida quando o menu é padrão, mas precisa recorrer à receita no caso de um prato não usual. Há situações em que é difícil evitar a análise de opções, por exemplo, quando se escolhe uma nova geladeira, pois não compramos geladeiras com grande frequência. Além disso, existem diferenças individuais. Algumas pessoas são naturalmente mais analíticas e gostam de examinar as alternativas possíveis. Contudo, como demonstrou Klein, a maioria das pessoas utiliza o processo rápido com grande frequência, gerando um plano de cada vez. Também, em geral, esse plano único tem melhor qualidade do que a decisão tomada após análise de várias alternativas quando se trata de problemas conhecidos.

CAPÍTULO 3
VIESES E ENGANOS

A percepção e o processamento mental das informações estão sujeitos a diversos tipos de vieses (*biases*) que distorcem a realidade e podem provocar erros nas decisões. Os enganos ocorrem quando a experiência invocada é semelhante, mas com diferenças significativas da situação analisada, levando a decisões erradas. Alguns impulsos biológicos importantes para a sobrevivência ou comportamentos que sofrem influências sociais, como a obediência, a concordância e o desejo de preservar a autoestima, podem provocar esses erros. A emoção e os impulsos biológicos podem se sobrepor aos fatos objetivos, interferindo no processo de decisão. Em alguns casos, provocam irracionalidades, mas geralmente são úteis porque fazem uma seleção prévia das opções, principalmente nos domínios pessoal e social.[8]

Esses vieses são inevitáveis, pois ocorrem sem controle consciente e infiltram-se insidiosamente em nossa mente, distorcendo a realidade. Eles só podem ser evitados quando são percebidos com antecedência. Para reduzir a sua influência nociva é preciso estar atento para reconhecê-los e, se possível, neutralizá-los conscientemente. É mais fácil reconhecer os vieses alheios do que os próprios. Assim, uma maneira de corrigir os eventuais vieses é pedir a opinião dos outros quando desconfiarmos dos nossos próprios vieses. No nível organizacional, criam-se assessorias especiais para analisar esses vieses, que podem ser muito prejudiciais aos negócios.

Os vieses ocorrem em qualquer etapa do processo decisório e podem nos desviar por caminhos tortuosos. Eles podem atuar isoladamente ou em conjunto, uns reforçando os outros. Muitas vezes, tomamos uma decisão baseada na primeira impressão enviesada. Depois, vamos acumulando evidências para confirmar essa decisão inicial. Uma decisão errada pode conduzir a outros erros e, no final, resultar em grandes erros.

As decisões importantes e complexas estão mais sujeitas aos desvios, porque o processo envolve muitas informações, muitas estimativas, muitas suposições e opiniões de muitas pessoas, cujos erros podem ir se multiplicando.[38] Isso ocorre também nas decisões tomadas em situações de emergência e urgência. Não podemos evitar totalmente os vieses, mas as suas consequências podem ser atenuadas. É preciso prestar atenção e ter disciplina para que pensamentos errados não se transformem em julgamentos errados. Isso envolve diversificar as fontes de informações e considerar aquelas divergentes para que eventuais tendências sejam neutralizadas.

Diferentes autores apresentam classificações diversificadas para esses vieses, geralmente em número de dez a quinze tipos.[33] A seguir, são apresentados aqueles que mais influenciam nas decisões. No Capítulo 8, há um *checklist* para se prevenir de doze desses vieses.[10]

VIESES GLOBAIS

Os vieses globais são mais amplos e podem contaminar toda a instituição, transformando-se em mania "endêmica", como em certos ambientes burocráticos e conservadores do serviço público.

VIÉS DO *STATUS QUO*

O viés do *status quo* representa a tendência conservadora, visando manter ou prorrogar o estado atual, podendo ser motivado por insegurança, medo de mudança, simples comodismo ou economia de energia. Ao sair do estado normal de operação (*default*) para outro modo, há um consumo adicional de energias mental e física, contrariando o nosso organismo, que é programado para poupar energia. Este provavelmente é o mais forte dos vieses, pois as pessoas tendem a confiar mais naquilo que conhecem e desconfiar do incerto e evitá-lo. Contudo, a insistência em seguir o pensamento convencional acaba sufocando a criatividade e a inovação, enrijecendo completamente a instituição.

As mudanças, trocando o certo pelo incerto, envolvem dúvidas e riscos, que podem gerar tensão e insegurança. O estresse elevado e prolongado pode provocar doenças. Isso equivale ao instinto de sobrevivência no mundo selvagem. Um animal herbívoro deve reconhecer os vegetais comestíveis e manter esse cardápio a fim de evitar os venenosos. Algumas empresas investem em publicidade para fazer a divulgação de sua marca, sem se ater a um produto específico, visando aumentar o nível de conhecimento da marca junto ao público, pois os produtos podem variar com o tempo, mas a marca permanece.[39]

A tendência para perpetuar o *status quo* é facilmente observável em estudantes que se sentam diariamente na mesma carteira e no casal que sempre escolhe a mesma mesa no restaurante, embora não tenham lugares demarcados. Aumentando-se o número de alternativas, a decisão torna-se mais penosa e aumenta também a tendência conservadora. Por exemplo, com apenas uma opção, a pessoa pode inclinar-se a aceitá-la. Contudo, com duas opções, a pessoa tende a refugar ambas, preferindo ficar como está. Muitas pessoas conservadoras reagem dizendo que "vão pensar mais tarde", e esse dia nunca chega.

O *status quo* tem forte guarida no pensamento convencional e tradicional. Em ambientes convencionais ouvem-se frases como: "aqui fazemos assim"; "assim sempre deu certo"; "nunca fizemos desse jeito". Essa atitude caminha em paralelo a atitudes negativistas sobre o futuro, do tipo "já tentamos isso antes" e "isso não vai funcionar neste caso". Os empregados de uma empresa sentem-se cômodos e seguros dizendo "não" à inovação.

A atitude conservadora pode difundir-se pela organização, criando uma estrutura contrária à inovação.[6] É impossível adotar simplesmente os sucessos do passado para projetar o futuro, pois a tecnologia avança, os mercados ficam saturados e outros se abrem, os consumidores mudam de hábito, os concorrentes ficam mais fortes e assim por diante. A história só é útil para se aprender com ela e para não repetir os erros. Assim, é preciso verificar e testar a validade do seu pensamento e de sua estratégia à medida que se avança, fazendo os ajustes necessários, como o nauta que ajusta as velas de acordo com os ventos. Sem esses ajustes, a embarcação sairá de sua rota.[6]

O conservadorismo ocorre tipicamente nos estamentos militares e nos serviços públicos, que não precisam competir no mercado para sobreviverem. Ao contrário, em ambientes inovadores e altamente competitivos, como os de informática e da moda, o conservadorismo pode ser uma sentença de morte. Podemos compará-los a um bambu flexível que se verga ao sabor dos ventos, enquanto uma árvore rígida pode romper-se.

A tendência conservadora manifestou-se, por exemplo, nos primeiros automóveis da Ford, que tinham aparência da charrete puxada por cavalos. Os primeiros jornais eletrônicos mantinham o *layout* da versão impressa em papel.[38] Isso ocorre também nas decisões pessoais, como no caso de um jovem que prefere seguir a profissão do pai, embora não tenha a mesma vocação.

Em um experimento de laboratório, os pesquisadores deram dois tipos de presentes, aleatoriamente, em igual número, aos participantes. Metade deles recebeu uma caixa de bombons e a outra, um caneco de valor equivalente. Após algum tempo, foi dito que eles poderiam trocar os presentes. Os pesquisadores esperavam que 50% aceitassem a troca. Contudo, apenas 10% deles pediram para trocar.[38] Uma editora distribuiu revistas de cortesia durante três meses, após os quais mandou um boleto de cobrança da assinatura. Muitos leitores, mesmo aqueles que não liam a revista, pagaram o boleto, e alguns continuaram a pagá-lo por vários anos. Isso acontece também nas programações de TV. As pessoas sintonizam um canal para assistir a determinado programa de seu interesse. Contudo, depois, continuam no mesmo canal, mesmo que não tenham mais interesse no programa seguinte.[21]

Superação do viés do *status quo*

Existem muitos tipos de recomendações para se superar o *status quo*. Em primeiro lugar, deve-se considerar que o mundo está em contínua mudança, e aquilo que é bom hoje pode tornar-se inadequado amanhã. Assim, por questão de sobrevivência, é preciso alterar o *status quo*, adaptando-o ao mundo atual e ao futuro.

Existem inúmeros exemplos de empresas que não acompanharam a evolução tecnológica do seu setor e viu-se obrigada a mudar de ramo. Isso aconteceu com muitas empresas tradicionais, como a Kodak, que não conseguiu adaptar-se às novas tecnologias de fotos digitais e viu-se obrigada a mudar de ramo. A Motorola teve grande sucesso dominando o mercado no início da telefonia móvel, nos anos 1990, baseando-se no padrão analógico. Nessa época, concorrentes como Nokia e Ericsson já estavam migrando para tecnologias digitais. Os gerentes da Motorola, em vez de absorver os avanços tecnológicos, resolveram buscar justificativas para persistir no padrão analógico, porque "43 milhões de clientes analógicos não podem estar errados". Devido a essa teimosia, a Motorola acabou perdendo mercado para os concorrentes.[40]

Em segundo lugar, é necessário ficar alerta para as mudanças ambientais no mundo dos negócios. Com isso, podem-se descobrir mudanças nos hábitos dos consumidores ou o avanço dos concorrentes, sinalizando a necessidade de sair do *status quo*. Em terceiro, é preciso superar a preguiça e o medo, que tendem a nos fazer manter a posição atual. Muitas vezes, exageramos os custos e as dificuldades das mudanças para justificar a permanência do estado atual. Um jovem promissor pode preferir morar na casa dos pais, em uma cidade do interior, onde tem uma vida segura e estável, em vez de aventurar-se em grandes metrópoles, onde teria melhores oportunidades profissionais.

VIÉS DA ANCORAGEM

O viés da ancoragem produz decisões contaminadas por alguma informação prévia sobre valores, estimativas ou suposições. As decisões ocorrem a partir dessa informação prévia, mesmo que esta não se relacione diretamente com a questão. Assim, essa informação prévia influencia a seguinte, produzindo uma ancoragem, ainda que não estejam relacionadas entre si. Os ajustes feitos durante o processo decisório nunca são suficientes. O perigo desse efeito é que às vezes fazemos prejulgamentos baseados apenas na informação-âncora ou tendemos a acessar apenas as informações que confirmem esse prejulgamento e refugamos outras informações, mesmo que sejam valiosas. O viés da ancoragem ocorre devido à pequena capacidade de processamento do córtex pré-frontal. Assim, ele procura reter as primeiras informações, que acabam influindo sobre as demais.

Esse tipo de viés foi estudado por Daniel Kahneman e Amos Tversky, que realizaram vários experimentos para confirmar as ancoragens.[10, 33] Um desses experimentos foi feito com um grupo de pessoas que não conheciam a África. Perguntaram a eles quantos países africanos participavam das Nações Unidas. Contudo, antes giraram uma roda da fortuna, contendo números de 1 a 100, que parava aleatoriamente. Embora esses números sorteados não tivessem qualquer relação com países africanos, verificou-se que funcionavam como âncoras e acabavam influenciando as respostas. Os participantes que tiraram 10 na roda estimaram a resposta em 25 países, em média. Outros, com número 65 na roda, a estimaram em 45 países.

Em outro experimento, com dois grupos distintos, perguntou-se ao primeiro: "A população da Turquia é maior que 35 milhões?", e ao segundo: "A população da Turquia é maior que 100 milhões?". Nenhum deles tinha informações reais sobre a população da Turquia, mas o segundo grupo estimou-a em números bem maiores, devido à informação contida na pergunta. Perguntou-se a um grupo de estudantes que não conheciam bem a história da Europa: "Em que ano Átila, o rei dos hunos, invadiu a Europa?". Foi dada uma dica: foi após o início da era cristã. Antes de responderem, foi solicitado que escrevessem os três algarismos finais de seus telefones, e depois os somassem a 200. Houve uma grande variação entre as respostas. Em média, os estudantes que partiram de números maiores estimaram a data em 300 anos a mais em relação aos que partiram de números mais baixos (a data real é 411).[21]

Corretores de imóveis fizeram experiências semelhantes em São Francisco, nos Estados Unidos. Ao negociarem áreas para escritórios, propuseram preços-âncoras bem superiores aos do mercado. Os interessados apresentaram contrapropostas, mas de forma modesta, de modo que o preço final negociado foi mais elevado em relação à média do mercado.[38] As lojas sofisticadas de shoppings luxuosos usam essa tática. Colocam alguns produtos de grife bem caros na vitrine e, com isso, os consumidores não estranham os preços mais elevados de outros itens usuais.

Em questionários, uma resposta pode ser ancorada pela anterior. Em um experimento, foram feitas duas questões a estudantes: a) Avalie seu grau de felicidade (1 a 10); b) Quantas vezes você saiu para se divertir no último mês? O grau de correlação entre elas foi muito baixo (0,11). Se as questões forem invertidas, a correlação sobe para 0,62, porque a segunda pode ser respondida mais objetivamente que a primeira.[21]

As decisões executivas geralmente partem de uma estimativa inicial otimista de investimentos, vendas, lucros e outros fatores. Os executivos tendem a exagerar em previsões otimistas, que funcionam como âncoras, e podem cair em armadilhas. Essas estimativas otimistas incidem principalmente sobre investimentos, prazos e custos. A Rand Corporation estudou 44 investimentos em novas fábricas realizados pelas grandes empresas de processamento químico, como Dupont, Texaco e 3M.[41] Em média, essas fábricas custaram o dobro de suas estimativas iniciais. Após um ano de funcionamento, um quarto delas estava produzindo menos que 50% da capacidade prevista, e metade delas, menos de 75% dessa capacidade. Algumas dessas fábricas nunca conseguiram atingir a capacidade nominal, e as empresas não conseguiram obter o retorno esperado dos investimentos.

Superação do viés da ancoragem

Para reduzir a influência das informações-âncoras, podem-se adotar algumas providências.[38] Primeiro, é preciso manter a *mente aberta*. Em vez de apegar-se à primeira ideia, adotando posições dogmáticas ou preconceituosas, devem-se buscar outros pontos de vista e propostas diversificadas, ouvindo-se pessoas que tenham pontos de vista e opiniões diferentes. No ambiente profissional, pode-se pedir que um consultor ou especialista faça o papel de advogado do diabo, mostrando as possíveis inconsistências, fraquezas e falhas da opção escolhida. Em segundo lugar, se houver risco de ser "ancorado" por alguém, deve-se preparar-se para as negociações, elaborando outra proposta inicial, criando uma âncora a seu favor.

Por exemplo, para alugar um apartamento de três quartos, faça uma pesquisa prévia sobre os preços praticados na região. Suponhamos que estejam entre 2,3 e 3,5 mil reais, com média de 2,9 mil. Para iniciar as negociações pode-se propor um valor abaixo da média, digamos, 2,5 mil, para não ser ancorado para cima dessa média. Para comprar uma camisa, estabeleça um preço inicial (algo como R$ 100,00) antes de começar a examinar as ofertas nas lojas do shopping. Na negociação do preço de um serviço, cotado em 2,4 mil, ofereça 1,8 mil para criar outra âncora.

VIÉS DO FUNDO PERDIDO

Outro viés danoso é aquele que nos leva a justificar maus investimentos realizados no passado, apesar de as evidências mostrarem que o fracasso é irrecuperável. Por uma questão de orgulho, autoestima ou conservadorismo, as pessoas não admitem o erro. Muitas vezes, a decisão tomada no passado não estava propriamente errada, mas as eventualidades ocorridas durante o seu desenvolvimento tornaram-na inviável. No plano pessoal, pode ocorrer, por exemplo, na instrução de um filho, que, após três ou quatro anos de curso universitário, ele chegue à conclusão de que não gosta do curso nem tem vocação para a profissão escolhida, mas o pai insiste que conclua o curso. Muitos obedecem, mas depois simplesmente penduram o diploma, sem exercer a profissão.

No caso institucional, os maus investimentos podem levar a severas críticas e cobranças dos colegas ou superiores. É o que ocorre, por exemplo, com dirigentes de futebol que compram jogadores famosos, pagando pequenas fortunas e depois se decepcionam porque eles não apresentam os resultados esperados nos jogos. Em alguns casos, o fracasso resulta de transformações no ambiente de negócios, como o comerciante que investiu na importação de automóveis quando a taxa era de 25% e, de repente, o governo aumentou a taxa para 45%.

Nós temos uma tendência natural a evitar situações de perigo, tensão e perdas. Sempre preferimos o lado bom, de segurança, bem-estar e prazer. A mente humana considera que o mal é mais forte que o bem.[6] Aparentemente, não há motivos racionais para essa diferença de julgamento entre o bem e o mal, mas pesquisas demonstram que o mal vale cinco vezes mais que o bem.[42] Assim, na vida familiar, uma esposa magoada com um comentário negativo precisaria receber cinco elogios para compensá-lo.

O viés da perda pode levar a decisões erradas, investindo-se ainda mais tempo e dinheiro em algo que já se comprovou como erro, indicando que não dará o retorno esperado. Mesmo assim, em muitos casos, investe-se mais dinheiro, aumentando os prejuízos. Isso ocorre em empresas obsoletas que vão perdendo mercado, mas cujos dirigentes insistem em investir, inutilmente, em sua recuperação, aumentando o tamanho do rombo.

Superação do viés do fundo perdido

Algumas medidas são recomendadas para se evitar o viés do fundo perdido. Em primeiro lugar, deve-se analisar o grau de comprometimento com a decisão anterior. Muitas vezes, essa decisão foi motivada por questões pessoais, como certas preferências ou autoestima, que poderiam ser revistas. Para isso, podem-se consultar pessoas "neutras", que não tenham compromissos ou envolvimento emocional com a decisão anterior e sintam-se desobrigadas de mantê-la. Warren Buffett recomenda: "Quando você cair em um buraco, a melhor coisa é parar de cavá-lo".[38] Em segundo lugar, é possível que as perdas sejam defendidas por pessoas que tenham motivações próprias. Por exemplo, uma subsidiária deficitária de uma empresa pode ser defendida pelos empregados que temem perder o emprego. Nesses casos, cabe realizar um esforço para identificar a origem do viés, a fim de evitar a sua permanência.

VIESES DE PERCEPÇÃO

Os vieses de percepção resultam de percepção falha ou distorcida da situação, que acabam influenciando na tomada de uma decisão errada.

VIÉS DO EFEITO *HALO*

O efeito *halo* caracteriza-se pela saliência injustificada da percepção ou da memória mais vívida e, portanto, mais disponível e facilmente relembrada. Nós tendemos a guardar situações passadas de emoções intensas de sucessos, fracassos, medos ou prazeres.[14] Uma experiência ou uma imagem muito forte, positiva ou negativa, pode dominar nossa decisão, suplantando informações objetivas. Essas fortes emoções (boas ou más) do passado podem prevalecer sobre outros eventos mais importantes, porém menos emocionantes, mesmo que tenham maior relevância. Isso é influenciado também pelo fator tempo, pois as emoções tendem a atenuar-se com o passar dos anos. Assim, uma emoção ou um sucesso recente pode prevalecer sobre outro, mais importante, mas distante no tempo. O acúmulo desses vieses pode provocar preconceitos e uma visão distorcida do mundo.

Daniel Kahneman e Amos Tversky fizeram um experimento em laboratório com dois grupos de pessoas.[10] Para o primeiro grupo, leram uma lista de trinta nomes de homens e mulheres famosos, misturados aleatoriamente, com maior número de nomes masculinos, mas em que os femininos eram mais conhecidos. Para o outro grupo, fizeram o inverso: maior número de nomes femininos, mas os masculinos eram mais conhecidos. Após ouvirem os nomes, os participantes deveriam responder se a lista continha mais nomes femininos ou masculinos. Ambos erraram, pois o primeiro grupo indicou mais nomes femininos, e o segundo, mais nomes masculinos. Ou seja, a relevância dos nomes prevaleceu sobre a quantidade deles.

Os eventos dramáticos e as fortes emoções podem modificar indevidamente o nosso comportamento. Podemos exagerar as ocorrências de desastres aéreos devido a cenas impactantes de notícias sobre um grande desastre e decidir viajar de ônibus em vez de avião, mesmo sabendo que este é muito mais seguro pelas estatísticas. Isso é influenciado também pela frequência dos noticiários na mídia. Um desastre aéreo raro é noticiado mais insistentemente que acidentes de ônibus, mesmo que provoque menos vítimas.

O efeito *halo* também se expande para os lados, influenciando outras variáveis. Por exemplo, uma pessoa bem-vestida e com boa aparência pode ser associada à escolaridade de nível superior e emprego de maior renda. Na fila para comprar passagens de ônibus, o vendedor oferece um assento bem situado, na frente, a um comprador bem apessoado, de terno e gravata. A outro, com aparência desleixada, com barba a fazer, cabelos desarrumados, sotaque caipira, oferece os piores assentos, no fundo do ônibus.

As organizações são compostas de pessoas muito diferentes quanto à formação, à competência e aos interesses. Diferentes pessoas podem ter diferentes percepções do mesmo evento. Determinada versão pode prevalecer porque foi apresentada e defendida por uma pessoa mais convincente ou com mais poder sobre as demais. Também podem ocorrer omissões ou subserviência dos outros, por considerarem mais cômodo concordar ou não se manifestar.

O efeito *halo* influencia vários tipos de decisões, como compras de apólices de seguros. Notícias sobre roubos em residências têm como consequência o aumento do consumo dos equipamentos para sistemas de segurança em casas, muito acima daquilo que recomendaria a análise dos riscos. Essa percepção distorcida influencia as políticas sociais, pois os governos tendem a alocar mais recursos para reduzir os medos da população do que em seus riscos reais.[21] Também gera muitos empregos, como porteiros de edifícios e seguranças em bancos. Para se prevenir dessas distorções, devem-se analisar os dados objetivos, não se deixando levar pelas notícias sensacionalistas.

VIÉS DO PREENCHIMENTO DE LACUNAS

As pessoas, em geral, conseguem tomar decisões mesmo sem ter todas as informações. Nosso cérebro faz um preenchimento automático da parte que falta. Isso é semelhante à teoria da Gestalt,[43] pela qual a nossa percepção preenche figuras incompletas a fim de dar um sentido a elas (Figura 3.1). Muitas vezes, essa extrapolação pode ser enganosa. Por exemplo, a figura (a) indicaria um barco a vela. Já a figura (b) indicaria um círculo, mas também poderia ser uma esfera ou uma pizza sem uma fatia. Os três pontos da figura (c) sugerem um triângulo, mas podem ser pontos de um círculo ou de uma pirâmide. Diariamente, fazemos muitas extrapolações, tanto na vida privada como na profissional. Uma selecionadora de pessoal entrevistou uma candidata que falou sobre a viagem que tinha feito a Londres. Essa selecionadora extrapolou erroneamente, concluindo que a candidata era fluente em inglês.

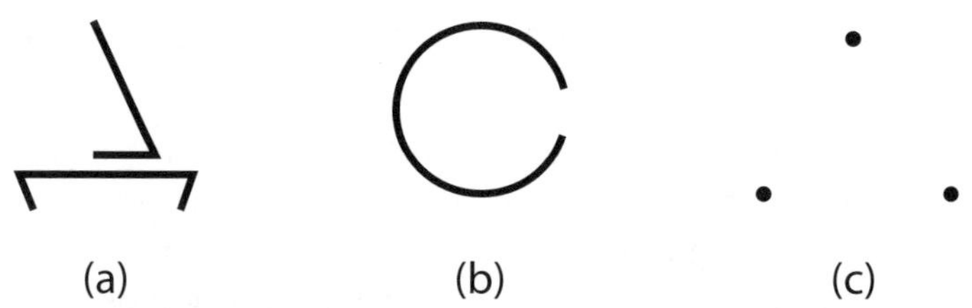

Figura 3.1 Pela teoria da Gestalt, a nossa mente preenche as lacunas, fazendo suposições. Fonte: adaptada de Baxter.[43]

VIÉS DA CAUSALIDADE

O viés da causalidade ocorre quando as pessoas tendem a atribuir um agente causador a eventos passados, mesmo quando não existe relação de causa/efeito entre eles. Assim, certas pessoas podem ser responsabilizadas por eventos totalmente aleatórios.[44] É semelhante à teoria da conspiração, segundo a qual alguém ou algum grupo estaria agindo às escondidas. Isso acontece até no âmbito familiar, quando a esposa atribui um desastre fortuito à negligência do marido. Existem diversos aspectos nessas interpretações, que veremos a seguir.

Causas nas proximidades. As causas para explicar os efeitos são procuradas em suas proximidades temporais ou espaciais. Mesmo quando se admite distância temporal ou espacial entre a causa e seu efeito, geralmente se constrói uma corrente mental de eventos próximos para ligá-los. Desse modo, muitos eventos não relacionados entre si passam a ser indevidamente conectados, enquanto as ligações distantes ou mais demoradas são ignoradas.

Teoria favorita. As pessoas podem utilizar sua teoria favorita para explicar as relações de causa e efeito a seu favor. Viticultores mediterrâneos atribuem a longevidade a certos componentes do vinho tinto. Produtores de óleo de oliva dizem que certas gorduras desse azeite atuam na prevenção de ataques cardíacos. Certas teorias, quando infundadas, podem produzir preconceitos. Por exemplo, acreditar que as pessoas que comem devagar ou acordam tarde são preguiçosas. No âmbito mais amplo, existem muitas teorias que embasam movimentos sociais ou políticos, como o das supremacias étnicas. Quando se aboliu a escravidão no Brasil, em 1888, abriu-se a imigração aos europeus, a fim de "embranquecer" o povo brasileiro, baseando-se na crença da superioridade da raça branca.

VIÉS DOS ESTEREÓTIPOS

O viés dos estereótipos ocorre quando categorizamos pessoas ou objetos de acordo com certas características, mesmo que sejam falsas. Assim, categorizamos as pessoas conhecidas por sua profissão, escolaridade, renda, etnia, cor do cabelo, idade e assim por diante. Podemos incluir outras categorias, como restrições alimentares, partidos políticos, convicções religiosas, orientação sexual e outros. Em relação aos objetos, costumamos verificar, por exemplo, o país ou a região de origem ("*made in*" Brasil, China, Alemanha, Japão).

Os estereótipos são associados a certas categorias ou qualidades reais ou imaginárias. Por exemplo, a imagem mental que temos de ladrões de rua são pessoas jovens, malvestidas, vocabulário recheado de gírias, moradoras da periferia. Dificilmente os associamos a pessoas idosas, grisalhas, vestidas de terno e gravata. Os produtos industriais alemães e japoneses geralmente são considerados de boa qualidade. O lado nefasto dessas associações são os preconceitos, quando associamos, inconscientemente, certos traços a categorias sociais e passamos a ter uma visão estigmatizada da realidade.[3] Alguns desses preconceitos são profundamente arraigados na sociedade e chegam a ser considerados traços culturais. Para superar esses preconceitos é preciso fazer esforço consciente para combater os vieses inconscientes e contra-atacar nossa tendência de estereotipar.

VIÉS DO ENQUADRAMENTO

O viés do enquadramento ocorre quando focalizamos o problema errado, devido a uma percepção falha ou parcial. Se as decisões forem recomendadas por outros, é possível que contenham também erros de enquadramento. Por exemplo, diante de um grupo de trabalhadores insatisfeitos, o dono da empresa pode atribuir essa insatisfação aos baixos salários. Contudo, o que está oprimindo esses trabalhadores pode ser o chefe imediato deles, que é excessivamente autoritário e exigente. O diagnóstico errado pode levar à prescrição do remédio também errado. Assim, o aumento dos salários não vai aumentar a satisfação dos empregados oprimidos pelo chefe.

As pessoas reagem diferentemente a cada tipo de enquadramento. Por exemplo, um médico pode advertir o paciente que sofre de uma doença grave: "Cerca de 5% dos pacientes faleceram no prazo de cinco anos". A mesma advertência pode ser feita de outro modo: "Cerca de 95% dos pacientes estavam vivos após cinco anos". A aceitação no segundo caso torna-se maior, porque os pacientes se enquadram entre os 95% dos sobreviventes, e não entre os 5% que faleceram.[21]

O viés do enquadramento pode ocorrer também pela nossa tendência de construir modelos ou dar significados a fatos aleatórios. Durante a Segunda Guerra Mundial, os alemães lançaram dezenas de bombas voadoras V-1 e V-2 sobre Londres. Essas bombas eram bastante primitivas e não podiam ser direcionadas a alvos precisos, não se comparando com os atuais mísseis teleguiados. Os alemães visavam simplesmente atingir a parte central de Londres, e as bombas caíram em área relativamente extensa, sem controle. Os ingleses, ao colocar no mapa os pontos atingidos pelas bombas, elaboraram diversas teorias, supondo, por exemplo, que as bombas visavam às instalações militares. No mapa havia alguns clarões não atingidos pelas bombas. Supostamente, eram áreas habitadas pelos espiões nazistas.[21]

Algumas doenças não contagiosas, como o câncer, podem distribuir-se geograficamente de maneira aleatória. Contudo, se houver maior incidência em certa localidade, por mero acaso, essa área pode ser considerada erroneamente endêmica, levando ao aumento das consultas preventivas de seus moradores. Pode-se dizer o mesmo das teorias conspiratórias construídas com base em eventos isolados e aleatórios.

O erro de enquadramento pode ocorrer com pessoas que não têm experiências relevantes na área. Isso propicia experiências enganosas, que são aquelas situações conhecidas, mas que não se aplicam ao caso que se está analisando, e isso conduz à decisão errada.[14] A pessoa sem experiência no assunto tende a extrapolar experiências de uma área para outra, e isso nem sempre produz bons resultados. Nesse caso, não se pode confiar apenas na intuição. É aconselhável realizar análises adicionais, consultar outras pessoas experientes na área ou contratar consultores especializados. As recomendações apresentadas por outras pessoas também devem ser analisadas, pois podem estar motivadas por interesses alheios, que não solucionam o problema, efetivamente.

Para evitar associações erradas entre os efeitos e suas causas, pode-se fazer a pergunta: se forem removidas tais causas, o problema será resolvido? Em caso negativo, provavelmente não existe a suposta relação causa/efeito e, então, é preciso analisar cuidadosamente as relações entre os efeitos e suas respectivas causas. Esse problema da identificação entre causa e efeito será analisado no Capítulo 9.

VIÉS DA CONFIRMAÇÃO

O viés da confirmação é uma tendência humana que leva nossa mente a confirmar certas crenças e valores para criar uma ilusão, descobrindo um padrão ou um modelo em fenômenos aleatórios ou com base em informações incompletas ou enganosas. Nessas ocasiões, em vez de reconhecermos o erro, frequentemente tentamos provar que estamos corretos. Em outros casos, após adotarmos uma opinião ou um partido, procuramos buscar informações que possam confirmá-los, rejeitando aquelas contrárias.

Frequentemente a crença ou ideia inicial é reforçada, dando-se interpretação "favorável" aos indícios e ambiguidades. Por exemplo, podemos achar que o novo vizinho é antipático devido a um evento fortuito, quando ele estava retornando muito estressado de uma viagem cansativa. A partir disso, passamos a prestar mais atenção às más ações dele, enquanto as boas são facilmente ignoradas, a fim de confirmar a impressão inicial. De modo semelhante, se acreditamos em um político, atribuímos o mérito pelos bons resultados a ele e a responsabilidade pelos maus resultados aos adversários, reforçando a ideia inicial. Assim, os eventos aleatórios passam a ser interpretados como evidências convincentes, desde que colaborem para confirmar as ideias preconcebidas.[5]

Em uma pesquisa realizada com estudantes de graduação, um grupo colocou-se a favor e outro contra a pena de morte.[45] Todos os estudantes receberam o mesmo conjunto de artigos para leitura. Metade desses artigos defendia a pena de morte como fator dissuasor da criminalidade e a outra metade considerava que a pena de morte não contribuiria para a redução da criminalidade. Os pesquisadores forneceram também algumas indicações sobre os pontos fracos dos argumentos apresentados dos dois lados. Posteriormente, foi solicitado aos estudantes que avaliassem a qualidade dos artigos e perguntado se as leituras tinham afetado suas atitudes em relação à pena de morte.

Os participantes deram notas mais altas aos artigos que combinavam com sua posição inicial e disseram que as leituras tinham contribuído para reforçar suas crenças. Assim, em vez de convencer as pessoas, as leituras só contribuíram para polarizar, ainda mais, os grupos.

O viés da confirmação pode produzir muitos efeitos danosos na vida real. Por exemplo, quando um médico clínico faz o diagnóstico de uma doença, passa a procurar evidências para corroborar sua hipótese inicial, mesmo que esteja errado. Da mesma forma, um entrevistador de um candidato a emprego pode ter uma rápida impressão no primeiro contato e passar o resto do tempo procurando evidências para confirmá-la.

VIÉS DA CERTEZA

O viés da certeza ocorre quando uma pessoa se agarra a um conceito, preconceito, crença ou valor profundo. Ocorre também pelo excesso de confiança, principalmente quando já é influenciado pelo viés da ancoragem. Nesse caso, esses valores tendem a "cegar" a pessoa, a ponto de ela ignorar provas relevantes. Por exemplo, Jonah Lehrer narra um episódio da Guerra do Yom Kippur, em 1973. O exército de Israel tinha sistemas de informação da Mossad e da Aman, consideradas infalíveis.[7] O Egito estava preparando um ataque reforçando suas divisões blindadas na fronteira. Contudo, os serviços de informação de Israel consideraram isso um blefe. Depois que foram surpreendidos pelo ataque, os israelenses reformularam o serviço de inteligência, criando uma nova unidade a fim de realizar análises alternativas, completamente independentes da Aman e da Mossad.

Pode-se reagir ao viés da certeza criando-se algum tipo de dissonância interna, de modo a considerar informações que contrariem as nossas crenças e valores mais profundos. Quando passamos a censurar nossas mentes, desligando as áreas cerebrais que se opõem às nossas premissas, acabamos ignorando fatos e provas relevantes.

O presidente Abraham Lincoln era um líder tão notável que era capaz de administrar pontos de vista contraditórios entre si.[7] Ele costumava promover debates e discussões vigorosas entre grupos antagônicos, chamados de *Team of Rivals*. Por exemplo, no caso da abolição dos escravos, ele promovia discussões de líderes abolicionistas com outros contrários à abolição, inclusive donos de escravos. Assim, Lincoln ficou conhecido pela sua capacidade de tolerar a discórdia.

Esses conflitos entre pontos de vista discordantes ocorrem também no cérebro. Raramente boas decisões são frutos de falsos consensos. Ao contrário, deve-se permitir que o cérebro trabalhe com as possíveis dissonâncias, com o devido tempo de maturação. Alfred P. Sloan, presidente da General Motors, desconfiava dos consensos rápidos.[7] Nesses casos, adiava a decisão para a próxima reunião, até que aparecessem as discordâncias. Muitas vezes, essas discordâncias decorrem de fatos ou informações isoladas e pouco perceptíveis, mas não menos importantes. Com isso, Sloan procurava ter uma compreensão maior sobre o que realmente importava na decisão, evitando possíveis erros causados pelo viés da certeza.

VIESES PESSOAIS

Os vieses pessoais relacionam-se com a visão particular de cada um, dependendo de sua personalidade e de suas experiências.

VIÉS DO EGOÍSMO

As pessoas, em geral, julgam-se melhores do que realmente são. Alegam que trabalham mais que as outras, merecem ganhar mais e contribuem mais para o grupo. Atribuem o seu sucesso ao mérito pessoal, e o fracasso, à falta de colaboração dos outros ou ao puro azar e acaso. Essas pessoas tendem a fazer escolhas que as beneficiem, especialmente nos interesses de curto prazo, mesmo que não percebam conscientemente. Isso significa distorcer a realidade a favor do interesse próprio, mesmo quando se julgam imparciais e justas, porque essa tendência surge no subconsciente.

No trabalho em grupo, cada participante costuma superestimar a parcela da sua própria participação. Isso acontece porque cada participante consegue lembrar melhor a sua própria contribuição do que a dos outros.[44] Acontece também nos trabalhos domésticos. Pedindo-se para um casal estimar sua contribuição nos trabalhos domésticos de manutenção da casa e educação dos filhos, a esposa estimou em 80% e o marido, em 60%, totalizando 140%. Isso aconteceu também com coautores de um livro, quando a soma das contribuições pessoais declaradas pelos autores totalizou 125%. Em um acidente simulado de carro, foi solicitado às pessoas que estimassem a indenização justa. Para isso, receberam vários exemplos de acidentes semelhantes e dos respectivos valores reais do conserto. O valor da indenização foi estimado em US$ 19.318 quando o sujeito fazia o papel de réu (parte que paga) e em US$ 37.028 quando o sujeito fazia o papel de reclamante (parte que recebe), ou seja, 191,2% maior que aquela do réu.[46]

É sabido que muitos laboratórios farmacêuticos patrocinam os médicos para que participem congressos. Consultando os médicos, 95% deles negaram que sofressem influência em sua conduta por terem recebido patrocínios. Entretanto, apenas 16% dos médicos acreditavam que essa afirmação feita pelos outros médicos era verdadeira. Na prática, verificou-se que os médicos que receberam patrocínio realmente faziam mais prescrições de produtos da empresa patrocinadora. A negação dessa conduta é uma resposta racional que não condiz com as decisões reais, influenciadas pelo subconsciente.[47] Quando há julgamentos entre os membros de um comitê, aqueles diretamente envolvidos são instruídos a não votar em causa própria e a sair da sala quando se discutem interesses deles.

O comportamento egoísta leva à defesa dos interesses próprios, principalmente aqueles mais prementes e urgentes, que influem nas decisões de forma inconsciente. Assim, mesmo que um empregado afirme que atua sempre a favor dos interesses da empresa, "vestindo a camisa" e colocando os interesses próprios de lado, estes estarão sempre presentes inconscientemente.

Os interesses próprios variam muito dependendo da personalidade.[14] Alguns querem ganhar mais dinheiro, outros visam um relacionamento social melhor com colegas, reconhecimento de seu mérito, menos controle de horários e de produtividade, promoção, diversão e assim por diante. Felizmente, esses interesses, em geral, não são antagônicos com os objetivos da empresa. Contudo, há casos em que isso não acontece. Se eles forem muito discrepantes entre si, é possível fazer uma análise racional para verificar se os interesses próprios estariam distorcendo as decisões em prejuízo da empresa. Isso pode ocorrer também no âmbito familiar, quando o interesse próprio de um dos membros acaba prejudicando toda a família.

Para reduzir o comportamento egoísta e aumentar o altruísta, muitos sugerem o ensino da ética aos estudantes. Contudo, isso não contribui para reduzir a influência dos interesses próprios nas decisões. Seria melhor conscientizar as pessoas sobre as influências inevitáveis dos seus interesses próprios e criar mecanismos externos de verificação e controle.[14] Isso se refere aos interesses próprios que influem nas decisões fora do consciente. Naturalmente, existem também aquelas decisões que são praticadas deliberadamente a favor do interesse próprio, como nos casos de corrupção.

O viés do egoísmo leva a negar até certas evidências comprovadas, mas consideradas inconvenientes porque provocam prejuízos pessoais. Um exemplo é a questão do aquecimento global. Várias entidades de renome internacional, baseando-se em milhares de estudos e artigos acadêmicos, atestam a influência da atividade humana na mudança climática global. Contudo, mais da metade da população dos Estados Unidos acredita que a tese do aquecimento global ainda não está comprovada.[48] Isso acontece simplesmente porque essa não é uma boa notícia para essas pessoas. O combate ao aquecimento climático poderia afetar suas vidas, subtraindo-lhes algumas comodidades ou exigindo maiores investimentos e custos.

Desigualdade e injustiça

Quando se pergunta diretamente, quase todas as pessoas condenam as desigualdades. A empatia pelas pessoas nos faz refletir sobre as carências delas e defender uma sociedade mais igualitária. Psicólogos da Universidade de Yale se perguntaram por que, apesar disso, havia tantas desigualdades no mundo.[49] Eles descobriram que não há um instinto humano que condene a desigualdade, mas um que condena a injustiça. Em geral, tendemos a aceitar a desigualdade se acharmos um motivo justo. Se meu amiguinho foi generoso comigo no passado, acho justo que ele receba mais figurinhas, privilegiando-o.

Na África, os pigmeus vivem em comunidade e caçam em grupos. Quando conseguem abater uma grande caça, como um elefante, o guerreiro que deu o golpe fatal tem o privilégio de escolher a melhor parte, em geral, o fígado da caça. Apesar da sociedade igualitária, essa desigualdade é aceita pelo grupo como uma questão de justiça. Em nosso mundo complexo, mesmo querendo, dificilmente as pessoas conseguem contribuir igualmente pelo sucesso de um empreendimento. Dessa forma, a distribuição desigual dos resultados é aceita como uma questão de justiça.

VIÉS DO PRIMEIRO AMOR

O viés do primeiro amor leva a nos fixarmos na opção de que gostamos ou com a qual simpatizamos logo de início. Depois, passamos a acumular os argumentos que reforcem essa hipótese inicial, rejeitando os demais. Ocorre também quando as pessoas selecionam apenas as informações que confirmam as crenças preexistentes e refugam as informações dissonantes. Isso acontece porque o nosso subconsciente decide rapidamente se gostamos ou não de algo ou de alguém. Em seguida, acumulamos os argumentos para reforçar a hipótese inicial, aquilo de que gostamos, rejeitando o oposto.

É o caso daquela mocinha apaixonada que não vê os defeitos do namorado nem acredita nas advertências feitas pelos pais e amigos. Dois grupos, um a favor e outro contra o aborto receberam o mesmo artigo para ler, contendo análises científicas e morais sobre o aborto. Após a leitura, aquele que era a favor disse que ficou ainda mais convencido de suas posições sobre o tema. O que era contra afirmou a mesma coisa. Naturalmente, cada grupo filtrou as informações que serviam para reforçar as suas crenças em vez de examiná-las de forma isenta.[38]

É difícil manter a objetividade quando há um envolvimento emocional com outras pessoas ou causas. Nesses casos, o julgamento pode ser afetado, pois até os defeitos básicos podem ser negligenciados. Isso provocará uma decisão ruim ou demorada e a pessoa sequer admitirá que errou. Se você entrevistar a filha de um ex-colega de faculdade para um emprego, provavelmente, passará "batido" pelas deficiências dela, como a falta de experiência no cargo. Contratar um amigo de peladas de final de semana como seu contador ou advogado pode criar uma situação difícil quando houver necessidade de demiti-lo.

Uma grande empresa multinacional descobriu que o gerente de operações tinha um caso com sua secretária, o que foi considerado um risco para os negócios dessa empresa. A secretária foi demitida, e o gerente, que era considerado competente, foi transferido para outro setor, do Rio de Janeiro para São Paulo. Assim, muitas empresas não aceitam que parentes próximos trabalhem juntos, para evitar que o envolvimento emocional possa prejudicar o desempenho.

O viés do primeiro amor pode ser reduzido quando se toma o cuidado de examinar todos os argumentos a favor e contra de forma isenta, e não apenas aqueles que confirmem a sua escolha inicial. Tanto uns como outros devem ser analisados com igual rigor. Ao fazer perguntas, não formule aquelas que induzam à confirmação, como "Você não acha que isso vai dar certo?". Também não se aconselhe com bajuladores, puxa-sacos, que dizem "sim" apenas para agradar. Essa confirmação pode ocorrer também quando há uma subordinação hierárquica, do filho para o pai, da empregada para a patroa, do sargento para o tenente. É preferível escolher alguém mais crítico, que faça o papel de advogado do diabo. É possível também fazer autocrítica, perguntando-se: por que sigo por esse caminho? Qual é a forte razão para que eu desista dele?

VIÉS DO PERTENCIMENTO

O viés do pertencimento faz uma separação entre *nós* e *eles,* privilegiando os primeiros. Esse viés é muito forte e seria uma reminiscência da nossa herança tribal, quando seres humanos faziam alianças e coalizões entre membros de seu grupo para caça ou guerra. Há um tratamento diferenciado quando se trata de pessoas do "nosso" grupo (*in-group*), em relação aos estranhos (*out-group*). Esses comportamentos distintos podem ser observados, por exemplo, com torcidas de futebol, em que pessoas agridem outras desconhecidas simplesmente porque usam camisas do time adversário. Com aquele *in-group*, a hostilidade é substituída pela solidariedade, pela cooperação e pela ajuda mútuas.

Há muitas pessoas que se dedicam e até se sacrificam para contribuir financeiramente para estabelecer a sensação do *in-group*, como o pagamento do dízimo à Igreja e pagamentos de mensalidades para o clube de campo, mesmo que não o frequentem.[3] Há pessoas que admitem gostar de outras que são membros do grupo, embora antipatizem com elas. Entre profissionais como médicos, engenheiros, garçons e cabeleireiros, a taxa de simpatia entre os membros da mesma profissão é de 70%, e com pessoas de outras profissões cai para 50%.[3] O corolário do espírito de grupo é o tratamento diferenciado que fazemos nos negócios e nos relacionamentos sociais aos *out-groups*.

As experiências vividas com outras pessoas do grupo, identificadas com o protagonista, são mais facilmente lembradas e valorizadas.[44] Médicos conseguem lembrar melhor experiências narradas por outros médicos do que experiências narradas por não médicos. Mulheres lembram melhor experiências narradas por outras mulheres do que as narradas por homens. Um repórter que faz a cobertura de um candidato tende a estimar que ele terá mais chance que o adversário. Um pai pode achar que seu filho tem mais chance no vestibular que o filho do vizinho.

Uma variante do viés de pertencimento é o viés da *conformidade*, quando alguém se deixa condicionar pelos outros, principalmente quando está em dúvida. Quando um número razoavelmente grande de pessoas manifesta certa opinião, uma pessoa isolada do grupo tende a assumir posturas gregárias e conformistas, mesmo que discorde racionalmente. Existe uma experiência clássica de Solomon Asch para indicar se dois barbantes eram do mesmo comprimento.[50] Uma pessoa deveria dizer se esses barbantes eram iguais ou diferentes. Um grupo de pessoas, previamente combinado, manifestava uma opinião. Mesmo que estivesse claramente errada, a pessoa testada tendia a confirmar a opinião do grupo.

VIÉS DO FALSO APEGO

Podemos nos apegar a certas pessoas, grupos, crenças, artes, clubes de futebol, localidades ou bens pessoais. Isso influencia na escolha dos nossos amigos, cônjuges e outras pessoas com quem queremos conviver. Também frequentamos lugares e nos apegamos aos fatos agradáveis ou àquilo em que queremos acreditar. Estima-se que esses apegos estejam envolvidos em mais de 40% das nossas decisões. Isso ocorre muito com colecionadores que são capazes de investir todas as suas economias para adquirir objetos raros para sua coleção. Um empresário de São Paulo tinha adoração por Campos de Jordão e investiu todas as suas economias na aquisição de terrenos nessa estância, embora raramente viajasse para lá.

Em alguns casos, os apegos pessoais podem ser bastante equivocados, principalmente quando extrapolam de uma área para outra. No mundo empresarial é muito frequente encontrar casos de empresários bem-sucedidos em um setor de negócios e que se aventuram em outra área por mero capricho pessoal.

Conta-se que o presidente do grupo Samsung, Lee Kun-hee, embora atuasse competentemente na área de eletrônica e informática, tinha adoração por carros e alimentava o sonho de construir seus próprios carros.[14] Fundou a Samsung Motors, apesar de os especialistas considerarem que não poderia competir com outras montadoras coreanas já estabelecidas no mercado, como Hyundai, Kia e Daewoo, além da feroz competição internacional entre várias montadoras. Apesar disso, Kun-hee continuou teimando com seu projeto de montar uma fábrica moderna e automatizada, chegando a fabricar 50 mil unidades, quase todas vendidas aos seus próprios funcionários. Funcionou apenas durante dois anos (1998-1999) e faliu com enormes prejuízos. As instalações foram vendidas para a Renault, recuperando-se menos de 10% do capital investido.

VIÉS DO EXCESSO DE CONFIANÇA

As pessoas, em geral, têm tendência a considerar apenas as opções preferidas e desprezar as outras. Apresentam dificuldade de fazer inferências e extrapolações isentas, pois confiam demasiadamente nos próprios palpites. Geralmente observamos só aquilo em que já acreditávamos, de forma determinística, e ignoramos completamente a variância dos dados e os riscos associados. O tempo todo, ficamos mesclando a informação sensorial do mundo externo com hipóteses e conjecturas próprias e acreditamos cegamente na realidade que construímos mentalmente.[20] Além disso, algumas pessoas demonstram otimismo e autoconfiança exagerados. Na Inglaterra, 50% da população acredita no Céu e apenas 25% no Inferno.[3] Esse excesso de confiança faz a pessoa acreditar até em eventos como os prêmios de loteria, que são raros, mas as pessoas continuam a jogar.

Perguntou-se a estudantes de MBA se eles se consideravam abaixo ou acima da média da classe. O resultado esperado seria de 50% para cada nível. Contudo, apenas 5% deles se consideravam abaixo da média. Entre professores de uma grande universidade, 94% se consideravam acima da média. Esse tipo de avaliação otimista é recorrente. Cerca de 90% dos motoristas se consideram melhores que a média, e o mesmo acontece quando se pergunta sobre o senso de humor das pessoas.[21]

O viés do excesso de confiança pode provocar diversas consequências nos negócios. Na programação da produção em fábricas, uma estimativa para baixo pode levar à perda de importantes oportunidades, e uma para cima, à produção excessiva, gerando estoques mortos. Para evitar os prejuízos causados pelo excesso de confiança, recomenda-se trabalhar com uma faixa, entre a otimista e a pessimista. Deve-se pedir que outras pessoas envolvidas façam essas previsões otimistas e pessimistas. Foi feito um experimento com especialistas da bolsa de valores Dow Jones. Pediu-se a eles que estabelecessem limites superior e inferior para que apenas 1% das cotações ficassem acima do superior e apenas 1% abaixo do inferior. Na realidade, constatou-se que de 20% a 30% das cotações ficavam fora das faixas estabelecidas.[38]

O excesso de confiança pode provocar muitos erros nas previsões. As pessoas encontram razões para continuar a apoiar candidatos políticos de sua preferência mesmo quando se comprova que cometeram graves deslizes.[3] Mas acreditam em comentários pouco verídicos que maculam candidatos de outro partido com o qual não simpatizam.

VIÉS DO EXCESSO DE ZELO

O excesso de zelo resulta do medo de errar ou do desejo de agradar e pode levar a decisões erradas. Uma grande montadora de automóveis dos Estados Unidos lançou um novo modelo de carro, visando atender a um mercado em expansão que se mostrava muito promissor.[38] O programa da produção foi baseado em uma pesquisa junto a distribuidores, concessionárias e fornecedores de peças. Todos eles estimaram as vendas para cima, por uma "questão de segurança" produzindo erros em cadeia. O departamento de marketing da empresa considerou que essas estimativas eram confiáveis e repassou-as à produção. Contudo, o número de carros produzidos excedeu a demanda, e a empresa teve de fazer diversos tipos de promoções, durante seis meses, para escoar o estoque remanescente.

Em projetos de engenharia usam-se coeficientes de segurança para superdimensionar certas peças. Em uma cadeia de produção, sucessivas aplicações desses coeficientes, multiplicando-os, podem levar a estimativas finais exageradas. Nesses casos, o excesso de zelo pode ser tão prejudicial quanto a sua falta. Para reduzir os erros provocados pelo excesso de zelo, as estimativas devem ser sempre avaliadas e ajustadas em função do objetivo final pretendido.

ENGANOS

Os enganos acontecem quando prevalecem certos vieses na hora de se tomar uma decisão. As decisões equivocadas ocorrem principalmente quando a mente faz uma associação errada entre a situação real e um padrão memorizado de experiências anteriores. Entre eles podem ocorrer certas diferenças sutis, não percebidas, mas essenciais na prática. Esse tipo de diferença é chamado de *experiência enganosa*, e está presente em cerca de 60% das decisões gerenciais.[14]

Por exemplo, um empresário bem-sucedido no ramo de farmácias estava procurando oportunidades para expandir seus negócios. Para ser coerente, pretendia ficar na área de saúde. Surgiu uma oportunidade de investir em planos de saúde. Contudo, deve-se considerar que existem diferenças significativas entre os ramos de farmácia e de planos de saúde, e talvez as experiências acumuladas pelo empresário sejam experiências enganosas. Na farmácia, o negócio é baseado em compras e vendas de mercadorias, e, no plano de saúde, na prestação de serviços. Portanto, apesar das aparentes semelhanças, podem ser "animais" muito diferentes entre si, exigindo enfoques empresariais diferentes.

Portanto, os enganos decorrem de experiências aparentemente semelhantes, mas, na verdade, diferentes. Ocorrem quando uma experiência semelhante emerge da memória sem notarmos as pequenas sutilezas que a tornam diferente do problema que se quer solucionar.

ENGANO DA DISSONÂNCIA COGNITIVA

A dissonância cognitiva ocorre quando uma experiência é transferida para outra, mas com condições situacionais diferentes. Assim, o sucesso em um caso pode resultar em fracasso no outro, devido a essas condições diferenciadas.

A empresa norte-americana Quaker era bem-organizada e obteve grande sucesso na aquisição da marca Gatorade, de bebidas energéticas.[14] Anos depois teve a grande oportunidade de adquirir a Snapple, o maior fabricante de chá gelado e de bebidas com suco de frutas. Aparentemente a experiência com a Gatorade poderia ser transposta para a Snapple. Contudo, havia diferenças significativas quanto ao perfil do público-alvo, aos canais de distribuição e à localização dos pontos de venda. Assim, a empresa não conseguiu repetir o mesmo sucesso que tivera com a Gatorade. Em apenas três anos, a Snapple foi vendida.

Nesse caso, o fracasso na empreitada decorreu não apenas de falhas no reconhecimento de padrões, mas também de falhas na transferência de um contexto para outro, percebido erroneamente como semelhante, mas, na verdade, bem dissonante. Assim, enquanto a Gatorade estava em fase de expansão, a Snapple enfrentava muitas dificuldades por causa da concorrência. Adicionalmente, o Gatorade era promovido como "repositor de energias", e os produtos da Snapple eram considerados alimentos. Assim, a aplicação dos métodos gerenciais que transformaram o Gatorade em sucesso fracassou no caso da Snapple, e a própria Quaker acabou sendo vendida para a PepsiCo em 2000.[14]

A dissonância cognitiva ocorre também quando há incompatibilidade entre duas partes do conhecimento.[14] Quando ela ocorre, tentamos eliminá-la mudando uma das partes para que fique compatível com a outra. Assim, achamos uma explicação coerente simplesmente eliminando a parte dissonante. A dissonância cognitiva ocorre também quando "enganamos" a nós mesmos diante de um fato difícil de reconhecer e aceitar, embora possa parecer evidente para os outros.[51]

Por exemplo, uma pessoa com câncer maligno pode acreditar que sua doença não é tão grave e que, em breve, estará curada. Um chefe que contratou uma nova secretária pode atribuir erros dela à falta de experiência ou ao simples nervosismo, em vez de admitir a falta de competência. Uma mãe percebeu que sua filha adolescente tinha mudado de comportamento: passou a chegar em casa de madrugada, dormia até tarde, parecia muito distraída, as notas escolares pioraram e ela perdeu o interesse em tudo.[51]

Embora ela não estivesse saindo com ninguém em especial, a mãe considerou que a filha estava apaixonada, quando a causa real eram drogas. Essa mãe levou mais de seis meses para aceitar que sua filha não tinha um "amor infantil", mas era usuária de drogas.

ENGANO DA SIMPLIFICAÇÃO

O engano da simplificação ocorre quando a decisão se baseia em apenas alguns aspectos ou algumas variáveis, sem considerar o quadro completo. Isso acontece com as pessoas que ficam obcecadas por uma ideia fixa e desprezam tudo aquilo que a contrarie. Os empreendedores podem basear sua decisão apenas na possibilidade de sucesso, sem considerar adequadamente os fatores de risco. Essa visão "míope" e unilateral pode levar a decisões erradas quando a variável escolhida não for a mais significativa. Em alguns casos, esse engano gera otimismo exagerado, podendo resultar em fracasso do empreendimento. A simplificação também produz uma tendência conservadora, quando o desempenho futuro da empresa é projetado a partir da trajetória anterior. Em linguagem popular, diz-se "olhar para o próprio umbigo" em vez de olhar para o mundo externo.

O engano da simplificação leva à criação de *atalhos* para se chegar mais facilmente aos resultados. Essa tendência é muito utilizada na publicidade.[51] Um carro pode ser anunciado como "o mais vendido de sua classe". As pessoas podem comprar o carro simplesmente por supor que, se o carro é o mais vendido, provavelmente é o melhor. Esse atalho simplifica a decisão porque evita a necessidade de fazer análises e comparações com outros carros do mercado. Esse tipo de atalho ocorre também na percepção de outras pessoas, principalmente quando o associamos a certos estereótipos. Podemos considerar que pessoas tatuadas, cheias de piercings, com visual *punk*, não são capazes de assumir grandes responsabilidades. Ou que pessoas com vocabulário difícil sejam mais cultas. Naturalmente, esses atalhos podem ser enganosos e levar a erros de decisão.

O futuro pode ser bem diferente do passado porque podem ocorrer mudanças importantes no clima dos negócios, entrada de fortes concorrentes ou avanços tecnológicos. Isso explica o desaparecimento de muitas empresas tradicionais, que não conseguiram fazer a transição do mundo analógico para o digital a partir da década de 1980. Por exemplo, a fotografia digital decretou o fim dos antigos filmes de acetato. Os antigos LPs foram substituídos pelos CDs, e estes, pelos arquivos digitais e pelos aplicativos de música. Algumas empresas conseguiram se atualizar, por terem percebido as mudanças em tempo, mas a maioria conservadora acabou desaparecendo. Para evitar essa simplificação exagerada, é necessário ter uma visão mais ampla e abrangente da situação e dos cenários futuros. Os empresários podem adquirir essa visão fazendo análises amplas dos cenários, consultando especialistas e frequentando eventos e feiras no seu ramo de atuação.

COMO IDENTIFICAR EXPERIÊNCIAS ENGANOSAS

Considerando a grande influência das experiências enganosas, para que não ocorram decisões equivocadas, elas exigem atenção redobrada. Para reduzir o seu impacto, é necessário identificá-las de forma antecipada, fazendo três perguntas:[14]

1. Quais são as principais incertezas e os principais riscos relacionados com a decisão?

2. Os tomadores de decisão mais importantes têm experiências anteriores relevantes, significativas e confiáveis no assunto?

3. Se a resposta à pergunta anterior for "não", há perigo de os tomadores de decisão mais importantes extrapolarem erroneamente suas experiências anteriores durante as avaliações das incertezas e dos riscos?

Se o tomador de decisão não tiver experiências relevantes e significativas, há grande probabilidade de que ele recorra a uma experiência menos relevante ou enganosa, cometendo um erro. Frequentemente, um atributo pouco significativo pode ser extrapolado, indevidamente, durante a decisão. Por exemplo, o dono de um restaurante tinha um bom garçom em quem depositava muita confiança. Ao contratar um novo, escolheu um cearense, porque foi um atributo que o lembrou do primeiro. Contudo, essa pode ser uma experiência enganosa, pois apenas o fato de o garçom ser cearense não significa que ele também tenha bom desempenho no trabalho.

CAPÍTULO 4
FONTES DE INFORMAÇÃO

As informações são a principal matéria-prima das decisões. No mundo atual, há uma grande disponibilidade de informações sobre praticamente todos os assuntos. Para cada tipo de decisão existem fontes mais adequadas dessas informações. Contudo, nem sempre as informações estão formatadas de modo conveniente, sendo necessário realizar certos filtros e análises.

Geralmente, tanto a falta como o excesso de informações podem prejudicar a qualidade da decisão.[14] Se houver falta, informações adicionais podem melhorar a qualidade da decisão. Mesmo que essas informações estejam disponíveis, os tomadores de decisão não as utilizam, porque já têm opinião formada e dificilmente mudarão de ideia. Essa postura decorre de experiências ou julgamentos anteriores associados a fortes emoções e de certos padrões de comportamento, que dificilmente se modificam. Se houver excesso, poderá haver dificuldade para selecionar aquelas mais relevantes, deixando-se influenciar pelas secundárias.

No caso de decisões institucionais e de grande importância, as informações adequadas podem ser cruciais. Convém organizar formas institucionalizadas de análise, com assessores especialmente treinados. Frequentemente recorremos à nossa própria memória em busca dessas informações. É importante entender os mecanismos da mente, já apresentados no Capítulo 2, e também os vieses provocados pela mente, apresentados no Capítulo 3. Adicionalmente, há de se considerar o pensamento de grupo (*groupthink*) no contexto das decisões institucionais (ver Capítulo 8), em que são observados efeitos robustos de pressões sociais, concorrendo para maior conformidade ou coesão entre os membros do grupo ao mesmo tempo que se enfraquece a voz dissonante naquele contexto.[52] Assim, as decisões passam a ser blindadas pelo grupo, configurando, por vezes, um pensamento acrítico com resultados desastrosos.

FISIOLOGIA DA INFORMAÇÃO

MEMÓRIA HUMANA

O conceito tradicional da memória humana é semelhante a um arquivo de vídeo no disco rígido de um computador. Assim, o cérebro faria um registro preciso e completo dos eventos. E, uma vez gravado, permaneceria estático.[3, 53] Contudo, essa comparação tem três diferenças importantes. Primeiro, o cérebro não registra tudo, fazendo-o seletivamente e, muitas vezes, de forma enviesada pela interpretação dos eventos durante a fase de codificação da informação (isto é, a criação de um registro ou código de memória a ser armazenado). Segundo, ele promove também um esquecimento seletivo, principalmente o bloqueio de lembranças dolorosas. Terceiro, a memória não é estática e vai se modificando com o tempo ao interagir com fatos mais recentes.

Ao relembrar fatos passados, a memória introduz diversas adaptações da realidade, que podem ser resumidas nos seguintes pontos:[3] primeiro, as pessoas têm boa lembrança dos principais aspectos, mas uma lembrança fraca dos detalhes; segundo, se forem questionadas sobre esses detalhes, acabam preenchendo as lacunas por meio de processos reconstrutivos ou inferenciais, geralmente calcados em suas representações de mundo; terceiro, como resultado, as lembranças podem ser imprecisas ou distorcidas a despeito de as pessoas acreditarem que assim decorreram os eventos; e quarto, as lembranças sofrem vários vieses introduzidos pelo próprio cérebro.

Os eventos podem ser difíceis de observar e interpretar. Muitas coisas podem acontecer simultaneamente, e aquilo que observamos pode ser apenas uma parte e, assim mesmo, sujeita aos nossos filtros de interpretação da realidade.[44] Para extrair lições úteis do passado, devemos entender se o resultado da ação foi positivo ou negativo, se teve sucesso ou fracasso, se foi proveitoso ou danoso. E, também, em que condições ocorreu, pois as lições do passado só podem ser extrapoladas em condições semelhantes às do presente. Esse processo apresenta falhas porque destacamos, inconscientemente, apenas os aspectos que consideramos importantes. Na recordação, a nossa memória pode acrescentar detalhes de outras categorias para preencher lacunas de informações.

Ao tomar uma decisão, as pessoas recorrem aos eventos armazenados em sua memória. Há três fatores que influenciam essa rememoração:

- *Experiências vividas*: experiências vividas consistem em eventos que observamos ou vivenciamos no passado. As pessoas conseguem relembrar com mais facilidade as experiências diretamente vivenciadas do que as narradas por terceiros. Estudantes lembram com mais facilidade a experiência em laboratório do que a sua descrição em um livro. Dessa forma, as pessoas conseguem tomar melhores decisões quando relembram situações realmente vividas, conseguindo estimar os recursos, o tempo necessário e os riscos com maior confiabilidade.
- *Casos reais*: as informações diretas sobre casos reais e concretos são mais bem memorizadas do que as vagas, indiretas, abstratas e estatísticas. Uma

pessoa irá se recordar melhor a foto ou vídeo de uma cena de um homicídio do que a estatística de homicídios ocorridos no mês. A propaganda de televisão que mostra consumidores satisfeitos com um produto é mais lembrada do que testes de confiabilidade do produto.

- *Categorização*: a nossa memória não registra cada objeto com todos os seus detalhes, pois não teríamos tempo nem capacidade mental para fazer isso. Ao contrário, ela cria certas categorias, destacando os aspectos mais importantes de cada objeto.[3] Um gato e um lobo serão classificados como felino e canino, respectivamente. Um pequeno poodle pode ter a mesma cor e o mesmo tamanho que um gato, mas será colocado na categoria do lobo, porque ambos são caninos. Com esse processo de economia cognitiva, simplificamos nosso ambiente para facilitar a tomada de decisões.[3]

Reconhecimento e recordação

Pesquisadores que investigam a memória fazem distinção entre reconhecimento e recordação.[39,54] O reconhecimento ocorre, por exemplo, quando encontramos uma pessoa e a identificamos como conhecida, dado um forte sentimento de familiaridade. A recordação ocorre quando conseguimos evocar o nome e a profissão dela. Essas duas formas de acessar as memórias nem sempre emergem simultaneamente, pois podemos reconhecer a pessoa, mas não recordar o nome dela.

Os seres humanos têm grande capacidade de reconhecer rostos, vozes e imagens de outras pessoas. O reconhecimento é mais fácil e não declina com o envelhecimento, como acontece com a recordação. Contudo, existem algumas técnicas de memorização que otimizam a evocação de eventos por meio de associações geralmente esdrúxulas, inusitadas e anormais. Por exemplo, podemos associar uma senhora de nome Helda com mau cheiro, embora ela seja perfumada.

Erros de memória

O psicólogo alemão Hugo Münsterberg estudou erros de memória e elaborou a teoria da memória em 1908, publicada no famoso livro *On the Witness Stand: Essays on Psychology and Crime.*[55] Ele apresenta quatro conceitos-chave que são considerados válidos até hoje. Primeiro, as pessoas têm uma boa lembrança dos aspectos essenciais ou mais impactantes de um evento, mas não de seus detalhes. Segundo, quando são pressionadas a lembrar os detalhes, preenchem as falhas com eventos inverídicos de forma não intencional. Terceiro, as pessoas acreditam, sinceramente, nos detalhes incorporados à lembrança. Quarto, os aspectos essenciais sofrem mudanças e vão se modificando ao longo do tempo.

A mente preenche as lacunas de forma tendenciosa, inconsciente, de acordo com as conveniências, crenças e vantagens pessoais. Nesse processo, deixa transparecer experiências anteriores, sistemas de valores, expectativas e preconceitos. Isso não quer dizer que essas pessoas sejam mal-intencionadas ou trapaceiras, pois é a própria mente subconsciente que elabora essas operações, podendo oferecer resultados enviesados à mente consciente.[3]

Portanto, a memória humana está sujeita a distorções quando faz a reconstrução das lembranças. Ela não consegue gravar todos os detalhes das informações que recebe dos órgãos sensoriais, à velocidade de 11 bilhões de bits por segundo. Assim, ela faz uma seleção, arquivando apenas os aspectos essenciais ou impactantes, associados a fortes emoções, ou aqueles que realmente interessam. Depois, recria os detalhes para preencher as lacunas, quando solicitado.

Naturalmente, aquilo que é essencial ou impactante pode ser diferente para cada pessoa. Esse processo faz com que diferentes pessoas apresentem versões diversas dos mesmos fatos, considerando que a memória modifica também a essência, além de promover mudanças de fatos ocorridos há muito tempo. Bibliógrafos e historiadores que narram acontecimentos passados costumam colher depoimentos de várias pessoas que participaram do mesmo evento, pois cada uma apresenta uma versão diferente, que precisa ser confrontada com as outras para que a verdadeira essência seja obtida com o mínimo de distorções possível.

FALSA MEMÓRIA

Segundo a definição de Henry Roediger e Kathleen McDermott, uma falsa memória é a criação mental de algo que não existiu ou um relato divergente de um evento ocorrido.[56] Muitas vezes, representa uma analogia com a essência do fato memorizado. Por exemplo, podemos ler uma sequência de palavras: pirulito, bolo, açúcar, agradável, mel, alegre, torta, chocolate, bom. Ao perguntar se ouviu a palavra *doce,* a maioria confirmará que sim, porque essa palavra está na essência da série. Perguntou-se a turistas que tinham visitado a Disneylândia se tinham visto o coelho Pernalonga. Cerca de 25% relataram que tinham encontrado com Pernalonga. Destes, 62% afirmaram que apertaram as mãos dele, e 46% que o tinham abraçado. Contudo, isso é impossível, porque Pernalonga é personagem do estúdio Warner Bros., concorrente da Disney.[57]

A falsa memória também pode ser implantada deliberadamente, principalmente quando se refere a eventos que ocorreram há muito tempo. Em um experimento, foram selecionados vinte sujeitos que nunca tinham viajado de balão.[58] Sem que eles soubessem, solicitaram-se aos familiares fotos deles com 4 a 8 anos de idade, e foram feitas fotomontagens deles passeando de balão. Essas fotos foram exibidas aos sujeitos três vezes, com intervalos de dois a sete dias. Pedia-se que fechassem os olhos para imaginar como apareciam nas fotos. Ao término, metade dos participantes relatou que tinham lembranças do passeio de balão. Ao serem informados de que as fotos eram falsas, alguns afirmaram que ainda sentiam a emoção do passeio.

As falsas memórias também podem ser induzidas, inclusive, envolvendo eventos reais presenciados por testemunhas. Por exemplo, em um estudo de Elizabeth Loftus e John Palmer,[59] algumas pessoas deveriam assistir a um vídeo e posteriormente estimar a velocidade de um carro envolvido em um acidente. Suas estimativas foram fortemente influenciadas pelo verbo utilizado no teste de memória (isto é, *smash* [amassar, esmagar ou produzir pedaços, em tradução livre] versus *hit* [bater, encostar]), sendo a velocidade estimada como mais alta quando o verbo sugeria uma colisão mais séria, no caso do verbo *smash*, em oposição a *hit*. Uma semana depois, aquelas pessoas que estimaram maior velocidade foram mais suscetíveis à sugestão de um farol quebrado, evidenciando o papel da consonância cognitiva nos processos de recordação de eventos.

LEI DA MENTE

Nossa mente opera em dois níveis diferentes de consciência. Assim, a mente consciente recebe informações do ambiente, captadas pelos órgãos dos sentidos (visão, audição, tato e outros), quando estamos despertos e aprende por observação, experimentação e educação. Por sua vez, a mente subconsciente não depende diretamente dos órgãos sensoriais, podendo gerar intuição ou emoção mesmo quando não há percepção consciente do mundo exterior. Ela jamais se desliga, funcionando até durante o sono, gerando sonhos, soluções de problemas e muitas ideias criativas, principalmente quando estamos livres das restrições da vida consciente. Algumas pessoas criativas dizem que conseguem fazer "encomendas" ao subconsciente durante o estado de sonolência que precede o sono ou quando estão em estado de devaneio.[36]

A mente subconsciente armazena as informações recebidas do consciente e não tem capacidade de questioná-las ou contestá-las, simplesmente "arquiva" as informações recebidas, sejam verdadeiras ou falsas. Contudo, elas não ficam estáticas, pois são utilizadas como "matéria-prima" para construção de associações e inferências. Esse processo ocorre aleatoriamente. Nesse caso, quantidade é sinônimo de qualidade, pois ao se dispor de muitas associações, a probabilidade de encontrar uma ideia boa ou adequada será maior. Portanto, aumentando-se a quantidade e a qualidade das informações captadas conscientemente, maior será o estoque de material subconsciente disponível. Baseando-se nisso, Joseph Murphy[36] formulou a seguinte lei da mente: "*a qualidade das respostas obtidas da mente subconsciente é determinada pelo repertório das experiências que colocamos conscientemente na memória. Isso lembra a metáfora: onde entra ouro, sai ouro; onde entra lixo, sai lixo*".

Pode-se também fazer analogia com um jardineiro. Se ele plantar sementes de flores na mente subconsciente, colherá flores. Se plantar espinhos, colherá espinhos. O processo de recuperação das informações do subconsciente para o consciente não é controlável. A mente oferece ideias relacionadas com o problema, buscando aleatoriamente aquilo que está armazenado na memória subconsciente. Torna-se então, importante abastecer aquele universo, geralmente inacessível à consciência, de matéria-prima adequada e de boa qualidade.

Outra analogia que se pode fazer são os "tijolos" mentais que armazenamos conscientemente para que possam ser utilizados na construção. Para um mestre de xadrez, esses tijolos são os diversos *padrões* de jogadas, que podem ser evocados durante um jogo real. Para um designer de calçados, é importante folhear catálogos e revistas de moda, além de frequentar feiras onde são lançados os novos produtos, mesmo que essas informações não tenham utilidade imediata. Conta-se que Henry Ford teve a ideia de organizar a linha de montagem de automóveis, em 1902, quando se lembrou de uma visita que tinha feito a um frigorífico, onde as carcaças eram "desmontadas" em série. Ele teve a brilhante ideia de inverter o sentido do fluxo, fazendo montagens em vez de desmontagens. Assim, criou a linha de montagem que revolucionou a produção industrial.

Portanto, pode-se escolher deliberadamente o processo de carregamento da mente subconsciente, procurando, na medida do possível, informações positivas e úteis para a nossa vida privada e profissional. De preferência, essas informações devem ter alguma conexão com os problemas que enfrentamos. Observa-se que as notícias veiculadas pela mídia brasileira (jornais e TVs) contêm mais notícias negativas (acidentes, catástrofes, assassinatos, assaltos, falcatruas) do que positivas, na proporção de 4 para 1. Para contrabalançar, seria adequado recorrer também a outras fontes de informações, menos negativas e mais úteis para solução de problemas.

OBTENÇÃO DE INFORMAÇÕES

Nós somos capazes de receber e processar informações provenientes de diversas fontes. Para cada tipo de informação há uma mídia mais adequada para que se minimizem os erros e para que a decisão seja tomada corretamente.

INFORMAÇÕES VERBAIS

A fala é uma das principais fontes de informações. Tem a vantagem de ser imediata, permitindo também uma decisão rápida. É uma das fontes mais utilizadas, principalmente nas comunicações do dia a dia, tanto no ambiente doméstico como no trabalho. Tem a desvantagem de ser transiente, ou seja, facilmente perecível no tempo.[17] Devido à pequena capacidade da memória de curto prazo, provavelmente surgirão problemas de esquecimentos e omissões quando diversas informações forem transmitidas simultaneamente. Muitas vezes, uma informação verbal deve ser retida na memória durante algum tempo porque vai influenciar outras decisões sequenciais. Um exemplo é o do piloto em voo que recebe diversas instruções da torre de controle para a aterrisagem. Nesse caso, algumas informações verbais podem ser substituídas por informações visuais no display, para ficarem expostas durante algum tempo enquanto o piloto faz as manobras.

Muitas tarefas dependem da correta lembrança ou recordação de instruções verbais. Entretanto, isso depende da forma de apresentação dessas informações e de como foram memorizadas. Para melhorar a percepção da fala, é importante criar uma expectativa no ouvinte, avisando-o previamente do assunto que será tratado, e avisá-lo novamente quando houver mudança de assunto. Também é importante que cada fala tenha uma informação-chave, que facilite a memorização na "pasta" correta e sua recordação posterior.[17]

RELATÓRIOS ESCRITOS

Os relatórios escritos elaborados pelos especialistas costumam ser volumosos e circunstanciados, contendo muitos dados e análises. Muitas vezes são recheados de jargões profissionais, principalmente das áreas financeira, contábil, jurídica, informática e outras. Nem sempre os dirigentes estão familiarizados com esses vocabulários. Tendo pouco tempo disponível, cabe a eles concentrarem-se nas tarefas mais importantes do seu cargo. A tarefa mais importante é tomar decisões e, para isso, provavelmente não precisam de todas as informações contidas nos relatórios. Assim, em vez de ler extensos relatório e processos, podem delegar essa tarefa a uma assessoria, que vai elaborar um sumário executivo, de maneira sucinta, com pareceres e recomendações. Se for o caso, esta deve apresentar todas as alternativas possíveis para a decisão. Para cada uma das alternativas, deve informar as possíveis consequências (viabilidades, custos, prazos, beneficiários, prejudicados), com os argumentos a favor e contra.

Carlos Matus chama esse processo de *análise tecnopolítica,* pois deve considerar tanto os aspectos técnicos como as suas implicações políticas e sociais.[60] No Congresso dos Estados Unidos, existe um corpo de assessores que prepara alertas escritos para as principais leis a serem votadas pelos congressistas, reunindo argumentos a favor e contra, além das possíveis consequências sociais, econômicas e ambientais. Ao entregar esse alerta aos congressistas, agendam uma entrevista de três minutos com cada um deles, a fim de expor-lhes os aspectos essenciais das análises. Aqueles que desejarem mais detalhes recorrem ao material escrito.

COMUNICAÇÃO NÃO VERBAL

Costumamos utilizar um complexo sistema de comunicação não verbal, continuamente, durante as nossas interações sociais, mesmo quando não estamos conscientes disso. A comunicação não verbal é utilizada principalmente para expressar emoções e se classifica em três tipos. O primeiro está relacionado com os *movimentos do corpo*: postura corporal, expressões faciais, gestos, pose, movimentos dos olhos. O segundo, chamado de *paralinguagem*, inclui o timbre da voz, a duração das pausas e sons não verbais, como "uhum". O terceiro, a *proxenia*, é o uso do espaço pessoal.[3] Cerca de 90% das emoções são transmitidas por essas formas não verbais, enquanto a mensagem verbal é preferida para expressar argumentos racionais.[19]

A interpretação de sinais não verbais é automática, ocorrendo, frequentemente, sem deliberação consciente, principalmente entre interlocutores não treinados. Enquanto uma pessoa está emitindo um conteúdo verbal, seu corpo pode estar expressando as emoções simultaneamente. Essas mensagens, representadas por tom de voz, sorriso, impaciência, irritação, face contraída são percebidas, na maioria das vezes, de forma não totalmente consciente. Enquanto a mente consciente está ocupada em entender o conteúdo da fala, o nosso subconsciente está ocupado em analisar o interlocutor pelos critérios não verbais. A comunicação não verbal é considerada mais autêntica e serve para confirmar as informações verbais. Em outros casos, há uma contradição entre as palavras e a comunicação não verbal, e dizemos que ocorre uma *dissonância cognitiva.* Nesse caso, é provável que as pessoas estejam falando uma mentira ou que sintam algum tipo de constrangimento com as palavras.

R. E. McMaster, um operador bem-sucedido na bolsa de valores dos Estados Unidos, costuma prestar muita atenção à linguagem não verbal das pessoas, para verificar se ocorrem dissonâncias cognitivas: "Se não vejo coerência e harmonia entre a fala e a comunicação não verbal, não faço negócio. As coisas precisam se encaixar, têm que parecer certas".[6] Ele afirma que desenvolveu a percepção da comunicação não verbal observando sua criação de lhamas: "Elas identificam meu estado de ânimo a 30 metros de distância, se estou irritado ou tranquilo ou se vou alimentá-las". Antes de fechar negócio, McMaster leva as pessoas para visitar sua criação de lhamas, para ver como elas reagem: "Se a pessoa não for aprovada no teste das lhamas, o negócio não será fechado".

Dominação visual

O olhar é considerado a comunicação não verbal por excelência, podendo indicar dominação social. A direção, a forma de olhar e o tempo estão relacionados com essa dominação. A posição hierárquica de dominação social em relação ao seu interlocutor durante uma conversa seria dada pelo quociente entre a percentagem de tempo que você passa olhando nos olhos dele enquanto está falando dividido pela percentagem do tempo que passa olhando para os olhos da pessoa enquanto está ouvindo.[61] A pessoa em posição hierárquica superior apresenta maior taxa de olhar quando está falando do que ouvindo, e aquela em posição subalterna olha menos quando fala e mais quando ouve.

Contágio emocional

Estamos sempre emitindo sinais emocionais aos nossos interlocutores por meio da expressão facial, do movimento dos olhos, dos gestos, do tom de voz, entre outros. Muitos desses sinais são sutis e visualmente imperceptíveis.[19] Quando vemos uma pessoa sorridente ou irada, seu rosto fica contagiado com esse estado emocional, com ligeiras mudanças nos músculos faciais. Às vezes, essas mudanças são muito sutis e só podem ser detectadas com sensores eletrônicos. O intercâmbio emocional ocorre durante todo o tempo de contato pessoal, com meneios da cabeça, troca de olhares, vozes ou grunhidos e assim por diante. A transferência do estado emocional geralmente ocorre no sentido do mais expressivo para o menos expressivo. Contudo, há grandes diferenças individuais quanto à sensibilidade ao contágio emocional.

Comunicação não verbal das crianças

A capacidade de comunicação não verbal manifesta-se desde cedo nas crianças. Os pesquisadores encontraram forte correlação entre a sociabilidade das crianças e sua capacidade de interpretar os outros. Numa classe de jardim de infância, com crianças de 4 a 5 anos, foram mostradas doze fotos de crianças e adultos expressando diferentes emoções. Depois, perguntou-se com quem elas gostariam de brincar. As crianças que conseguiam identificar melhor essas emoções foram também as que mais escolheram colegas de brincadeiras.[62]

Comunicação não verbal entre os animais

A comunicação não verbal é muito utilizada pelos animais não humanos. Os lobos, por exemplo, vivem em matilhas e dependem da comunicação entre seus membros para organizar as caçadas. A orelha ereta e a cauda na vertical indicam dominação. Estreitar os olhos e colocar as orelhas para trás indica desconfiança. Juntar as orelhas e enfiar o rabo entre as pernas, medo. Balançar o rabo indica satisfação.

Os cachorros são descendentes de lobos e mantêm esse tipo de comportamento, sendo exímios na leitura dos sinais humanos. Em mais de 10 mil anos de convivência com os humanos, eles desenvolveram um sofisticado repertório de comunicação não verbal e "verbal", na forma de latidos e ganidos. Além disso, possuem sentido olfativo trinta vezes mais sensível que os humanos, ajudando policiais e bombeiros a identificar drogas e corpos soterrados. Essa comunicação não verbal entre os animais não humanos foi bastante estudada pelos etologistas.[3] Entre chimpanzés, por exemplo, olhar diretamente é um sinal agressivo. Mas, se mostrar os dentes, esboçando um sorriso, é um aviso de que "não vou atacar você".

TELEFONE SEM FIO

A brincadeira infantil do telefone sem fio consiste em propagar uma informação ao longo de uma fila de pessoas. A primeira pessoa da fila sussurra uma frase para a segunda, que sussurra para a terceira e assim sucessivamente. Após passar por dez ou doze pessoas, a informação chega bastante distorcida ao final. Existe outro tipo de telefone sem fio, em que as informações vão se distorcendo ao longo do tempo.

Frederic Bartlett leu uma pequena história fantástica do folclore ameríndio para um grupo de pessoas. Depois pediu que recontassem essa história após 15 minutos e, mais tarde, em intervalos regulares de semanas e meses.[63] Bartlett descobriu que a história original se esmaecia com o tempo. O formato geral da história era mantido, mas certos detalhes eram descartados e outros, acrescidos. A história ficou mais curta e mais simples, eliminando-se as fantasias sobrenaturais. Outros detalhes foram acrescidos ou reinterpretados, de modo que os pontos incompreensíveis eram omitidos ou explicados. Assim, com o "arredondamento das arestas", a estranha história era transformada em outra, mais familiar e compreensível, eliminando-se todos os aspectos surpreendentes, erráticos e inconsequentes.

Esse fenômeno do arredondamento já tinha sido percebido pelos psicólogos da Gestalt. Ao mostrar uma forma ovalada, irregular e dentada, após algum tempo, a pessoa vai se lembrar de algo parecido com um círculo regular. Bartlett concluiu que a memória é um processo ativo, em que as estranhezas são reconfiguradas de modo que fiquem mais confortáveis e familiares para cada pessoa. Esse processo é característico de cada pessoa, dependendo de suas experiências, conhecimentos prévios, convicções, preconceitos e valores.[3] Essa tendência de transformar o estranho em familiar aumenta o conforto e a segurança, mas não é benéfica à criatividade, que deve fazer o oposto, ou seja, romper o *status quo,* descontruindo o familiar pela introdução de estranhezas.

FILTRO DAS INFORMAÇÕES

As diversas instâncias percorridas pela informação, da fonte ao receptor, podem exercer vários tipos de filtros, que fazem simplificações e amplificações, além de introduzir outros tipos de distorções. Para se reduzirem essas distorções provocadas pelos filtros, podem-se eliminar as etapas intermediárias, indo-se direto às fontes. Por exemplo, um grande produtor de vinhos dos Estados Unidos costumava receber relatórios de vendas com seis meses de atraso, depois de passar por cinco ou seis filtros na cadeia de distribuição.[6] Esse prazo era relativamente longo para se tomar algum tipo de medida corretiva, como uma promoção especial para escoar os estoques.

Em vez disso, o gerente passou a ligar diretamente para os clientes (varejistas e restaurantes) para obter informações em primeira mão diretamente das fontes que interessavam. Com a experiência adquirida, bastavam cinco a dez ligações a clientes-chave, incluindo alguns *restauranteurs* e *maîtres* de confiança, para se ter um bom termômetro do mercado, diretamente, de fontes "quentes", sem esperar pelos relatórios "frios".

Algumas decisões pessoais e institucionais são cruciais e dependem de informações detalhadas e confiáveis. Como já vimos, as informações pessoais são melhores que as escritas para a tomada de decisões. Alguns profissionais trabalham intensamente com projetos e relatórios escritos. Os executivos de alto nível dificilmente têm tempo para fazer leituras de relatórios volumosos, então podem pedir um parecer de uma pessoa qualificada. Contudo, esse é um tipo de filtro que pode causar certos vieses. Se for o caso, pode-se recorrer a mais de um especialista, com pontos de vista divergentes ou até opostos, a fim de formar a sua própria opinião. Em linguagem política, isso significa ouvir tanto a situação como a oposição. Além disso, se persistir alguma dúvida, pode-se pedir que alguém faça o papel de "advogado do diabo" para apontar eventuais falhas e inconsistências.

Em grandes organizações, sempre há um grupo de assessores especializados para realizar o processamento tecnopolítico da situação, apresentando as opções cabíveis e as suas possíveis consequências.[15] Essa análise deve ser abrangente, envolvendo os aspectos técnicos, financeiros, econômicos, políticos, sociais e outros. Assim, uma opção que parece ser boa no curto prazo pode sofrer restrições no médio ou no longo prazo, devido a causas como evolução tecnológica, entrada de novos concorrentes, mudanças na legislação e assim por diante.

AUTOSSUGESTÃO

A pessoa pode alimentar deliberadamente sua mente com autossugestão, que pode ter sentido positivo ou negativo. No sentido positivo, ajuda a adquirir novas capacidades e habilidades, e o inverso ocorre no negativo. É aconselhável evitar frases negativas, como "não sou capaz" e "não tenho dinheiro", porque isso vai reforçar essa ideia no seu subconsciente e você acabará incapacitado ou pobre. É preciso, sobretudo, filtrar sentimentos negativos de medo, raiva, ansiedade, ciúme, inveja, vingança e culpa.[36]

Essas sugestões também podem ter origem externa, e nesse caso são chamadas de heterossugestões, incluindo ideias e conceitos apresentados por outras pessoas. Crenças religiosas, ideologias políticas, preconceitos étnicos, tabus e costumes sociais são decorrentes de heterossugestões que sempre desempenharam papel importante na história da humanidade. No sentido positivo, podem levar ao desenvolvimento saudável de uma comunidade. Contudo, no sentido negativo, podem causar fracassos, sofrimentos, conflitos, fanatismos, miséria e guerra.

O PARADOXO PEPSI

O paradoxo Pepsi é um famoso experimento sobre as preferências enviesadas entre Coca-Cola e Pepsi. As pessoas geralmente preferem Pepsi quando experimentam as duas bebidas às cegas, mas escolhem Coca quando sabem a marca que estão tomando. Foi solicitado a trinta voluntários que provassem as duas bebidas nas embalagens com suas marcas expostas, e 70% deles confirmaram suas preferências. Contudo, os pesquisadores tinham trocado os conteúdos das garrafas entre si.[64]

Nesse caso, a expectativa produzida pela visão da embalagem prevaleceu sobre o gosto das bebidas. Outra influência inegável são os comerciais da Coca-Cola. Uma variante desse paradoxo foi testada em 2000. Pesquisadores recrutaram dois tipos de sujeitos: um com lesões no córtex pré-frontal e outro sem lesões. Como se esperava, ambos preferiram Pepsi quando não sabiam o que estavam bebendo. Quando foram reveladas as marcas, aqueles de mentes sem lesões mudaram a preferência para Coca-Cola.[65] Os outros, com lesão cerebral, continuaram a preferir Pepsi, indicando que não tinham mecanismos de correção mental para mudar de marca, não existindo, portanto, o paradoxo Pepsi para eles.

INFORMAÇÕES NUMÉRICAS

Os números costumam apresentar informações mais precisas que as palavras. Por exemplo, dizer que alguém mede 1,92 m é mais preciso que dizer que é uma pessoa *alta*. Contudo, todas as palavras têm significado, o que nem sempre acontece com os números. A dificuldade ocorre principalmente quando o número aparece em valores absolutos. Por exemplo, a informação de que os estudantes brasileiros conseguiram 401 pontos na avaliação Pisa terá pouco significado para quem não conhece essa escala.

Assim, recomenda-se, de preferência, trabalhar com valores relativos em vez de absolutos. Na compra de um carro, a informação sobre o rendimento de 12 km/litro será mais útil que uma sobre a capacidade cinquenta litros do tanque. Outro recurso muito útil é o gráfico que apresenta a série histórica de evolução de uma variável durante certo período. Para relatórios gerenciais, pode ser escolhido um conjunto de variáveis mais significativas. Algumas variáveis, como vendas, podem ser atualizadas diariamente, e outras, como investimentos, em períodos maiores.

Os bons gestores costumam utilizar um conjunto de indicadores sobre o desempenho da empresa, que pode ser em termos absolutos, como a quantidade de peças vendidas, ou relativos, como despesa/receita ou custo/benefício. No tempo dos governos militares, um general da reserva foi nomeado para administrar um hospital no qual se desconfiava que ocorriam desvios de materiais. Certo dia, ele recebeu a lista de suprimentos para comprar e percebeu o consumo excessivo de mantimentos no restaurante. Ele não tinha nenhum referencial para julgar esse valor absoluto, mas lembrou-se do tempo em que tinha comandado um quartel. Solicitou um levantamento dos principais insumos (arroz, feijão, carne e outros) *per capita* de soldados no quartel. Comparou esses dados com o consumo dos pacientes internados no hospital e descobriu grandes discrepâncias. Afinal, de acordo com ele, um doente não poderia comer mais que um soldado faminto. Mandou verificar e comprovou que realmente estava ocorrendo desvio de mantimentos. Nesse caso, o consumo *per capita* dos soldados foi usado como indicador para o acompanhamento.

Outro gestor de empresa pública, que não tinha experiência no ramo, solicitou que elaborassem cerca de vinte indicadores que permitissem acompanhar o desempenho da empresa em vários setores. Alguns eram atualizados diariamente, e outros, em períodos maiores. Diariamente, esse gestor conferia a evolução desses indicadores. Se algum deles estivesse fora de uma determinada faixa de operação, era indicativo de que algo estava errado, e, então, mandava verificar.

Classificação de vinhos

Até a década de 1970, a indústria vinícola norte-americana tinha pouco valor econômico, pois produzia principalmente vinhos de baixa qualidade, que eram classificados pelos especialistas em número de *estrelas* ou em classes verbais, como *bom, regular, ruim*. Essas classificações são discutíveis porque o sabor do vinho depende de uma interação complexa entre estímulos visuais, olfativos e gustativos. O vinho é composto da mistura de seiscentos a oitocentos compostos orgânicos voláteis, que atuam sobre olhos, nariz e língua, e mesmo profissionais treinados não conseguem distinguir mais que três ou quatro componentes em uma mistura.[66]

Diversos experimentos comprovam essa falta de precisão das nossas sensações. Em um deles, corante vermelho foi acrescido secretamente ao vinho branco. Um grupo de especialistas que os avaliou disse que o falso *rosé* era mais doce que o vinho branco, correspondendo às suas expectativas. Em outro caso, foi acrescido corante de antocianina ao vinho branco, dando-lhe aspecto tinto. Um grupo de estudantes de enologia avaliou diferentemente os dois vinhos.

Em outro experimento com vinhos, colocou-se uma etiqueta de US$ 90 em uma das garrafas e uma de US$ 10 em outra, embora tivessem o mesmo conteúdo. Naturalmente, o primeiro foi avaliado como superior pelos enófilos. Enquanto os voluntários degustavam os vinhos, um registro de ressonância magnética do cérebro demonstrou que a região ligada ao prazer ficava mais ativa quando tomavam a amostra que acreditavam ser do mais caro. Embora fossem vinhos idênticos, o cérebro associava, inconscientemente, o preço à qualidade e à sensação de prazer. Resultados semelhantes aconteceram com outras bebidas. Nessas avaliações, pode-se concluir que a nossa percepção cria uma expectativa, a partir do contexto, integrando diversos tipos de informações.

Existe um teste simples para medir a capacidade de discriminação dos enólogos. Cada especialista recebe três vinhos, dois dos quais são idênticos entre si. O teste consiste em identificar o diferente. Nesse caso, o teste é feito fora do contexto, ou seja, sem apresentar as embalagens e os preços. O índice de acerto entre os especialistas fica em torno de 70%.[67]

Em 1978, um fato contribuiu decisivamente para melhorar o mercado de vinhos norte-americano. O advogado Robert M. Parker Jr., que se autoproclamava um especialista, escrevia artigos analisando a qualidade dos vinhos. Para não ficar apenas nas qualificações verbais, ele começou a dar notas numa escala numérica até 100 pontos.[68] Outras publicações especializadas começaram a fazer o mesmo. Com isso, o mercado norte-americano cresceu e, hoje, fatura US$ 20 bilhões ao ano. Os apreciadores de vinho costumam consultar essa escala e preferem aqueles com pontuação acima de 90. Uma marca de vinho com nota 89 perdeu muito mercado para uma com 90 pontos.

QUANTIDADE DE INFORMAÇÕES

O córtex pré-frontal consegue processar apenas uma quantidade limitada de informações ao mesmo tempo. A qualidade da decisão vai aumentando conforme aumenta a quantidade de informações, mas apenas até certo ponto, quando há saturação. A partir desse ponto, se houver excesso de informações, o cérebro terá dificuldade de selecionar as mais importantes, e a qualidade da decisão poderá cair (ver Figura 4.1). O psicólogo Paul Andreassen fez um experimento simples com estudantes de administração do Massachusetts Institute of Technology (MIT).[7] Ele permitiu que cada estudante escolhesse uma carteira de investimentos em ações. Depois dividiu os alunos em dois grupos. Para o primeiro, forneceu apenas informações sobre baixas e altas das ações, e os estudantes não tinham a menor ideia do motivo dessas baixas e altas. Ao segundo, forneceu diversas informações e análises de especialistas sobre as tendências de mercado publicadas no *Wall Street Journal* e outros canais de negócios. Após algum tempo, para surpresa de Andreassen, o primeiro grupo, com menos informações, ganhou mais que o dobro daquele grupo mais bem informado.

Fenômeno semelhante ocorre com os diagnósticos médicos. Quando médicos, principalmente os menos experientes, ficam sobrecarregados de informações, têm dificuldade de separar o importante do irrelevante. Isso ocorreu, por exemplo, com a geração de imagens por ressonância magnética (MRI). Essa técnica permitiu aos médicos visualizar o interior do corpo com impressionante precisão.

Foram feitos experimentos com pacientes que sofriam de dores crônicas da coluna lombar.[7] Os pesquisadores geraram 98 imagens de pessoas que não sofriam com dores nas costas nem problemas relacionados à coluna e pediram diagnósticos aos médicos. Esses médicos relataram que dois terços dos pacientes exibiam problemas sérios de hérnias de disco, protuberâncias e inchaços dos discos. Em 38% dos pacientes a ressonância mostrou discos danificados e quase 90% apresentavam alguma deterioração.

Em muitos desses casos foram recomendadas cirurgias. Na realidade, nenhum dos pacientes sofria de dores, o que não recomendava cirurgia. Informações excessivas na área médica têm sido fonte de frequentes erros médicos, pois dificultam a identificação das causas dos problemas.

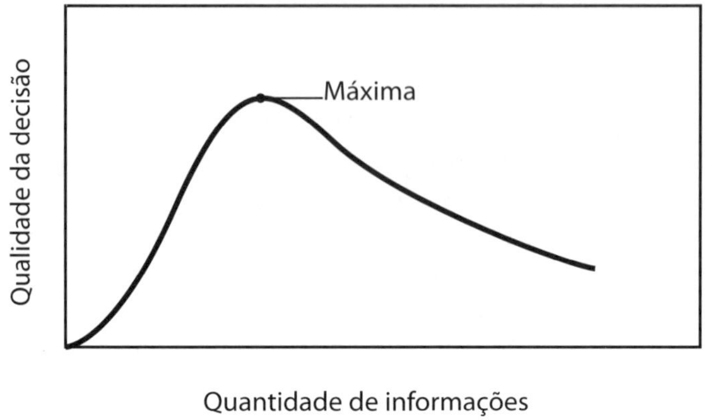

Figura 4.1 A quantidade excessiva de informações tende a piorar a qualidade da decisão.

A quantidade excessiva de informações é prejudicial principalmente em sistemas complexos, em que bastam algumas informações-chave para estimular a intuição. Três irmãos, crianças norte-americanas, pleiteavam vaga numa escola de Idaho.[39] O diretor resolveu testar o conhecimento geral de cada um, começando por geografia, citando pares de países da Europa, por exemplo Espanha e Portugal, França e Alemanha, para fazer perguntas, como qual é o mais populoso. O irmão caçula tinha muito pouco conhecimento e apresentou resultado próximo das respostas ao acaso (50%). O segundo já tinha ouvido falar de metade dos países em noticiários da televisão e conseguiu acertar 65% das perguntas, baseando-se em seu conhecimento precário. O mais velho, com maior conhecimento, tinha ouvido falar de quase todos os países. Por incrível que pareça, apresentou também desempenho inferior, acertando 50% das perguntas, mesmo nível do irmão caçula. Portanto, na faixa entre a falta e o excesso de informações, existe um ponto intermediário, que é o ótimo.

DIVERSIFICAÇÃO DE FONTES

Sempre que possível, é conveniente obter informações de várias fontes, de forma bem diversificada.[14] Por exemplo, nos negócios, é possível contratar uma empresa para fazer pesquisa de mercado e também verificar os direitos sobre marcas e patentes. Se o produto for novo, pode-se fazer uma sessão de grupo de foco, com um conjunto representativo dos futuros consumidores. O próprio serviço de atendimento ao consumidor da empresa e os serviços autorizados de manutenção podem apresentar informações importantes sobre as principais reclamações dos clientes. Além disso, é preciso verificar disponibilidade, preços e confiabilidade no fornecimento de materiais, energia e componentes.

Nas cabines de comando dos aviões modernos atuam o piloto, o copiloto e o engenheiro de voo. Contudo, a responsabilidade maior é do piloto, que é o comandante. Muitas vezes, quando surgia um erro, tanto o copiloto como o engenheiro de voo ficavam inibidos para chamar a atenção dele. Melhorou-se a técnica de tomada de decisões na cabine quando tanto o copiloto como o engenheiro conseguiram manifestar-se sem constrangimentos.[7] Por exemplo, o piloto pode estar demasiadamente preocupado com a rota, e o engenheiro pode constatar que há pouco combustível. Com essa abordagem mais "democrática", a qualidade das decisões melhorou significativamente.

Contudo, o mais importante é que os tomadores de decisão sejam sensíveis às novas informações. Muitas vezes, eles atuam de acordo com práticas estabelecidas: "nós sempre fizemos assim" seguindo o viés do *status quo*, já apresentado no Capítulo 4. As tradições, as rotinas e o conservadorismo diminuem a sensibilidade às novas informações, mesmo que estas estejam disponíveis. Isso se aplica principalmente quando há avanços tecnológicos, como ocorreu com a informática e a internet a partir da década de 1980. Muitas empresas que não conseguiram fazer a transição do mundo analógico para o digital acabaram desaparecendo. Isso ocorreu também na atuação profissional, quando as ferramentas analógicas foram substituídas por digitais, como nas engenharias e no design.

SISTEMAS DE INFORMAÇÕES

Um sistema de informações é constituído de uma ou mais fontes, um ou mais receptores e um meio de transmissão (mídia) para ligá-los. É importante que haja compatibilidade entre eles para que a informação seja transmitida e recebida corretamente.

COMPARAÇÕES DAS MÍDIAS

Existem diversos meios (mídias) para se transmitir e receber informações. Em cada caso, uma mídia pode ser melhor que outra. Por exemplo, para negociações, o melhor meio é o telefone ou a conversa pessoal. Para transmitir dados quantitativos, o melhor é a internet ou outra forma escrita. Todas as mídias estão sujeitas a percepções e interpretações erradas, mas algumas são mais confiáveis, como se vê na Tabela 4.1. As conversas pessoais e telefônicas são menos suscetíveis às más interpretações, enquanto as formas escritas são menos confiáveis.[51] Além disso, as conversas pessoais têm *feedback* rápido, quase imediato, porque, nelas, há mais oportunidades de as pessoas se perceberem umas às outras, principalmente quanto às expectativas, e de focarem a conversa em tempo real.

Grande número de informações é transmitido na forma não verbal nos encontros pessoais, incluindo expressões faciais, gestos, posturas do corpo e outras, que também podem fornecer importantes elementos para a decisão. Nas conversas telefônicas essa percepção é menor, devido à falta de contato visual, mas ainda existem outros fatores, como o tom de voz. Nas mensagens escritas há um esfriamento da comunicação e se perdem as nuances que ocorrem nas comunicações ao vivo. Ainda assim, essas formas apresentam a vantagem de não serem rapidamente perecíveis e fornecerem prova documental quando necessário. Em assuntos importantes, Jo-Ellan Dimitrius sugere subir o nível: telefonar em vez de enviar carta, e-mail ou outro tipo de mensagem; conversar pessoalmente em vez de telefonar.[51]

Tabela 4.1 Possíveis más interpretações de acordo com a mídia utilizada na transmissão de informações

Nível	Meio de transmissão	Erros (%)
1	Conversa pessoal	37
2	Conversa telefônica	53
3	Carta ou outra forma escrita	71
4	Mensagem de texto	78
5	E-mail	80

Fonte: adaptada de Dimitrius.[51]

No ambiente organizacional, um dirigente não terá tempo de acessar e analisar todas as informações. Cabe, então, discernimento para escolher aquelas mais relevantes em cada caso. Além disso, esse dirigente não tem tempo nem paciência para ler extensos projetos, análises, pareceres ou relatórios. O dirigente deve criar um filtro próprio para que cheguem a ele apenas as informações relevantes e confiáveis em cada caso. Ele deve tomar muito cuidado para não se basear em informações incompletas, tendenciosas ou falsas. Se for possível, pode organizar uma assessoria para fazer análise prévia dos assuntos e elaborar as recomendações, de maneira sucinta, colocando todas as alternativas existentes para a decisão. Para cada uma delas, deve informar as possíveis consequências, com os argumentos a favor e contra.

EXPECTATIVA DO RECEPTOR

Geralmente, transmitimos certas expectativas aos outros em todas as nossas interações. Isso pode ocorrer à margem do conteúdo da informação, e não precisa ser feito explicitamente, pois elas podem ser transmitidas de modo inconsciente. O receptor também pode receber e armazenar a mensagem no subconsciente e reagir de acordo com ela. A expectativa dos professores afeta bastante o desempenho acadêmico dos alunos, mesmo que eles se esforcem para dar um tratamento igualitário. Os alunos considerados mais inteligentes da classe pelos professores tendem a aumentar os respectivos QI. Ocorre o inverso com os alunos considerados "fracos", mesmo sem serem assim declarados.[69] Os próprios pais não tratam igualitariamente seus filhos, podendo manifestar diferentes expectativas para cada um deles.

O receptor estará mais propenso a receber corretamente a informação se for previamente "avisado" do conteúdo a ser transmitido. Portanto, pode-se melhorar a qualidade da transmissão das informações pelo aumento da expectativa do receptor. Essa expectativa é construída a partir de diversas sinalizações, como a linguagem corporal, anúncios prévios, antecedentes, contexto e ambiente. Por exemplo, se avisarmos o interlocutor:

"agora vamos tratar da reforma da sala", ele "desarquiva" esse assunto de sua memória, ficando mais propenso a receber a mensagem.[17]

No caso de um discurso, aula ou palestra, pode-se gerar essa expectativa anunciando previamente o assunto a ser tratado.[17] Assim, inicialmente, devem-se avisar os ouvintes ou interlocutores sobre o assunto que será abordado, repetindo o procedimento quando houver mudança do assunto. Oradores e professores experientes usam alguns minutos iniciais para gerar essa expectativa e criar uma atmosfera favorável à recepção de sua fala, para que os ouvintes possam "sintonizar" o seu canal correto para a recepção da mensagem. Se essa expectativa não se confirmar, o ouvinte terá dificuldade de entender a mensagem e talvez a entenda mal, porque ela transita por canais "incompetentes".

Nosso cérebro gera crenças e expectativas mesclando informações incompletas ou fragmentadas do mundo externo para construir hipóteses e conjecturas próprias. Temos uma necessidade de produzir significados e, se houver uma lacuna, acabamos produzindo uma explicação plausível, que pode ser verdadeira ou não, e acabamos acreditando nela. Por exemplo, se alguém nos perguntar: "Por que você comprou um carro preto?", fazemos uma busca no banco de dados mental para consultar o repertório de informações sociais, emocionais e culturais para produzir uma resposta plausível. Isso acontece também quando imaginamos certos fatos a partir de uma informação visual que se mescla com padrões de linguagem e sons armazenados na memória para construir uma conjectura do que se pretende.[20]

As expectativas criam diversos filtros para as informações. Quando temos uma crença forte, reconhecemos imediatamente as informações que apoiam essa crença e buscamos mais informações que a confirmem. Inversamente, tendemos a ignorar ou recusar aquelas dissonantes. Se algo der errado, inventamos uma explicação compatível com a decisão inicial ou colocamos a culpa nos outros. De certo modo, somos mais propensos a ouvir e entender aquilo que já se espera, atendendo ao nosso *wishful thinking.*

Efeito fluência

A facilidade de processar uma informação influi na sua aceitação. Foi constatado que pratos com nomes simples e compreensíveis em menus de restaurantes japoneses são preferidos aos nomes complicados, como o simples *sushi* em vez de *makizushi* ou *missoshiru.* Isso se aplica aos investidores em bolsas de valores, que preferem investir inicialmente em empresas com nomes e siglas simples e pronunciáveis. Naturalmente, isso vai se modificando com o tempo, à medida que as pessoas adquirem mais informações. Além disso, após algum tempo, o novo e o estranho começam a soar familiares. Contudo, esse processo pode demorar pelo menos seis meses.[5]

Perigo e risco

O perigo pressupõe possíveis consequências negativas de um evento ou uma situação, por exemplo, o perigo de incêndio em refinarias. O risco pressupõe perigo e potencial gravidade do dano. Em geral há uma grande discrepância entre o risco objetivo e aquele percebido por uma população.[70] A avaliação subjetiva do risco também sofre grandes variações individuais. As pessoas que recebem notícias frequentes de acidentes tendem a aumentar a percepção de risco subjetivo, o qual pode aumentar dependendo da gravidade do acidente, mesmo que seja de baixa frequência. As avaliações subjetivas de perigo e risco são importantes para muitas decisões, como a contratação de um seguro de carro.

As avaliações subjetivas dos riscos podem sofrer dois tipos de distorções: a otimista e a pessimista. A primeira é chamada de "otimismo irrealista" e está ligada à ilusão de controle, quando se subestimam os riscos e se afrouxam as prevenções. Isso leva, por exemplo, ao sexo sem proteção ou a dirigir em estado de embriaguez. A segunda está relacionada à percepção maior dos riscos, quando se exageram as ações preventivas. A avaliação otimista tem a vantagem de reduzir a ansiedade, podendo facilitar a execução das tarefas diárias. Ao contrário, a pessimista levar ao medo e à negação dessas tarefas.

A percepção do risco pode ser melhorada pela experiência adquirida ao longo dos anos.[70] Isso é muito comum na prática médica. Médicos experientes conseguem fazer melhores correlações entre o diagnóstico e o tratamento recomendado porque atuam intuitivamente, mesmo que tenham poucas informações. Eles conseguem chegar à causa da doença a partir de sinais sutis e aparentemente irrelevantes, a fim de recomendar o tratamento correto.

EXPECTATIVAS DO TRANSMISSOR

As pessoas que transmitem uma mensagem manifestam certa expectativa em relação ao receptor. Esse caminho é duplo, pois as pessoas que recebem a mensagem também têm as suas expectativas. Muitas vezes essas expectativas são transmitidas inconscientemente de modo involuntário, por inflexão verbal ou comunicação não verbal. Como dito anteriormente, os professores, em geral, também têm expectativa quanto aos alunos, e isso afeta bastante o desempenho acadêmico deles, como demonstraram Robert Rosenthal e Lenore Jacobson.[71]

Eles aplicaram testes de QI a alunos em dezoito salas de aula. Selecionaram um grupo de alunos, todos com desempenho médio. Esse grupo foi separado aleatoriamente em duas turmas, A e B. Os alunos não foram informados dos resultados dos testes. Aos professores, foram fornecidas listas com os nomes das duas turmas. Foram informados (falsamente) que a turma A era de estudantes superdotados e que a turma B estava na média (nunca abaixo da média). Após algum tempo, os professores relataram que os alunos da turma A eram mais interessados e mais curiosos, ocorrendo o oposto com os da B. Isso se refletiu também nos resultados acadêmicos. Cerca de 80% da turma A melhorou o QI, enquanto isso aconteceu em apenas 5% na turma B. Os autores concluem que marcar crianças como mais inteligentes provou ser um prenúncio viável. Ao contrário, rotulá-las como fracas no aprendizado contribui para que elas se tornem exatamente isso.

Essas expectativas manifestam-se na nossa vida pessoal e profissional, nos relacionamentos com família, amigos, empregados e empregadores.[3] Por exemplo, um pai pode transmitir certas expectativas em relação a um dos filhos e não a outro. Assim, essas expectativas, explícitas ou não, manifestam-se na maioria das interações entre as pessoas e acabam influenciando nos relacionamentos. Nós sempre temos expectativas em relação aos outros, e eles, em relação a nós.

CEGUEIRA SITUACIONAL

A cegueira situacional ocorre quando somos surpreendidos por um evento de grande impacto que evolui rapidamente e ficamos sem noção do que está acontecendo, como na expressão "mais perdido que cego em tiroteio". Nessas situações, a decisão deve ser tomada sem que se conheçam as causas nem as relações causa-efeito. Não há informações seguras para embasar o raciocínio, então a decisão deve basear-se na intuição do dirigente. Caso ele não se sinta seguro para tomar a decisão sozinho, pode organizar um Gabinete de Crise, composto de vários especialistas.[15]

A nossa percepção da realidade pode ser parcial e distorcida, dependendo de certos pontos de vista. Muitas vezes, fazemos inferências erradas, a partir de uma visão parcial ou equivocada da situação, lembrando a parábola "Os cegos e o elefante", em uma versão das crianças cegas. Uma professora levou essas crianças ao zoológico, onde elas poderiam apalpar os animais. Ao apalpar um elefante, uma delas pegou a tromba e descreveu o elefante como um tubo flexível. Outra pegou a orelha e disse que o elefante era uma folha fina. Outra tocou no marfim e disse que era um osso muito duro e liso. Assim, cada criança fazia a descrição de acordo com a parte do corpo que havia tocado. Nesse caso, é importante não generalizar as particularidades para o todo.

ENTREVISTAS

Nas entrevistas é importante criar um ambiente descontraído e de confiança mútua. Em primeiro lugar, é necessário ouvir com paciência, sem interromper e sem demonstrar enfado ou desinteresse. Depois, é necessário criar empatia. É natural que a outra pessoa esteja estressada ou ansiosa. A fim de "quebrar o gelo", pode-se começar expondo algo sobre si mesmo.[51] Por exemplo, ao perceber que a pessoa tem um chaveiro com o emblema do Corinthians, dizer que também é corintiano e comentar sobre algum jogador recentemente contratado pelo time. Depois, é preciso fazer perguntas objetivas para o que se pretende. Se o entrevistado estiver disputando uma vaga para um trabalho em turnos, pergunte se tem dificuldade de dormir durante o dia.

Essas perguntas devem seguir um roteiro (flexível), indo do geral para o específico, do casual para o significativo, do impessoal para o pessoal. Ou seja, a partir das generalidades, deve-se convergir para o foco pretendido. Devem-se observar o *timing* e a ocasião mais propícia para abordar cada tipo de assunto. Nos assuntos ruins, pode-se desviar momentaneamente para outros assuntos mais amenos, como família, filhos e *hobbies,* a fim de descontrair. Finamente, costumam-se fazer algumas perguntas rápidas de confirmação.

Jo-Ellan Dimitrius é uma consultora especializada em entrevistar candidatos a jurados, tendo atuado em mais de seiscentos casos nos Estados Unidos.[51] Essa escolha é muito importante para se assegurarem julgamentos justos, isentos de preconceitos ou distorções, na medida do possível, para cada situação. Em alguns casos, os critérios são evidentes. Por exemplo, para julgar crimes praticados por policiais brancos, ela não seleciona afrodescendentes, devido à notória hostilidade deles para com esses policiais. Para julgar um réu passível de ser condenado à pena de morte, ela sabe que as mulheres são mais condescendentes, porque foram educadas para cuidar. Para os casos de corrupção, aqueles provenientes da classe média baixa e que tiveram que lutar sozinhos para ganhar a vida são mais rigorosos em relação aos que tiveram suas necessidades bem supridas pelos pais desde a infância.[51]

Dimitrius desenvolveu uma técnica para fazer a seleção dos jurados em duas etapas. A primeira destina-se a estabelecer os contornos gerais, observando a aparência dos candidatos (vestuário, arrumação dos cabelos, tatuagens, piercings), prestando atenção à linguagem não verbal (postura corporal, expressões faciais, tons de voz) e fazendo perguntas exploratórias (família, time para o qual torce, programas favoritos de TV, marca preferida de carro, *hobbies*, manias e assim por diante). Nessa primeira impressão, ela consegue fazer uma classificação grosseira, se a pessoa é gentil ou rude, mesquinha ou generosa, violenta ou passiva, trabalhadora ou preguiçosa, inovadora ou conservadora.[51] Depois, entra no "núcleo duro", mas de forma indireta.

As perguntas direcionadas dependem do objetivo. Por exemplo, no caso da pena de morte, ela pode contar a história de um prisioneiro sentenciado e prestar atenção aos comentários e às reações dele. Se for perguntado diretamente se é a favor ou contrário à pena de morte, provavelmente, a resposta será racionalizada, sem refletir sinceramente a opinião do candidato. Ela assume que pode cometer erros, mas, muitas vezes, o engano só será percebido muito tempo depois, quando novas informações forem obtidas que não confirmem a impressão inicial. De todo modo, ela confia sobretudo na observação direta e nos comportamentos não verbais, principalmente quando sente uma dissonância destes com as informações verbais.

MENTIRAS

Durante uma conversa normal, transmitimos cerca de 45% das informações por meio verbal e 55% pelos comportamentos não verbais.[72] Na comunicação verbal, o conteúdo das palavras representa apenas uma pequena parte, pois a forma de vocalização e a entonação das palavras contêm cinco vezes mais informações. Daí a importância da comunicação verbal "ao vivo" em vez da escrita.

As mentiras fazem parte das nossas comunicações verbais e não verbais. Durante uma conversa normal, as pessoas, em geral, contam uma mentira a cada dez minutos, em média.[72] Isso não quer dizer que elas sejam desonestas ou trapaceiras, porque a mentira faz parte da nossa convivência social, visando causar boa impressão ou evitar mágoas, constrangimentos e punições. Se uma pessoa afirmar "eu nunca minto" provavelmente estará contando mais uma mentira. Grande parte das nossas mentiras é bem-intencionada e visa beneficiar os outros. Por exemplo, ao visitar um amigo hospitalizado, não podemos dizer: "Como você está magro e pálido!" – ao contrário, mentimos, dizendo que ele está com boa aparência. A sociedade aceita esse tipo de mentira "protocolar" como parte da convivência harmoniosa entre os seres humanos, pois a verdade pode magoar, ofender ou provocar ressentimentos, ciúmes e outros sentimentos negativos. As piores mentiras são aquelas que visam obter vantagens pessoais, como espalhar falsos boatos para desqualificar um oponente.

As crianças de 5 anos já sabem mentir para livrar-se de punições. Mas são mentiras ingênuas, facilmente descobertas pelos adultos. Por exemplo, ao quebrar um vaso, elas podem dizer que foi o gato. Porém, à medida que crescem, vão aperfeiçoando a técnica e, aos 15 anos, torna-se difícil saber se estão mentindo. Alguns tipos de profissionais falam mais mentiras que verdades, como prática usual em seus negócios. Contudo, existem os mentirosos patológicos, que mentem continuamente e falam uma mentira a cada quatro minutos de conversa, em média.[72] Esses mentirosos patológicos acabam acreditando nas próprias mentiras, confundem-se e ficam na dúvida se mentiram ou falaram a verdade. Se forem flagrados em uma mentira, logo inventam outra para justificá-la. Assim, de mentira em mentira, acabam construindo um mundo fantasioso para si mesmos.

As emoções vividas pelas pessoas muito mentirosas são o medo, a culpa e, supreendentemente, a alegria. Em particular, existem pessoas que sentem prazer em enganar e assumir a postura de controlar os outros. Essas pessoas sentem excitação, satisfação e desprezo pelo próximo, tendo prazer em enganar. Muitas vezes, chegam a vangloriar-se dos seus feitos.

Evidências das mentiras

As pessoas emitem alguns sinais quando mentem, chamados *pontos quentes,* que denunciam essas mentiras.[18] Um dos indícios mais evidentes da mentira são as *contradições* quando fazem relatos do que planejaram ou planejam fazer. Outro sinal é a *hesitação*, quando a pessoa gagueja ou demora a responder a perguntas relativamente fáceis. Há também as *mudanças de comportamento*, com desvio do assunto ou invenções para encobrir aquilo que não se quer revelar. A alegação "não me lembro" geralmente é outra mentira para encobrir a verdade. Ocorrem também lapsos de memória, com omissão de certos detalhes ou, ao contrário, relatos demasiadamente detalhados ou eloquentes, visando acobertar a verdade.

No embarque de passageiros em aeroportos, costuma-se realizar escaneamento dos corpos das pessoas e das bagagens, seletivamente, concentrando-se nos suspeitos. Paul Ekman treinou um grupo em técnicas de observação do comportamento das pessoas na fila em busca de sinais suspeitos, observando as microexpressões.[18] Ao identificar um suspeito, fazem perguntas enquanto a pessoa permanece na fila. Em muitos casos, trata-se de enganos, mas também já foram capazes de descobrir muitos criminosos, traficantes de drogas, imigrantes ilegais e terroristas apenas pelas observações visuais desses sinais. Profissionais de saúde, com esse tipo de treinamento, foram capazes de identificar pacientes que fingiam doenças a fim de conseguir licença médica, internações desnecessárias e até cirurgias por problemas inexistentes e aposentadoria por invalidez.

Procedimento análogo poderia ser adotado por empresas nas quais há risco de atuação de espiões industriais. Observa-se que essa é uma técnica relativamente barata, que não exige equipamentos sofisticados, mas que pode apresentar falhas.

De modo geral, as informações transmitidas pelas expressões corporais de natureza não verbal são consideradas mais confiáveis.[18] Existem até programas de computador que conseguem identificar as expressões faciais, associando-as a diferentes emoções. Algumas pessoas, principalmente mulheres, recusam-se a fechar negócio quando descobrem que não há coerência nem harmonia entre a comunicação não verbal de uma pessoa e suas palavras.

Atualmente existem também as mentiras digitais, muito mais insidiosas e poderosas. São as chamadas *fake news*, que circulam nas redes sociais pela internet e são difíceis de verificar. Algumas são ingênuas, mas outras são produzidas profissionalmente e visam prejudicar a reputação de pessoas, programas ou instituições. Outras são mais elaboradas, contendo dados numéricos, ilustrações, fotos e argumentos, construindo teorias da conspiração. Isso ocorre muito durante as campanhas eleitorais, quando se difundem inverdades e calúnias para prejudicar os adversários.

Por exemplo, na campanha eleitoral de 2008 dos Estados Unidos, difundiu-se que Barack Obama tinha nascido no Quênia. Na realidade, ele nasceu em Honolulu, no Havaí, tendo pai queniano e mãe norte-americana. Devido ao viés da confirmação, eleitores do partido republicano acreditaram nessa falsidade, pois era um argumento conveniente para eles. Antes de tomar decisões baseadas nessas falsas notícias, seria conveniente fazer uma confirmação de sua veracidade. As *fake news* são especialmente danosas para as pessoas que tomam decisões rápidas baseadas em sua intuição. Se essa intuição não indicar a falsidade, a decisão tomada pode ir por caminhos errados.

Técnicas não verbais para a detecção de mentiras

Em algumas áreas, como a de marketing, costuma-se utilizar técnicas não verbais, pois são consideradas mais confiáveis. Entre elas destacam-se a leitura facial e o *eye tracking*.[73] A leitura facial considera a existência de microexpressões faciais ligadas a certas emoções, que seriam universais.[18] O estudo dessas microexpressões seria útil na análise das configurações de design de novos produtos, testando a aceitação de protótipos antes de serem lançados no mercado. A técnica de *eye tracking* permite acompanhar o escaneamento que os olhos fazem diante de uma figura. Pode-se utilizar essa técnica no desenvolvimento de novas embalagens, descobrindo os aspectos que chamam mais atenção visual.

CAMUFLAGEM

A camuflagem é um tipo de mentira muito comum na vida natural. Existem dois tipos de camuflagem. Um deles é o que procura confundir-se com a paisagem, como o gafanhoto que tem a cor verde das folhas. O outro busca mostrar características que não se tem, como a borboleta que apresenta o desenho de dois olhos grandes em suas asas. A camuflagem é muito utilizada nas indústrias para preservar segredos industriais, como um novo modelo de carro. Também é utilizada nas guerras. Durante a Segunda Guerra Mundial, os Aliados construíram muitas maquetes de aviões, que foram colocadas ao lado dos aviões verdadeiros, simulando uma esquadrilha muito maior.[74] Contudo, os espiões alemães descobriram que eram maquetes porque tinham escoras de apoio, que não existiam nos aviões verdadeiros. Então, os Aliados colocaram simulações dessas escoras nos aviões verdadeiros, para confundi-los.

Na vida real, as roupas e os acessórios que utilizamos podem ser considerados um tipo de camuflagem. Um entrevistador usa roupas simples para entrevistar pessoas de baixa renda, e os vendedores de artigos de luxo usam ternos e acessórios sofisticados para visitar clientes afortunados.

CAMALEÕES SOCIAIS

Camaleões sociais são pessoas que têm inteligência interpessoal, mas utilizam as suas habilidades em proveito próprio, o que nem sempre é coerente com o objetivo de um grupo ou de uma organização.[19] Eles convivem com a discrepância entre sua imagem social e sua realidade privada. Tentam imitar o chefe, não manifestam discordância abertamente, mas a concordância é pura bajulação. Não se importam em falar uma coisa e fazer outra. Muitas vezes adotam posições vagas e escorregadias, porque não querem se comprometer.[74]

Tentam vasculhar o outro em busca de um sinal que indique a expectativa dele, para dizer aquilo que o agrade, em vez de emitir seus próprios pensamentos. Conseguem mudar de *persona* assim que captam os sinais daqueles que o cercam. São chamados de "puxa-saco" ou "vira-casaca" e são pessoas não confiáveis, porque não "vestem a camisa" e agem de acordo com suas conveniências, mas podem alcançar sucesso em algumas profissões. Há muitas situações em que os subordinados escamoteiam deliberadamente as informações negativas, fazendo crer que tudo está "às mil maravilhas" e levando o dirigente a tomar decisões equivocadas. O dirigente que se cerca desse tipo de pessoa corre risco de cometer graves erros. Provavelmente foi isso que aconteceu com a rainha Maria Antonieta. Cercada de bajuladores da corte, não percebia a miséria do povo e morreu guilhotinada em 1793, durante a Revolução Francesa.

ESPIONAGEM

A espionagem é a infiltração no território inimigo para obter informações. As indústrias utilizam a espionagem industrial para bisbilhotar processos industriais e as principais novidades dos concorrentes. A espionagem e a contraespionagem são largamente utilizadas nas guerras, desde a Antiguidade.

Durante a Segunda Guerra Mundial, após o rápido avanço dos alemães com a guerra-relâmpago (*Blitzkrieg*), a partir de 1939, a situação começou a inverter-se a favor dos Aliados em 1943. Os alemães sabiam que haveria uma grande invasão dos aliados no continente europeu, então colocaram muitos espiões na Inglaterra, onde essa operação era planejada. Ao final de 1943, os ingleses tinham identificado, secretamente, todos os agentes alemães ativos na Inglaterra.[74] Os alemães começaram a fortificar os possíveis pontos de desembarque das tropas aliadas, mas, se tivessem informação mais precisa sobre o ponto exato, poderiam concentrar melhor as defesas.

Os ingleses elaboraram documentos falsos indicando desembarque em Pas-de-Calais e permitiram, intencionalmente, que fossem roubados pelos agentes alemães. Agentes aliados, atuando no continente, confirmaram que os alemães tinham comprado todos os mapas disponíveis de Pas-de-Calais. Ao mesmo tempo, espiões alemães informavam que o General Montgomery, comandante das tropas aliadas, era visto em Gibraltar, indicando que ele estava longe das tropas, sem saber que se tratava de um sósia treinado para agir como o general. Ao acreditar nessas diversas informações falsas, Hitler ordenou o deslocamento das suas tropas dos Bálcãs, levando-as para fortificar Pas-de-Calais. Isso possibilitou o desembarque relativamente tranquilo das tropas aliadas na Normandia, no dia 6 de junho de 1944, que ficou conhecido como o "Dia D", data em que começou a reversão da guerra a favor dos Aliados.

A principal característica do espião é a sua discrição. O espião John Walker vendeu segredos da hélice dos submarinos nucleares estadunidenses para a antiga União Soviética.[18] Essas hélices eram silenciosas e dificultavam a localização dos submarinos nucleares norte-americanos, ao contrário daquelas dos soviéticos, que eram ruidosas e facilmente rastreáveis. Portanto, representavam uma grande vantagem estratégica. A Marinha norte-americana desconfiou de Walker e o submeteu a um interrogador perspicaz e a registros de polígrafo. Sendo muito frio e experiente, ele não se denunciou. Contudo, vangloriou-se para a ex-mulher, a quem estava devendo pensão alimentícia, e ela o delatou.

OBSERVAÇÃO PARTICIPATIVA

Quem precisa tomar decisões envolvendo opiniões, preferências, crenças, valores, hábitos ou tendências de uma população precisa de informações confiáveis. Por exemplo, os acertos nos direcionamentos de campanhas eleitorais ou publicitárias dependem da qualidade das informações. Geralmente, essas informações são conseguidas por meio de questionários e entrevistas com uma amostra representativa do público-alvo. Contudo, são informações instantâneas e superficiais, e podem conter diversas imprecisões. Nas decisões complexas, envolvendo grandes investimentos, nas quais um erro pode significar muitos prejuízos, compensa investir na obtenção de informações mais detalhadas e confiáveis.

Os antropólogos desenvolveram o método da *observação participativa*, em que convivem, durante certo tempo, com as populações que querem pesquisar. Por exemplo, Bronislaw Malinowski estudou a origem dos mitos dos povos primitivos da Melanésia convivendo com eles. Esse método tem sido aplicado para observar hábitos de consumo de produtos e serviços.

No Brasil, um dos fenômenos sociais mais importantes das últimas décadas foi a ascensão da classe C. Essa classe, também chamada de classe média emergente, tem sido objeto de muitos estudos por sua crescente participação no mercado de consumo. A pesquisadora Hilaine Yaccoub conviveu com moradores de uma favela da zona portuária do Rio de Janeiro durante três anos para estudar essa população.[75] Ela chegou à conclusão de que a ascensão social não depende só da renda. É um processo de longo prazo, associado à escolaridade, à educação informal, a amizades, a contatos sociais e a diversos outros eventos, como viagens, frequências a museus, restaurantes e outros bens de consumo da classe média.

Tem-se observado que muitas empresas adaptam seus produtos ao consumo dessa classe C simplesmente reduzindo o tamanho das embalagens (300 g em vez de 500 g, por exemplo) ou utilizando insumos e processos produtivos mais baratos, de qualidade inferior (torneiras plásticas em vez de metal). Contudo, a população dessa classe acabará percebendo que esses tipos de "atalhos" não lhes são convenientes quando tiverem maior acesso a informações e conhecimento.

Hilaine Yaccoub foi contratada por uma empresa de distribuição de energia elétrica no Rio de Janeiro para investigar as ligações ilegais de energia (gatos, gambiarras) realizadas pela população pobre da periferia.[75] Ela mudou-se para o local onde deveria fazer as observações. Alugou uma casa, comprou móveis populares e passou a viver como os outros moradores do local durante oito meses. Ou seja, em vez de ser uma pesquisadora *outsider*, assumiu o papel de uma observadora *insider*. Ela descobriu que o desvio da energia faz parte de uma economia compartilhada, em que os moradores se utilizam desse expediente para ter acesso a outros insumos, como água e sinais de televisão a cabo.

Essa prática se estende para outros setores, assumindo caráter cultural de acesso aos serviços a custo zero ou baixo custo. Funciona nas redes de assistência à criança e aos idosos, como manutenção doméstica e outros serviços. Com isso, eles conseguem ter acesso a esses serviços gratuitamente ou a preços compatíveis. No caso da energia elétrica, os próprios técnicos que trabalham nas empresas distribuidoras, moradores do local, contribuíam com essas práticas, por solidariedade. A pesquisadora descobriu também que os moradores davam prioridade ao consumo de bens materiais, como móveis e eletrodomésticos, como símbolos de *status* bem visíveis. Os consumos "invisíveis", como energia, telefonia e água, ficavam em segundo plano.

O método de observação participativa foi utilizado pelos psicólogos industriais no começo do século XX para avaliar a eficácia dos incentivos salariais pagos aos trabalhadores de acordo com a produtividade de cada um, aplicando-se métodos tayloristas de medida do trabalho.[17] Psicólogos que conviveram seis meses com trabalhadores chegaram à conclusão de que realmente o dinheiro adicional servia como incentivo. Todavia, constataram também grandes diferenças individuais. Apenas parte dos trabalhadores sentia-se motivada a ganhar mais. Estes eram considerados individualistas e pouco colaborativos no trabalho em grupo e nas atividades coletivas. Em muitos casos, eram discriminados pelos próprios colegas. Esses psicólogos chegaram à conclusão de que alguns trabalhadores "preferem manter a cabeça erguida ao estômago cheio", referindo-se a outros valores, não apenas aos ganhos monetários, para motivá-los. Em resposta a essas descobertas, surgiu a escola de *relações humanas* no trabalho, de Elton Mayo, para incentivar os trabalhadores por meio de processos não monetários.[17]

REDE SOCIAL

O ser humano é um animal gregário e demonstra sofrimento quando se isola dos outros. A rejeição social provoca dores equivalentes às dores físicas. Em imagens de fMRI, descobriu-se que a dor social ativa a mesma estrutura do córtex cerebral envolvida nas dores físicas.[3] A falta de ligações sociais constitui risco à saúde, sendo comparável a sedentarismo, obesidade, pressão alta e tabagismo. Pesquisadores norte-americanos acompanharam 4.775 adultos nos arredores de São Francisco durante nove anos.[76] Desenvolveram um índice de rede social para dimensionar laços sociais, como casamento, família, vizinhança, colegas de trabalho, cultos religiosos e outros.

As pontuações mais altas indicavam que as pessoas mantinham contatos sociais regulares, e as mais baixas, que se isolavam socialmente. Os resultados foram submetidos a análises estatísticas para neutralizar fatores estranhos, como nível de renda, escolaridade e outros. Descobriu-se uma correlação positiva de pessoas de baixa pontuação na rede social com diversos problemas de saúde, e sua probabilidade de morrer em determinada idade era duas vezes maior que a das mais bem situadas no índice social.

As interações e as trocas de informações ocorrem com maior intensidade entre os membros do mesmo grupo social.[3] A qualidade e a intensidade das informações trocadas são muito variáveis e dependem dos relacionamentos entre os membros desses grupos. Essas informações também são, geralmente, consideradas as mais confiáveis. Os antropólogos estudam, por exemplo, tamanhos de tribos primitivas, clãs de aborígenes australianos e outros. No nosso meio, podemos contar o número de pessoas listadas no e-mail, nos grupos de WhatsApp, nas redes sociais ou quantas pessoas convidamos para a festa de aniversário.

No círculo mais próximo, costumamos incluir parentes, amigos e colegas de trabalho. No entanto, temos uma capacidade cognitiva limitada para saber quem é quem, o que fazem, o que querem, como se relacionam entre si, quem é confiável, a quem se podem pedir favores e assim por diante. O tamanho do nosso neocórtex indica que podemos manter cerca de 140 a 150 pessoas nessas condições.[77] Naturalmente, esse é um tamanho comum dos grupos humanos para relacionamentos pessoais, sem contar com organizações formais ou modernas tecnologias de comunicação.

Empatia

Estudos realizados em sala de aula indicam que há melhor rendimento no aprendizado quando há sintonia entre o professor e os alunos. Quando isso ocorre, a aula ocorre em clima amistoso, com as pessoas interessadas, satisfeitas e abertas a interações.[78] Ao contrário, quando não há essa sintonia, é sinal de que as pessoas envolvidas são incapazes de transmitir e receber emoções, se sentem pouco à vontade e têm relacionamentos problemáticos. Isso pode ocorrer nos relacionamentos familiares, entre um pai e seu filho, por exemplo. Quando se faz o mapeamento de estruturas cerebrais importantes para se compreender a empatia, destaca-se a ínsula. Vale apontar que essa estrutura também tem importante papel na tomada de decisões, principalmente aquelas de risco, sugerindo que as decisões podem ser suscetíveis à percepção e à compreensão dos sentimentos do outro.[79]

REDES INFORMAIS

Frequentemente, as redes formais de informações são burocratizadas e lentas. Além disso, não enfatizam suficientemente aquilo que é essencial para as decisões. Nesses casos, pode-se adotar uma rede informal, que funciona em paralelo, para antecipar ou confirmar a rede formal. Já vimos aquele caso do produtor de vinho que telefonava diretamente para alguns clientes-chave em vez de esperar relatórios de vendas que refletiam a situação de seis meses antes.[6] Desse modo, tomava decisões intuitivas, sem se basear em pesquisas de mercado, mas apenas em algumas informações atualizadas e confiáveis.

Robert Mondavi, outro grande produtor de vinhos californiano, adotou essa prática. Ele faz cerca de quinze chamadas por semana para as principais cidades do país. Ele explica:

> Por exemplo, na semana passada, quatro dos principais restaurantes de San Francisco tinham apenas 25% das mesas ocupadas. Faço essa checagem todas as semanas. Com essa queda da clientela, fico sabendo que chegarão menos encomendas aos distribuidores, daqui a 45 a 60 dias e, dois meses depois, vão pedir menos vinhos a nós, produtores. Se dependesse dos canais tradicionais, essa informação da queda do mercado só nos chegaria seis a sete meses depois, quando seria muito tarde para reagir.[6]

Robert Kelley e Janet Caplan estudaram as características de dois grupos do Laboratório Bell, que emprega centenas de engenheiros e cientistas para realizar pesquisas em engenharia eletrônica e sistemas telefônicos. No grupo A, colocaram 15% dos pesquisadores "top", considerados os mais produtivos e tidos como *estrelas*. No grupo B, os profissionais considerados medianos.[80] Em princípio não encontraram nenhuma diferença entre eles quanto a QI, formação acadêmica, titulações e traços de personalidade. No entanto, havia uma diferença fundamental no método de trabalho entre eles. Os do grupo B tentavam resolver os problemas técnicos consultando especialistas de uma lista formal, fornecida pela própria Bell, por e-mail ou telefone. Muitas vezes, as respostas eram demoradas ou inexistentes. Com isso, perdiam valioso tempo esperando pelas respostas, o que resultou em queda da produtividade.

Os do grupo A tinham uma rede informal de pessoas que consideravam confiáveis. Ao ligar para elas, costumavam receber prontamente as respostas. A lista formal era utilizada para tratar de problemas facilmente previsíveis. Contudo, havia dificuldade de tratar dos imprevistos. Nesse caso, a rede informal funcionava melhor, principalmente quanto à precisão e à rapidez das respostas. Esses pesquisadores do grupo A, além de manterem a rede informal, mostravam-se mais hábeis em trabalhos cooperativos, coordenando trabalho em equipe, evitando conflitos e obtendo consensos. Demonstravam também maior motivação, assumindo iniciativas e responsabilidades acima e além de suas atribuições específicas. Portanto, os pesquisadores do grupo A possuíam muitas qualidades de inteligências emocional e social além de suas competências técnicas. Essas qualidades não são consideradas na maioria dos processos de seleção de pessoal pelo departamento de recursos humanos (RH) das empresas ou em concursos públicos, mas apenas por consultorias especializadas em *headhunting* para recrutar executivos.

PROCESSAMENTO TECNOPOLÍTICO

Muitos dirigentes ficam cercados por um *entourage* de secretários, chefes de gabinete e assessores que filtram as informações que chegam até eles, podendo distorcer a realidade e induzi-los a decisões erradas. Carlos Matus faz uma analogia com o príncipe que vive isolado em um castelo, rodeado por um fosso cheio de água e crocodilos.[15] Comunica-se com o exterior apenas pela ponte levadiça, na qual os guardas exercem grande poder de filtro. A realidade, para o príncipe, passa a ser aquela que os guardas permitem. Na gestão superior, esses guardas seriam os especialistas, que fazem propostas e emitem pareceres para as decisões do dirigente. Matus sugere que os problemas importantes sejam submetidos à análise de um grupo de *processamento tecnopolítico.*

Esse grupo, em vez de fazer análises segmentadas por especialidades (economia, finanças, administração, direito, viabilidade técnica e outras), deve fazer uma análise integrada, abrangendo os aspectos macroeconômicos, políticos, técnicos e sociais. Isso é análogo a uma cozinha onde se preparam as refeições utilizando diversos ingredientes de modo elaborado para que não sejam servidos alimentos crus aos dirigentes. Em muitos casos, esses problemas "crus" e situações de mal-estar consomem mais de 90% do tempo desses dirigentes.[15] Então, o tempo do dirigente para processar as informações poderia ser abreviado, liberando-o das questões rotineiras e urgentes para concentrar-se em problemas mais importantes. Isso ocorre, por exemplo, quando um especialista (médico, engenheiro, cientista) é promovido para uma função de direção, mas continua com o mesmo raciocínio estreito, que continua a usar para abordar problemas gerenciais e políticos mais amplos e complexos.

CAPÍTULO 5
O PROCESSO DECISÓRIO

O sistema sensorial humano envia cerca de 11 milhões de bits de informação por segundo ao cérebro. Contudo, só conseguimos processar conscientemente uma pequeníssima parte, estimada em 16 a 50 bits por segundo, e o cérebro direciona as demais informações para a mente subconsciente. Além do mais, sem perceber, tomamos muitas decisões por segundo. A mente subconsciente realiza muitas operações com grande velocidade, liberando a consciência para demandas mais analíticas ou urgentes. Estima-se que tenhamos consciência de apenas 5% da nossa função cognitiva. Os outros 95% atuam na subconsciência, mas estão sempre presentes e exercem grande influência em todos os momentos da nossa vida.[3]

O nosso cérebro recebe e processa continuamente informações do ambiente, preenchendo as lacunas e suavizando as imperfeições, mesmo antes de termos a consciência dos eventos. A mente sempre procura dar um significado a essas informações identificando-as com algum padrão conhecido. Muitas vezes, a memória implícita é trazida para o nível da consciência involuntariamente, sem percebermos. Isso acontece quando, por exemplo, temos um pressentimento sobre um parceiro de negócios. Se o subconsciente conflitar com a lógica, as pessoas costumam seguir a mente consciente, supostamente guiadas pelo raciocínio. Contudo, muitas vezes, seguimos pelo caminho errado, porque os palpites do subconsciente geralmente costumam ser mais autênticos.

Uma das mais importantes funções relacionadas aos processos que não atingem a consciência ocorre no processamento das informações visuais. Cerca de 30% do nosso cérebro dedicam-se ao processamento visual, identificando formas e cores, detectando movimentos, percebendo profundidade e distância dos objetos, luminosidade e assim por diante. O cérebro processa automaticamente as informações visuais, coordenando as informações dos dois olhos, removendo os efeitos dos movimentos rápidos e preenchendo as lacunas a partir de outras informações do campo visual. Assim, as imagens visuais são mais elaboradas que as fotos de câmeras. A audição funciona de modo semelhante, preenchendo as lacunas de modo inconsciente. Isso foi constatado experimentalmente, colocando-se ruídos sem significado para substituir alguns sons gravados sem que isso atrapalhasse a compreensão da frase.[81]

MECANISMOS BÁSICOS

Os mecanismos básicos abrangem os processos mais importantes na tomada de decisão. Eles combinam os aspectos emocionais com os racionais.

ALGORITMO DE TURING

O matemático britânico Alan Turing desenvolveu um algoritmo que leva o seu nome quando tentava decifrar o Enigma, sistema de codificação de mensagens usado pelos nazistas durante a Segunda Guerra Mundial. O algoritmo de Turing considera simultaneamente todas as possibilidades para uma ação, como os locais de bombardeio sobre Londres. Depois, vai acumulando informações ou evidências que modificam continuamente as probabilidades de cada opção, até que uma delas atinja um nível suficientemente alto, constituindo-se na ação mais provável.[20]

A nossa mente utiliza um mecanismo semelhante. Diante de um problema, elabora um elenco de opções e desencadeia uma corrida entre elas. Essas opções são alimentadas pelas informações externas, que vão chegando e se mesclando com as conjecturas elaboradas pela própria mente. Chega-se então a um ponto crítico, chamado *limiar da decisão*, em que a mente considera que já tem evidências suficientes para tomar a decisão a favor da opção vencedora.[20] Esse processo pode ser representado esquematicamente como um conjunto de bolinhas (informações) que vão se acumulando para cada opção até uma delas atingir o nível do limiar da decisão (ver Figura 5.1). Essas bolinhas podem ter formas e dimensões diferentes, representando a diversidade e a importância das informações disponíveis.

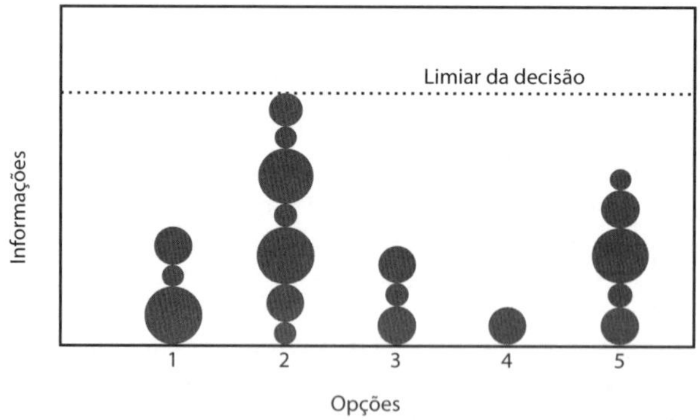

Figura 5.1 Representação esquemática do algoritmo de Turing. As informações vão se acumulando para cada opção, até que uma delas, no caso a opção 2, alcance o limiar da decisão. Fonte: adaptada de Sigman.[20]

O limiar da decisão pode ser atingido mais rapidamente quando as informações disponíveis são claras e evidentes ou quando há uma opção forte que se destaca claramente sobre as demais. Entretanto, se essas informações forem incompletas ou difusas, o cérebro precisará de mais tempo para atingir o limiar. Se houver empate entre várias opções, o cérebro espera certo tempo até considerar que o prazo já foi suficiente. Persistindo o empate, o próprio cérebro gera uma atividade neuronal e a distribui aleatoriamente a uma das opções, promovendo o desempate. Assim, pode-se decidir em curto tempo, mesmo diante de poucas evidências.

O limiar da decisão pode ser diferente para cada pessoa e não é estático no tempo. Pode sofrer ajustes adaptativos inconscientes, para cima ou para baixo, provocados pelo ambiente externo. Se subir, serão necessárias mais informações, e as decisões serão mais demoradas. Por exemplo, se um erro for severamente punido, o limiar sobe, exigindo maior quantidade de evidências e mais tempo para decidir. Ele será mais alto também em ambientes muito formais e "regulamentados", como no meio militar. Ao contrário, se as iniciativas forem valorizadas, esse limiar será reduzido, facilitando as decisões. De maneira geral, o cérebro ajusta inconscientemente o nível do limiar de forma magistral, sem que tenhamos registro consciente.

Por exemplo, seis garçonetes de um shopping de Chicago recebiam mais gorjetas em dias de primavera com sol. Provavelmente os clientes não sabiam que o clima estava influenciando as suas decisões, mas eles se mostravam bem mais generosos em dias ensolarados.[82] Isso acontece também nas decisões financeiras maiores. Estudos realizados com oscilações diárias dos preços das ações negociadas em Wall Street entre 1927 e 1990 mostraram que tanto o clima ensolarado como o completamente nublado influenciaram no preço das ações.[83] Nesses casos, o clima, que é um fator aleatório, acaba influindo nas decisões modificando o nível do limiar.

PRAZER E DESPRAZER

Quando a pessoa é exposta a um objeto ou situação pela primeira vez, ativa-se uma região do cérebro chamada *núcleo accumbens* (NAcc). Se for algo agradável ou prazeroso, o cérebro é inundado com dopamina. No caso oposto, ativam-se a ínsula e o córtex pré-frontal, indicando alguma decepção ou desprazer. Então, a decisão, a favor ou contra, dependeria do balanço entre as atividades do NAcc e da ínsula.[7]

Por exemplo, uma pessoa que está comprando um lençol para sua casa pode ficar animada ao ver um modelo de estampa agradável, quando seu cérebro libera dopamina. Depois, vai conferir o preço. Em geral, gastar dinheiro é considerado um desprazer, enquanto temos prazer em ganhá-lo. Nesse caso, entra em atividade a ínsula. Se o preço for acima da expectativa, entra em ação o córtex pré-frontal, que faz o balanço entre prazer e desprazer, para decidir se vale a pena comprar. Ou seja, o córtex faz o balanço do custo/benefício da decisão. Desse modo, as decisões de compra ocorrem no cérebro antes que as compras sejam efetivadas. Esses balanços entre as atividades do NAcc e da ínsula ocorrem continuamente, guiando as nossas decisões. Naturalmente, podem-se tomar decisões desprazerosas, quando houver fortes razões indicadas pelo córtex. É o caso do médico que precisa fazer uma amputação da perna de um paciente a fim de evitar a gangrena.

HEURÍSTICAS

Heurísticas são os caminhos que a mente percorre para tomar uma decisão, automaticamente, mesmo diante de problemas mal definidos, com informações incompletas ou com excesso de informações.[8] A mente percorre esse caminho rapidamente, produzindo uma decisão rápida, sem seguir procedimentos lógicos, dedutivos ou probabilísticos.[70] A mente vai monitorando, continuamente, as informações recebidas, checando-as com aquelas armazenadas na memória, usando estratégias adaptativas. Esse percurso ocorre em três etapas: primeiro, há uma percepção inicial que serve de "gatilho" variando de uma pessoa para outra e também ao longo do processo de decisão; segundo, a mente pode percorrer diferentes caminhos, nem sempre previsíveis ou esperados; e terceiro, o processo de busca termina assim que se alcança uma solução satisfatória, que nem sempre é aquela ideal ou ótima.

Assim, diferentes pessoas apresentam diferentes soluções para o mesmo problema pois a heurística de cada pessoa depende das experiências acumuladas em sua mente subconsciente. Por exemplo, podemos estimar a distância entre os objetos por sua claridade e nitidez. O aumento da claridade e da nitidez indica proximidade. Essa heurística nos fornece contínuas informações sobre o ambiente, o que nos permite dirigir com segurança. Isso ocorre de forma automática, não exigindo esforços conscientes. Naturalmente, podem ocorrer distorções de percepção ou vieses cognitivos que provocam erros.[5] Por exemplo, os dias ensolarados ou nublados podem alterar a claridade e a nitidez, distorcendo a noção das distâncias. No caso de pilotos de aeronaves, essa distorção pode ser fatal. Para prevenir erros, existem instrumentos que podem indicar as distâncias com maior precisão.

Heurística do reconhecimento

A heurística do reconhecimento influi nas nossas avaliações intuitivas para tomar decisões pessoais ou fazer inferências.[39] A *decisão* pessoal é um processo de escolha baseado em preferências ou gostos, dependendo, em grande parte, dos reconhecimentos. Por exemplo, ao comprar um aparelho de TV, escolhemos primeiro uma marca, porque já a conhecemos e temos um bom conceito de sua qualidade. Depois, aplicamos outros critérios, como modelo e preço. As *inferências* ocorrem quando há uma correlação, positiva ou negativa, entre aquilo que reconhecemos e aquilo que desejamos saber. Se ela for positiva, há uma sinalização para prosseguir. Assim, se tivermos um bom conceito de uma marca de um eletrodoméstico, temos tendência a selecionar outros produtos da mesma marca. Do mesmo modo, se tivermos uma boa concepção de uma marca de televisão coreana, o conceito de qualidade pode ser estendido aos carros coreanos. Ocorre o inverso no caso negativo, quando temos a tendência de evitar produtos de mesma procedência.

A heurística do reconhecimento pode prevalecer sobre outras variáveis quando se faz a inferência. Por exemplo, uma marca conhecida de tênis de corrida pode prevalecer sobre concorrentes de qualidade superior ou preço menor, porém menos conhecidos. Muitos consumidores de cerveja têm uma marca favorita e insistem que tem mais aroma, é mais encorpada, menos amarga e tem gás na medida exata.[39] No entanto, testes feitos às cegas com marcas ocultas demonstram que os consumidores são incapazes de identificar sua marca favorita. Realizou-se um experimento com trezentos consumidores habituais de cerveja (bebem pelo menos três vezes na semana), separados em cinco grupos, de acordo com suas preferências entre cinco marcas nacionais e regionais de cerveja.[84] No teste às cegas, nenhum grupo conseguiu identificar corretamente suas marcas preferidas. Eles só conseguiram distingui-las das concorrentes quando as marcas foram reveladas.

As empresas investem em propaganda para criar memória de reconhecimento nos consumidores, porque sabem que eles darão preferência às marcas conhecidas. Do mesmo modo, políticos fazem publicidade de seu nome e de seu rosto. Muitas vezes, os eleitores que votam neles não conseguem associá-los com partidos políticos ou programas de governo. Há inclusive, aqueles que não são políticos, mas são eleitos porque são conhecidos por serem famosos no meio artístico ou esportivo.

As pessoas tendem a rejeitar aquilo que não conhecem: "não conheço, portanto não gosto". O desconhecimento provoca dúvida, insegurança e estresse. Por exemplo, ao encontrar um cogumelo durante um passeio no bosque, a maioria não se aventuraria a comê-lo, por não saber se é comestível ou venenoso. Contudo, se o cogumelo for servido em um restaurante, ninguém hesitará em comê-lo, por estar em ambiente conhecido, que transmite segurança.

O reconhecimento mais importante ocorre na identificação correta das causas do problema. Um erro nessa identificação pode levar a atuações erradas, e aí corre-se o risco de não alcançar os resultados pretendidos. É o caso do médico que se baseia em um diagnóstico errado para fazer uma cirurgia desnecessária, cometendo um erro médico. Nesses casos, quando houver dúvidas, podem-se buscar informações adicionais, como quando um médico que não se sente seguro apenas com a radiografia e solicita um exame mais detalhado de ressonância magnética.

RECONHECIMENTO DE PADRÕES

O cérebro humano é muito hábil em reconhecer padrões. Ao receber uma nova informação, que funciona como gatilho, a mente tenta associá-la a certos padrões anteriormente armazenados na memória.[14] Esse processo é complexo e ocorre, geralmente, fora do nosso controle consciente, em uma fração de segundo.[85] Cada tipo de informação pode recrutar diferentes áreas do cérebro, em função do tipo de codificação da informação (por exemplo, visual, sonora, ou semântica) e/ou extensão e complexidade do processamento. Por exemplo, podemos nos lembrar de uma pessoa pela fotografia (memória visual), mas não lembrar quando a conhecemos (memória episódia); dançar (procedural) ouvindo uma canção familiar (auditiva).[17] Desse modo, o reconhecimento de padrões envolve a integração de diversos fragmentos de informações, que podem estar esparsos no cérebro. Também pode fazer suposições, visando preencher eventuais lacunas.

Esse processo geralmente funciona bem, mas pode provocar erros quando não há uma identificação adequada entre a nova informação e a experiência evocada do passado.[86] Além disso, nosso cérebro pode estar condicionado por preconceitos, julgamentos ou decisões anteriores, levando a identificações enganosas. Por exemplo, podemos não reconhecer um amigo que não víamos há muito tempo porque ele sofreu alterações físicas (engordou, ficou careca) que não correspondem à imagem armazenada em nosso cérebro. Além disso, temos dificuldade de prever a evolução de sistemas dinâmicos, como a velocidade de um carro vindo na direção contrária ou a evolução de um ativo financeiro em anos de crise. Outro problema é quando fazemos prejulgamentos da situação e tomamos decisões tendenciosas. Em geral, aceitamos esses padrões como verdadeiros, o que pode nos levar a falsas conclusões por falhas da heurística e aleatoriedades. Também podem nos levar à criação de preconceitos indevidos.[5]

O reconhecimento de padrões é influenciado pelas expectativas de seus resultados nas decisões. Estas podem ser negativas ou positivas, mas geralmente só prosseguimos quando há expectativas positivas. Isso pode ocorrer até nos casos em que as chances são muito pequenas, como no jogo de loteria. Por causa desse viés no sentido positivo, a soma dos resultados efetivamente alcançados costuma ser menor que a soma das expectativas. Assim, torna-se necessário fazer ajustes frequentes entre as expectativas e seus respectivos resultados, para não trilhar caminhos utópicos e impossíveis.[44]

As pesquisas em neurociências utilizando imagens de fMRI permitem monitorar as atividades elétricas do cérebro em tempo real. Se as informações forem fragmentadas, o próprio cérebro produz a sua versão da realidade, preenchendo as lacunas e fazendo suposições, que podem estar certas ou erradas. Esse processo não é totalmente confiável, pois a mente pode apresentar opções favoráveis às nossas crenças e valores ao preencher as falhas de nossa percepção. Isso ocorre também com as pessoas com lesões neurológicas. Naturalmente, o processo depende das informações anteriormente armazenadas, e quanto mais informações estiverem disponíveis sobre determinado assunto, melhor será a qualidade do reconhecimento de padrões. Por exemplo, um comentarista de futebol certamente faria interpretações e avaliações mais corretas sobre um erro de arbitragem do que um simples espectador.

Erro no reconhecimento de padrões

Uma pessoa pode cometer um erro induzida por uma falha no reconhecimento de padrões. Informações posteriores podem confirmar que a opção adotada estava errada. Nesses casos, seria conveniente fazer a devida correção, mas muitas pessoas têm dificuldade de fazer isso, principalmente quando se julgam bastante experientes no assunto. Em outros casos, preferem persistir no caminho errado, por comodismo, conservadorismo, falta de coragem, pressão social ou ética. Isso ocorre frequentemente em decisões militares, no campo de batalha, como os descritos por Robert Greene no livro

33 Estratégias de Guerra.[74] No palco da guerra ocorrem erros de decisões baseadas em informações fragmentadas, suposições erradas ou informações distorcidas dos inimigos.

O reconhecimento de padrões pode ser enganador quando a mente relembra um padrão parecido, mas que não seria aplicável ao caso real. O general Matthew Broderick ocupava um cargo de segurança contra desastres naturais nos Estados Unidos e era responsável por alertar o presidente George W. Bush e outras autoridades quando o furacão Katrina, que devastou Nova Orleans em 5 de agosto de 2005, se aproximasse.[86] Ele tinha recebido dezessete alertas de diversas agências, durante o dia, sobre os efeitos devastadores desse furacão, mas eram incompletos e conflitantes entre si. Ele demorou para emitir uma comunicação às autoridades superiores, esperando a confirmação das informações, o que provocou um grande desastre.

O presidente foi duramente criticado pela demora em providenciar socorro. Anteriormente, Broderick tinha comandado o centro de operações durante a guerra do Vietnã e aprendido que muitas das comunicações de grandes eventos eram falsas ou exageradas, e que era necessário esperar "baixar a poeira" para configurar as reais dimensões desses eventos e não emitir falsos alarmes.

Outro erro aconteceu quando, antes de ir para casa, à noite, o general enviou um comunicado informando que os diques não tinham se rompido, acrescentando que novos comunicados seriam emitidos no dia seguinte. Contudo, a essa altura, os diques já estavam irremediavelmente danificados, e a cidade, completamente alagada. Nesse caso, houve um reconhecimento errôneo de padrões. A experiência anterior de Broderick abordava eventos que iam se agravando gradativamente, e não de forma instantânea, como o rompimento de um dique. Para que esses erros não ocorram, é necessário que as experiências acumuladas sejam compatíveis com os problemas a serem resolvidos.

DECISÕES INTUITIVAS

As decisões intuitivas ocorrem rapidamente e nos fazem acreditar que são o caminho certo. Elas decorrem, com frequência, de processamento implícito, sendo muito difíceis de explicar racionalmente. Assim, podem ser elencadas as seguintes características quanto a esse tipo de decisão: a) surgem rapidamente em nossa mente subconsciente; b) não se consegue explicar o processo pela mente consciente; c) acreditamos que são o melhor caminho; e d) são fortes o suficiente para motivar uma ação.[39]

Desse modo, diante de uma situação problemática, a decisão surge rapidamente em nossa mente, e só depois procuramos os motivos racionais para explicá-la. Nessa procura, muitas vezes a decisão inicial é alterada. A intuitiva costuma ser mais autêntica. A racional se adapta a restrições reais, situações e conveniências ocasionais.

Ao lidar com um problema, o cérebro gera grande número de opções e possibilidades de solução, utilizando-se de conhecimentos previamente memorizados e classificados, que são trazidos para o centro da atenção.[7] Para isso é importante ter experiências anteriores significativas e com muitas repetições, memorizadas em forma de padrões úteis de soluções. O cérebro tem circuitos neurais reguladores que atuam no subconsciente, induzindo os comportamentos de fuga/aproximação ou recuo/avanço, ajudando a tomar uma decisão adequada. Os neurônios dopaminérgicos vão se ajustando com a prática, preferindo percorrer caminhos que conduzam a resultados positivos. Esse mecanismo faz uma pré-seleção dos "candidatos", apresentando apenas alguns deles para a decisão consciente.

Para que a intuição ou pressentimento emerja do subconsciente, bastam alguns "gatilhos" de estímulos ambientais ou do pensamento. Assim, pessoas experientes conseguem tomar melhores decisões com poucas informações e de forma rápida. O aumento do número de opções oferecidas e o tempo disponível não produz soluções melhores. Isso se deve à limitação da nossa memória de curto prazo. Métodos empíricos simples e regras descomplicadas são capazes de prever fenômenos complexos tão bem ou até melhor que os complexos. Dessa forma, a coleta e a análise exaustiva de extensas informações não significam, necessariamente, melhoria de qualidade das decisões. Seria preferível concentrar-se apenas em um pequeno número daquelas opções consideradas mais importantes e significativas.[39]

Um grupo de cientistas liderados por Marius Usher, professor da Universidade de Tel Aviv, chegou à conclusão de que a intuição é confiável, superando a crença da superioridade da razão sobre a intuição ou sobre as reações instintivas. Seus estudos confirmaram que, em 90% dos casos, a intuição se revela mais confiável. Ele afirma: "Às vezes refletimos e chegamos à conclusão de que algo está certo, mas no fundo temos uma sensação de que não é bem assim. Não conseguimos encontrar motivos suficientes para não confiar, mesmo que a nossa razão diga que deveríamos agir de modo diferente".[30] Além disso, há muitas diferenças individuais na aplicação prática das intuições, devidas aos diversos fatores envolvidos, como se verifica no Quadro 5.1. Um dos fatores mais importantes é a coragem para atuar, mesmo sem encontrar explicações racionais. Muitas pessoas vacilam justamente pelo temor de não conseguirem produzir explicações racionais convincentes.

Quadro 5.1 Fatores importantes na decisão intuitiva

Fator	Atividade
Consciência	Aceite a intuição como fonte importante na tomada de decisões
Experiências	Alimente seu cérebro com experiências válidas em seu campo de atuação
Receptividade	Seja receptivo às ideias e sugestões emanadas do subconsciente
Tempo	Dê tempo para a geração de ideias e soluções
Honestidade	Aceite a situação desfavorável sem distorcê-la
Coragem	Enfrente o novo e o desconhecido

Fonte: adaptado de Vaughan.[87]

MÉTODOS RACIONAIS

Os métodos racionais de decisão baseiam-se em critérios bem definidos, visando produzir resultados objetivos. Em geral, é possível enumerar todas as alternativas possíveis e associar cada uma à probabilidade de sua ocorrência. Esta é multiplicada pelas estimativas dos respectivos resultados, como custos ou lucros. Desse modo, chega-se a um valor numérico que representa o mínimo (custos, danos, prejuízos) ou o máximo (faturamento, vendas, lucros) do objetivo pretendido.

Até algumas décadas atrás, psicólogos experimentais, cientistas sociais, economistas e outros elaboraram teorias com base apenas no homem racional, supondo que as pessoas tomam decisões segundo seus interesses, sempre de forma consciente. Os métodos racionais, também chamados Métodos de Benjamin Franklin, foram amplamente difundidos e ensinados em universidades.[39] Contudo, há fortes evidências de que essas teorias estão equivocadas, e elas são frequentemente revisadas, inclusive na área da economia.[3] Essa visão lógica não considera os aspectos emocionais e atávicos da decisão que foram comprovados pelas pesquisas em neurociência.

Conta-se a história de um jovem economista que acreditava muito no método lógico de Benjamin Franklin, a ponto de aplicá-lo nas decisões de sua vida pessoal. Para selecionar a futura esposa, listou todas as "candidatas" viáveis.[39] Depois elaborou quesitos descrevendo as qualidades que apreciaria na futura esposa: se continuaria atenciosa com ele após o casamento; se o ajudaria a progredir na carreira; se cuidaria bem dos filhos; e assim por diante. Em seguida, atribuiu um peso para ponderar a importância relativa de cada quesito e estimou a probabilidade de cada candidata atender ao quesito. Por fim, multiplicou esses dois fatores e os somou, obtendo um escore final para cada candidata. Acabou casando-se com aquela que obteve maior pontuação, embora não tenha revelado a ela o processo de escolha, que foi baseado na maximização da utilidade. Não é necessário dizer que acabou se divorciando poucos anos depois.[39]

Muitas pessoas, embora não cheguem a esse refinamento do jovem economista, utilizam critérios semelhantes de decisão, baseados em apenas uma ou duas variáveis para estimar vantagens/desvantagens, lucros/perdas, investimentos/lucros ou custo/benefício. Isso seria justificável para decisões materiais, como a compra de um eletrodoméstico. Contudo, é um modelo demasiadamente simples para decidir sobre questões humanas, como a escolha da futura esposa, quando os aspectos emocionais se sobrepõem aos critérios racionais.

ACEITAÇÃO DO RISCO

Há muitas variações individuais quanto ao nível de risco que cada pessoa aceita. Isso seria um traço de personalidade, adquirido na infância, que perdura durante a vida adulta, sofrendo poucas adaptações.[44] Esse traço chega até a influenciar na escolha da profissão. Aqueles que rejeitam riscos exercem profissões como carteiros, jardineiros e professores. Os que aceitam maiores níveis de risco podem exercer profissões como pilotos de teste, mergulhadores e operadores da bolsa de valores.

De forma geral, pode-se supor que uma pessoa tenderia a aceitar uma decisão se as suas consequências *positivas* fossem maiores que as *negativas*.[88] Naturalmente, o nível de risco que as pessoas aceitam depende também das condições externas. Em situações em que há correlação positiva entre risco e ganho, a propensão ao risco aumenta. Na correlação negativa, ocorre o inverso. Em duas situações com expectativas de mesmo valor, as pessoas tendem a escolher aquela de menor risco para os ganhos e de maior risco para as perdas. Observe que se supõe certa previsibilidade desse risco (risco calculado), diferindo dos jogos de azar, que são aleatórios e totalmente imprevisíveis.

Contudo, há muitas diferenças individuais quanto à percepção e à aceitação dessas consequências. As pessoas consideradas *medrosas* estão mais preocupadas com as perdas e não aceitam as situações quando o risco chega a 20% ou 30%, mesmo havendo chances opostas, de 70% a 80%, de ganhar. No outro extremo estão as pessoas *arrojadas*, que visualizam os ganhos e estão dispostas a arriscar, mesmo com 20% a 30% de chance de perder. Entre esses dois extremos está a maioria das pessoas, as *cautelosas*. Essas diferentes aceitações de risco são importantes, por exemplo, quando se busca um sócio para os negócios, uma viagem de aventuras ou mesmo um cônjuge. Nesses casos, as diferentes percepções de risco podem dificultar a vida em comum, mas também podem ser interessantes, como contrapontos.

O nível de conhecimento da pessoa sobre o problema influi no nível de aceitação do risco. O aumento desse conhecimento reduz a incerteza e melhora a confiabilidade da decisão, reduzindo o risco. Ao contrário, a ignorância sobre o problema aumenta o nível de risco e a variabilidade dos resultados. O nível aceitável de risco pode diferir muito de acordo com a cultura organizacional. As organizações tradicionais, com hierarquias rígidas, preferem correr menores riscos. Ao contrário, as novas e competitivas, como as *start-ups*, aceitam maiores níveis de risco. Os principais executivos dessas organizações costumam ter uma noção clara dos níveis de riscos considerados aceitáveis.

A aceitação do risco influi também na promoção funcional, pois os executivos no topo da hierarquia geralmente aceitam maiores riscos que os de média e baixa administração. Isso é compreensível, porque a alta administração decide sobre problemas complexos e menos estruturados, ao contrário da baixa e da média, que trabalham em problemas mais cotidianos. As promoções na carreira também dependem do sucesso que esses executivos alcançam. O acúmulo desses sucessos pode aumentar a autoconfiança para enfrentar, cada vez mais, maiores riscos. Contudo, o excesso de confiança também pode ser danoso, produzindo comportamentos pouco responsáveis e prejudiciais à empresa.

ERROS E VIOLAÇÕES

O erro é parceiro constante dos processos de decisão. Muitos erros são cometidos por imperícia, falta de treinamento ou desconhecimento das regras.[44] Algumas regras são complexas, difíceis de entender ou ambíguas. Em outras situações, não há uma identificação clara entre a ação e a regra estabelecida, o que gera conflitos. Isso ocorre, por exemplo, quando há conflito entre as demandas da família e as demandas do emprego, ou entre a legislação trabalhista e as reivindicações sindicais. Mesmo que todos esses fatores sejam favoráveis, ainda podem ocorrer erros por fatores aleatórios, como as mudanças ambientais ou do clima de negócios.

Contudo, há um tipo diferente de erro, chamado *violação*, que é intencionalmente praticado.[17] Nesse caso, o erro decorre de desvios intencionais das regras estabelecidas.

Por exemplo, um motorista pode cometer um erro ao atropelar um pedestre porque não percebeu que ele estava atravessando a rua. Mas comete uma violação se tiver consumido álcool ou estiver usando o celular. Em termos jurídicos, esses acidentes estariam classificados, respectivamente, como *culposo* (sem intenção) e *doloso* (intencional).

A distinção entre erro e violação é importante porque eles demandam diferentes tipos de medidas corretivas. Os erros podem ser reduzidos por capacitação e treinamento, seleção apropriada dos ocupantes de cargos ou mudanças dos métodos, processos e equipamentos de trabalho. Parte-se do princípio de que aqueles que cometem erros são bem-intencionados e desejam, sinceramente, corrigir seus erros. Isso já não funciona no caso de violações, como furtos, corrupção e chantagens. Em fábricas, observam-se casos de produtos defeituosos, atrasos na produção, acidentes com máquina e equipamentos intencionalmente praticados por trabalhadores insatisfeitos, que praticam sabotagem. Nesses casos, quando há intencionalidade do erro, de nada adiantarão os esforços preventivos para evitá-los, devendo-se aplicar punições aos violadores.

Em alguns casos, as violações são cometidas para contornar regras muito rígidas e podem ser institucionalmente aceitas. Isso acontece, por exemplo, na contratação de pessoas ou na compra de material no serviço público, que exigem concursos e licitações. Contudo, numa situação emergencial, algum tipo de "atalho" pode ser útil para resolver problemas. Em muitos casos, são feitos acordos informais entre os envolvidos. Infelizmente, nem sempre esses atalhos são bem-intencionados, porque também podem ser utilizados de modo ilícito, dando margem à corrupção. Por exemplo, no serviço público, quando houver demanda de um serviço ocasional, pode-se contratar uma empresa de fornecimento de mão de obra sem necessidade de concursos públicos. Contudo, o mesmo procedimento pode ser utilizado para contratação de funcionários "fantasmas" sem necessidade.

FATORES CONDICIONANTES

Os fatores condicionantes influem na qualidade e na rapidez das decisões. Os excessos de carga emocional, assim como a racionalidade exagerada, podem ser prejudiciais. Contudo, as influências mais fortes são dos vieses, como já vimos no Capítulo 3.

ASSOCIAÇÃO EMOCIONAL

A associação emocional ocorre rapidamente, sem controle consciente, orientando-nos para uma ação imediata.[14] Assim, diante de uma fera, podemos decidir enfrentá-la ou fugir. Não conseguimos evitar a influência das emoções na tomada de decisões, pois elas são processadas no nível subcortical, envolvendo partes do cérebro mais primitivo em relação ao cérebro analítico e racional, como já foi visto no Capítulo 2.[89] As emoções estão associadas a todos os pensamentos e lembranças e indicam se devemos prestar atenção em algo ou ignorá-lo. Elas participam de todas as decisões, inclusive daquelas consideradas analíticas e racionais. Essas emoções nos orientam a ficar atentos às informações críticas e permitem realizar ações rápidas. Por exemplo, uma mãe pode ignorar o barulho do trânsito que vem da rua, mas reconhece imediatamente o choro do seu bebê.

Se a parte do cérebro que controla as emoções for danificada, as pessoas tornam-se lentas e incompetentes para tomar decisões, embora conservem a capacidade de realizar análises objetivas.[8] Também podem ocorrer percepções enganosas, que nos conduzem a ações inadequadas. Um cipó no meio do mato pode ser confundido com uma cobra, mas não precisaremos sair correndo. Para evitar isso é preciso estar alerta para detectar eventuais desvios ou contar com outros mecanismos em paralelo. Por exemplo, um piloto que esteja voando alto demais para o pouso pode receber instrução da torre de controle para dar outra volta e fazer a aproximação correta.

ANSIEDADE

Ansiedade é um estado ou um traço de personalidade caracterizado pela preocupação excessiva, que pode prejudicar o desempenho. O esforço mental com o processamento da preocupação acaba subtraindo a capacidade de processar outras informações.[19] O estudante excessivamente preocupado com a possibilidade de fracassar na prova acaba tendo menos atenção à resolução das questões. De um lado, o baixo nível de ansiedade produz apatia e pouca motivação para o esforço necessário na execução de uma tarefa. No outro extremo, a euforia, com excesso de ansiedade, também é prejudicial. Entre esses dois extremos, há um ponto intermediário, um estado ótimo de excitação,[90] em que o desempenho atinge o maior grau (ver Figura 5.2).

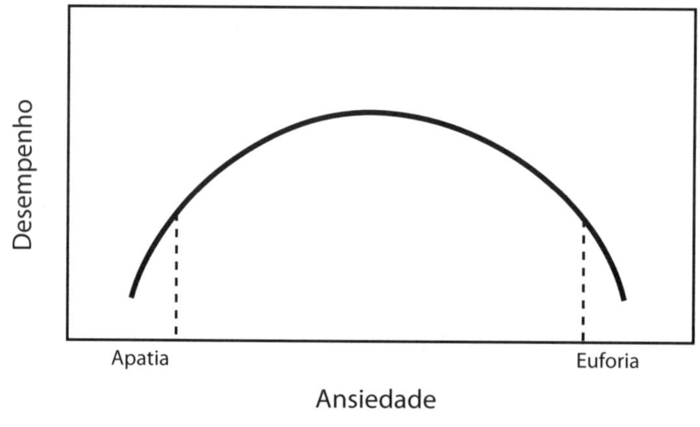

Figura 5.2 Os níveis extremos de ansiedade prejudicam o desempenho.

As pessoas apáticas apresentam temperamento pessimista e se julgam incapazes: “não sou bom neste teste”, “não vou conseguir fazer isso”, “não vai dar tempo”. No outro extremo, o excesso de ansiedade pode provocar euforia, que também é prejudicial ao desempenho, como no caso de estudantes muito ansiosos que fracassam na hora da prova. No treinamento de controladores de tráfego aéreo, constatou-se que a ansiedade crônica determinava o fracasso dos alunos durante o treinamento e na profissão.[91]

Choque de ansiedade

O choque de ansiedade ocorre quando há excesso de emoção, urgência, emergência ou pressão para obtenção de resultados. Ele pode ocorrer em cadeia, de modo que um choque provoque outros, derrubando a performance em uma espiral decrescente.[7] Ocorre, por exemplo, com estudantes pressionados a passar no exame vestibular ou com jogadores em partida final de campeonato. Claude Steele fez alguns testes com estudantes universitários submetidos a condições estressantes.[92] Ele convocava certos grupos de estudantes dizendo que queria comprovar alguns "mitos".

Por exemplo, se os negros tinham menos inteligência que os brancos ou se as moças tinham menor desempenho em matemática que os rapazes. Nesses casos, os grupos testados apresentaram menor desempenho em condições de estresse. Quando foram testados em outras condições, os resultados foram diferentes, e não se comprovaram os mitos. Isso ocorre porque há uma interferência do córtex pré-frontal, atrapalhando as informações armazenadas na memória de longo prazo. Em condições extremas de estresse ou ansiedade, pode ocorrer uma pane mental, o famoso "branco", quando se fica incapacitado de pensar e tomar decisões. Isso também influi no desempenho muscular, inclusive nos movimentos "automatizados", quando os jogadores de futebol ou vôlei apresentam desempenhos inferiores nos jogos decisivos.

Elevada carga emocional

Algumas pessoas ficam paralisadas diante de uma decisão difícil ou com carga emocional muito forte. Jo-Ellan Dimitrius sugere um artifício para superar essa situação difícil, imaginando diversas alternativas possíveis, e esperar pelo momento oportuno para tomar a decisão, avaliando o estado de espírito do interlocutor antes de abordar um assunto delicado. Estados de emoção fortes como raiva, frustração e depressão podem ser prejudiciais.[51] Por exemplo, um executivo insatisfeito com um assessor estava adiando uma decisão. Quando se perguntou se contrataria esse assessor caso ele se candidatasse para o mesmo cargo, a resposta foi um sonoro "não". Muitas vezes, esse tipo de decisão é postergado para se evitar desgastes emocionais ou na vaga esperança de que as coisas possam modificar-se. Contudo, os prejuízos podem ser menores quando a decisão for tomada no momento oportuno, sem adiamentos.

Ansiedade, medo e ira

A ansiedade associada à incerteza e à falta de controle pode concorrer para que pessoas avaliem um estímulo como potencialmente perigoso, levando ao medo (emoção) e aos comportamentos de luta ou fuga.[70] As avaliações pessimistas da situação também podem gerar sentimento de ira, quando as pessoas mostram tendência à ação de ataque. Ao contrário, a sensação de segurança e de controle da situação produz estados de felicidade e alegria, promovendo comportamentos sociáveis e cooperativos e reduzindo os conflitos interpessoais. O corolário é que, nessas condições, a pessoa torna-se mais propensa a assumir decisões arriscadas.

IMEDIATISMO

As pessoas imediatistas, também consideradas práticas, costumam agir compulsivamente, sem uma visão mais ampla de suas ações. Muitas vezes, vivem só do presente, como num jogo de xadrez em que só se enxerga a jogada seguinte. Além disso, sem uma visão mais ampla, realizam só atos rotineiros e triviais, de alcance imediato. O pragmatismo, com busca de resultados imediatos, com referenciais de eficiência e eficácia, pode transgredir a consciência e os custos sociais. Segundo Carlos Matus, isso seria um terreno fértil para a corrupção, visto que os resultados mais evidentes são procurados no curto prazo, mesmo que para isso sejam necessárias transgressões éticas e sociais. [93]

AJUSTES DO COMPORTAMENTO

Em princípio, quem toma uma decisão parte de uma expectativa. Após a decisão, se for constatada uma divergência entre a expectativa e o desempenho real, realizam-se ajustes por tentativa e erro, perseguindo novamente a expectativa.

Jonah Lehrer realizou experimentos com macacos em que eles deveriam mover uma alavanca num certo sentido para receberem alimentos (recompensas).[7] Apenas algumas tentativas eram suficientes para que eles descobrissem o movimento adequado para conseguir a recompensa. Nesse processo de tentativa e erro, os neurônios vão assimilando novas informações, incorporando frustrações no processo de aprendizado. Se a expectativa não se confirmar e a recompensa não chegar, uma outra alternativa deve ser testada, em processo de contínuo ajuste.[7]

A discrepância entre a expectativa e a realidade ocorre frequentemente. Isso explicaria, por exemplo, as náuseas produzidas pelo barco balançando, que contraria a expectativa do corpo, acostumado a pisar em solo firme, imóvel. Tais "inconsistências" podem ser compreendidas como "curtos-circuitos cerebrais" uma vez que o cérebro processa informações destoantes em função das informações sensoriais advindas dos sistemas visual e vestibular. Ou seja, tem-se um conflito entre as informações oriundas do sentido de equilíbrio (vestibular) e as pistas visuais.[94] Contudo, após algum tempo, os neurônios fazem ajustes dos níveis de dopamina e o incômodo é atenuado.

As flutuações inadequadas da dopamina explicariam também algumas doenças mentais. Os esquizofrênicos, por exemplo, teriam excesso de dopamina, produzindo emoções incongruentes com o mundo real e até alucinações. Drogas que reduzem a dopamina contribuem para atenuar esses sintomas.

O processo de aprendizagem pode ser simulado pela inteligência artificial, como nos jogos computadorizados de xadrez. A cada jogada, o computador é programado para analisar a discrepância entre a previsão e a realidade, fazendo ajustes contínuos, a fim de melhorar a precisão das jogadas seguintes.

Colorações emocionais

As colorações emocionais acrescentam matizes aos padrões, indicando, por exemplo, se um adversário deve ser enfrentado ou se é melhor fugir. Também ajudam a direcionar a atenção, selecionando o que merece atenção imediata e o que pode ser adiado ou mesmo ignorado. As emoções interferem em todas as nossas decisões, inclusive naquelas consideradas racionais. As pessoas com danos neurológicos tornam-se lentas e incompetentes na tomada de decisões, embora mantenham a capacidade de realizar análises objetivas, conforme comprovou o pesquisador António Damásio, como se viu no Capítulo 2.[8]

Essas colorações emocionais nos ajudam a tomar decisões, mas também são fontes de vieses (ver Capítulo 3). No início da década de 1980, os Laboratórios Wang eram líderes em equipamentos para processamento de texto.[86] Seu proprietário, An Wang não gostava da IBM, devido a um desentendimento do passado e refugava tudo que se relacionasse com essa empresa. O PC da IBM estava tornando-se padrão e passou a dominar amplamente o mercado. Mesmo assim, Wang insistiu em desenvolver seu próprio sistema operacional. Ele sequer considerou que a plataforma do *software* adotado pela IBM era desenvolvida pela Microsoft e não propriamente pela IBM. Deixando-se comandar pelas emoções indevidas na decisão dos seus negócios, Wang foi à falência.

Psicologia do controle

A psicóloga Ellen Langer desenvolveu a teoria da psicologia do controle, segundo a qual temos o desejo de controlar os acontecimentos ao nosso redor que influenciam em nossas vidas como um importante fator de autoestima.[5] Ela estudou o efeito da sensação de controle em dois grupos (A e B) de idosos de um asilo.[95] Os do grupo A puderam decidir sobre o arranjo dos móveis em seu quarto e escolher um vaso de planta para cuidar. Os do grupo B não puderam opinar sobre o arranjo dos móveis nem puderam escolher a planta ornamental. Em poucas semanas, as pessoas do grupo A sentiam-se mais satisfeitas e demonstravam maior índice de bem-estar.

O acompanhamento feito dezoito meses depois demonstrou que as pessoas do grupo B se sentiam mais melancólicas e apresentaram taxa de mortalidade de 30%, contrastando com as do grupo A, com taxa de apenas 15%. Estudos posteriores mostraram que a sensação de desamparo e a falta de controle produzem estresse e doenças. Em um estudo de laboratório, um grupo de ratos foi subitamente privado de todos os controles que detinha sobre o ambiente. Em pouco tempo, os ratos deixaram de lutar pela sobrevivência e faleceram.[96]

Busca da satisfação

Sempre estamos em busca de resultados para satisfazer certas aspirações. Se esses resultados forem superiores às aspirações, temos satisfação e, no caso inverso, insatisfação.[70] O nível de aspiração é continuamente confrontado com os resultados reais. Se houver satisfação, as pessoas tendem a aumentar o nível de aspiração e, em caso contrário, a reduzi-lo. Assim, as pessoas estariam sempre em busca de objetivos satisfatórios para o seu nível de aspiração e dificilmente poderiam falar em objetivos ótimos.

CONTROLE DE FENÔMENOS ALEATÓRIOS

Muitos fenômenos são aleatórios, ou seja, não seguem padrões regulares. Essa aleatoriedade influi em muitas decisões. Nesse caso, a informação sobre o passado não pode ser usada para a previsão do futuro, porque *não existe* uma regra, trajetória ou tendência ligando o passado ao futuro.[7] É como no jogo de bingo ou roleta: o resultado anterior não tem influência sobre o resultado seguinte. Diante de um fato novo, a mente sempre procura identificá-lo com algum padrão conhecido. Se esse padrão for irregular ou aleatório, o cérebro terá dificuldade de fazer essa identificação, porque tende a seguir padrões regulares. Os neurônios de dopamina ficam excitados diante da aleatoriedade e podem realizar identificações equivocadas, produzindo decisões erradas. Muitas crenças populares procuram dar algum sentido a essa aleatoriedade, associando-a com padrões regulares, a fim de produzir explicações racionais.

Os eventos aleatórios provocam estresse porque são avessos aos nossos controles. Nesse caso, as pessoas confundem sorte com habilidade, para construir uma *ilusão de controle*. Ellen Langer e Judith Rodin fizeram diversos experimentos com jogos aleatórios como o cara/coroa de moedas ou jogos de baralho.[95] Muitos participantes admitiram que poderiam melhorar a performance com a experiência. Ela afirma que "ainda que as pessoas concordem da boca para fora com o conceito do acaso, comportam-se como se mantivessem controle sobre eventos aleatórios". Isso ocorre nas empresas que passam por períodos aleatórios de altos e baixos ao longo do tempo.

A ilusão de controle sobre eventos aleatórios ocorre frequentemente nas instituições financeiras e esportivas. Em determinado instante, se houver uma baixa repentina, pode-se atribuir o fracasso à pessoa que estiver no comando. Isso ocorre também nos esportes: quando um time de futebol perde três partidas consecutivas, o técnico poderá ser demitido. O primeiro passo na luta contra a ilusão do controle é estarmos cientes dela. Contudo, isso é difícil, pois quando acreditamos enxergar um padrão dentro da aleatoriedade, fica muito difícil renunciar a ela.

Um exemplo de aleatoriedade é a bolsa de valores, em que o grau de previsibilidade chega próximo do acaso. Foi feita uma simulação com dois lotes de ações de empresas conhecidas e dois grupos de avaliadores.[97] Um deles era composto por consultores de investimentos, corretores, analistas e operadores de portfólio. O outro, por leigos. Os do primeiro grupo faziam previsões com base em complexas análises de cada lote, e conseguiram acertar 40% das ações vencedoras. Os leigos tiveram acerto maior, de 50%.

INFLUÊNCIAS DOS VIESES

Os diversos vieses tendem a distorcer as informações e levar a decisões erradas, como já vimos no Capítulo 3. Ao tomarmos uma decisão, nós nos deixamos influenciar inconscientemente por nossos valores, crenças, desejos, sonhos e vontades. Isso acontece *automaticamente*, mesmo que declaremos ser imparciais e imunes aos interesses pessoais.[3] Os vieses podem atuar isoladamente ou em conjunto, uns reforçando outros. Muitas vezes, tomamos uma decisão baseada na primeira impressão. Depois, vamos acumulando evidências para confirmar essa decisão inicial. Uma decisão errada pode conduzir a outros erros, e, no final, resultar em grandes prejuízos.[38] As decisões importantes e complexas estão mais sujeitas a desvios e à influência dos vieses, porque o processo envolve muitas informações, estimativas, suposições e opiniões de muitas pessoas.[38] Essa situação é agravada em condições de emergência e urgência.

Os vieses ocorrem principalmente quando a decisão depende de uma única pessoa ou de pequenos grupos, quando se tem apenas visões internas (*indoor*) ou estereotipadas dos problemas. Para diminuir a influência delas, é recomendável acrescentar visões externas (*outdoor*).[41] No caso pessoal, pode-se consultar outras pessoas, de preferência alguém que *não* esteja diretamente envolvido com o problema, mas que tenha liberdade de manifestar as suas opiniões. As pessoas subservientes, aquelas hierarquicamente subordinadas e os camaleões sociais (ver Capítulo 4) devem ser evitados, porque não se manifestam sinceramente, pois temem discordar do chefe ou de uma corrente dominante. Nas empresas, aconselha-se buscar uma visão externa do problema, contratando-se um consultor independente, que não tenha subordinação, compromissos ou ligações de outras naturezas com a empresa.

Os executivos podem tomar decisões mais sensatas e éticas se estiverem conscientes das influências dos vieses em suas decisões e não se deixarem guiar apenas pelo seu subconsciente. Muitas vezes, esses vieses são reforçados pelo ambiente, pela cultura organizacional ou por notícias na mídia. Para não cometer erros, deve-se estar sempre atento, não se restringindo às boas intenções. É como o navegante que não se deixa levar apenas pela direção dos ventos, mas ajusta as velas para manter o barco na rota pretendida.

Atenuar a influência dos vieses

De certa maneira, os vieses são evitáveis, e suas consequências podem ser atenuadas. É preciso ter atenção e disciplina para que pensamentos errados não se transformem em julgamentos errados. Isso envolve diversificar as fontes de informações e considerar aquelas divergentes, mesmo que os seus sinais sejam fracos, pois podem prenunciar grandes tempestades.[38]

Ao desconfiar de alguma tendência de desvio, podem-se buscar dados mais objetivos para confirmá-la ou não. Por exemplo, em alguns países e regiões ainda há resquícios de racismo, e a polícia tende a desconfiar mais dos negros. Nesse caso, é necessário estar atento a estereótipos raciais, para não se cometerem julgamentos errados. Nas organizações, os cargos de chefia são exercidos pelos homens, na maioria dos casos, tendo mulheres como secretárias. Contudo, isso não significa que elas sejam menos aptas a ocupar também os cargos de chefia.

Os vieses provocam erros e produzem muitas consequências econômicas. Quando se referem às qualidades das pessoas, há muitos preconceitos que levam a excluir pessoas capacitadas. Um desses preconceitos mais arraigados é quanto ao gênero, que leva à exclusão injustificada de muitas pessoas qualificadas. Isso ocorre principalmente em relação a algumas profissões e atividades identificadas como "trabalho para homens" ou "trabalho para mulheres".

O ENCANTO DAS APARÊNCIAS

Vance Packard realizou um experimento clássico com detergentes na década de 1950.[98] Os participantes recebiam três caixas com embalagens diferentes de detergentes, que deveriam experimentar durante algumas semanas e depois escolher o melhor, justificando. Um deles tinha embalagem predominantemente de cor amarela, outro, azul e o terceiro, uma composição com azul e amarelo. Ao final, os participantes escolheram a caixa de duas cores, apresentando diversos tipos de justificativas, mas ninguém mencionou a embalagem. Os conteúdos eram idênticos e a única diferença estava justamente na embalagem. Aquela considerada mais atraente foi associada à melhor qualidade do produto. Isso foi comprovado em outros produtos, como capas de livros e de discos. Até os balanços anuais das empresas são publicados em papéis superiores. Políticos e advogados costumam usar trajes formais para transmitir maior credibilidade.[3]

Um supermercado inglês colocou quatro vinhos franceses e quatro alemães do mesmo tipo e da mesma qualidade nas prateleiras.[99] Em dias alternados, tocavam-se músicas francesas ou alemãs perto das prateleiras. No dia em que tocavam música francesa, 77% das vendas eram de vinhos franceses, e, nos dias com música alemã, 73% dos vinhos vendidos eram alemães. Perguntou-se aos compradores se a música tinha influenciado suas escolhas; apenas 15% admitiram que sim.

Em uma loja de departamentos, foram oferecidos quatro modelos de meias idênticas, mas cada um com um leve perfume diferente.[100] Os consumidores manifestaram preferência por um dos tipos, justificando que tinham notado diferenças na textura, na trama, no toque, no peso e no brilho. De 250 consumidores, apenas 2,4% notaram diferentes aromas. Todos negaram que o perfume tenha influenciado no critério de escolha.

EXCESSO DE RACIONALIDADE

O excesso de racionalidade pode prejudicar a qualidade da decisão em relação às decisões emocionais. A revista norte-americana *Consumer Reports* costuma publicar *rankings* de produtos disponíveis no mercado baseando-se em minuciosos testes.[7] Esses testes são feitos por especialistas em cada área, "às cegas", cobrindo-se a marca e as embalagens dos produtos adquiridos anonimamente nos pontos usuais de venda. Assim, foram testadas 45 diferentes marcas de geleia de morango disponíveis no mercado. Os testes foram realizados por especialistas, que avaliaram dezesseis características, como textura, cor, aroma, sabor e assim por diante. Um *ranking* desses produtos foi publicado na revista.

O professor Timothy Wilson resolveu replicar esse *ranking* com seus estudantes.[101] Selecionou as geleias classificadas nas posições 1, 11, 24, 32 e 44 da *Consumer Reports.*

A um dos grupos de estudantes solicitou-se simplesmente que ordenasse as geleias de acordo com suas preferências, sem necessidade de explicações. Fazendo-se a análise estatística dos resultados, encontrou-se correlação de 0,55 com as avaliações dos especialistas. Ao outro grupo de estudantes foi solicitado que preenchesse um questionário, explicando as razões de suas preferências. Nesse caso, a correlação estatística caiu para 0,11, indicando que não houve coerência entre a avaliação dos estudantes e a dos especialistas, devido ao excesso de racionalidade.

Timothy Wilson fez outro experimento com universitárias que deveriam selecionar pôsteres de sua preferência. Foram oferecidas cinco opções: reproduções de paisagem de Monet, flores de Van Gogh e três pôsteres de humor com gatos.[101] As estudantes poderiam selecionar um pôster favorito e levar para casa. Elas foram divididas em dois grupos (A e B). Ao grupo A pediu-se simplesmente para indicar o pôster favorito, avaliando-os em uma escala de 1 a 9, sem nenhum critério explícito. Ao grupo B foi solicitado que descrevessem verbalmente as razões de sua preferência. As primeiras escolheram as reproduções de pinturas, e as segundas, os dos gatos. Algumas semanas depois, foi perguntado a elas se tinham gostado dos pôsteres escolhidos. A maioria do grupo A confirmou suas escolhas, enquanto 75% do grupo B ficaram insatisfeitas. A exigência de racionalização para descrever as preferências acaba interferindo e atrapalhando a boa escolha. Wilson concluiu que o excesso de racionalidade tende a distorcer as avaliações, e que aquelas feitas emocionalmente, de forma global, são mais confiáveis.

Esse processo decisório não ocorre apenas em coisas triviais como geleia e pôsteres. Por exemplo, um casal estava selecionando uma casa para comprar nos arredores de um grande centro urbano.[102] Eles elaboraram uma lista de critérios, incluindo itens como área construída, número de quartos, número de banheiros, distância do trabalho, proximidade do comércio e assim por diante. Um fator decisivo na escolha deles foi um quarto adicional, pois recebiam visita da filha, do genro e do neto, durante dois a três dias ao ano. No resto do ano, esse quarto permanecia ocioso. Acabaram optando por um imóvel distante, exigindo mais de uma hora de direção até o local do trabalho, diariamente, com tráfego intenso e estressante. Eles ficaram muito insatisfeitos, porque, na residência anterior, bastavam alguns minutos. Outras pesquisas indicam que o deslocamento diário casa-trabalho-casa é uma das fontes de maior insatisfação, e a duração superior a sessenta minutos no tráfego urbano só é considerada compensadora se corresponder a um aumento salarial de 40%.[7]

Esse tipo de excesso de racionalização ocorre frequentemente, como no julgamento das escolas de samba no Carnaval do Rio de Janeiro e de São Paulo. Elas são julgadas por cerca de dez quesitos, separadamente, como comissão de frente, samba-enredo, bateria, evolução e outros, por um júri de especialistas. Muitas vezes, as avaliações desse júri não coincidem com as preferências populares. O primeiro aplica critérios técnicos e racionais, e o público, emocionais. Além disso, essa segmentação dos critérios não é coerente com as leis de percepção da *Gestalt*, para as quais o todo não é uma simples justaposição das partes. Se os membros do júri avaliassem globalmente as escolas, sem explicitar os critérios, provavelmente os resultados seriam diferentes e mais coerentes com as preferências populares.

AS REAÇÕES DO OUTRO

Quando se atua sobre sistemas dinâmicos ou vivos, sempre ocorre a reação do outro.[103] Dependendo dessa reação, uma decisão pode ser boa ou má. Isso assemelha-se a um jogo de xadrez, em que uma jogada pode ser considerada boa ou má dependendo da próxima jogada do oponente. Por exemplo, o presidente Donald Trump aumentou as taxas de importação de aço e alumínio visando proteger as usinas nacionais norte-americanas. Logo vieram as reações dos outros países. A China elevou taxas de importação de uma grande lista de produtos fabricados nos Estados Unidos, no valor total equivalente à sobretaxa imposta pelos norte-americanos. Contudo, a União Europeia apresentou uma reação mais refinada. Passou a sobretaxar os produtos norte-americanos, como motocicletas, calças jeans e uísque bourbon, oriundos da região dominada pelo Partido Republicano, onde Trump tinha mais votos.

Guerra das Malvinas

O presidente Leopoldo Galtieri, da junta militar que governava a Argentina, enfrentava problemas econômicos e sociais devidos à profunda recessão, inflação de 90%, empobrecimento da classe média e muitas tensões sociais. Com pouca popularidade e acostumado a soluções militares, calculou que poderia restabelecer o orgulho nacional atacando um inimigo externo. Resolveu invadir as ilhas Malvinas, território britânico desde 1833, em 1982.[15] Essas ilhas do Atlântico Sul tinham apenas 2.200 habitantes, que se dedicavam à pesca da baleia e à produção de lã. Os argentinos calcularam que os britânicos não deslocariam tropas à grande distância de 13 mil quilômetros, por conta do elevado custo operacional em relação ao baixo valor econômico e à pouca importância estratégica das Malvinas.

Para Margaret Thatcher, primeira-ministra do Reino Unido, não era o valor das Malvinas que estava em jogo, mas o desgaste político e a abertura de um precedente para outras colônias britânicas. Ela enfrentava baixa popularidade em pleno ano eleitoral e não poderia mostrar hesitação. Antes de tomar uma decisão, ela montou um Gabinete de Crise, com vários tipos de especialistas, para analisar a situação.

Esse gabinete considerou que a humilhação e o desgaste político por ter seu território invadido por uma nação menos desenvolvida seriam maiores que os custos da operação militar. Assim, aprovou o envio de uma força-tarefa naval para expulsar os argentinos, realizada com relativa facilidade. Após essa vitória militar, Thatcher venceu a eleição e governou durante mais onze anos, até 1990. Galtieri renunciou três dias após o término da guerra, tendo permanecido apenas seis meses na presidência. Nesse caso, os militares argentinos fracassaram ao não analisar adequadamente a situação e as possíveis reações do oponente porque tomaram uma decisão baseada em suposições simplistas e falhas.

PONTO DE REVERSÃO

Na economia, ponto de reversão ou ponto de ruptura é aquele que marca a mudança de uma tendência. Por exemplo, quando um negócio deixa de ser lucrativo e começa a dar prejuízo. R. E. McMaster dá o seguinte conselho para seguir as tendências: "Há apenas três maneiras de atuar no mercado com sucesso: a) seguir a tendência de alta ou baixa; b) determinar o ponto de reversão da tendência; e c) comprar na baixa e vender na alta de um determinado ciclo".[6] Parecem recomendações evidentes, mas há pessoas que perdem e outras que ganham muito dinheiro no mercado de *commodities*.

A evolução de uma variável pode ser acompanhada por boletins e outras informações de análise de tendências, como quebras de safra em países exportadores ou aumento da demanda em outros. O principal "pulo do gato" está no item (b), ou seja, saber a ocasião (*timing*) em que ocorrerá a reversão da tendência. Naturalmente, se essa tendência indicar baixa, está na hora de comprar, e, caso contrário, de vender.

O principal "segredo" de McMaster é sua intuição para determinar o ponto de reversão do mercado. Ele faz isso acompanhando as transformações e as tendências econômicas (variações de preços), climáticas (secas, geadas, inundações) e sociais (políticas, religiosas, militares). Ele afirma: "Coloco tudo isso no mesmo caldeirão e encaminho-me para a decisão".[6] Naturalmente, o acerto dessas decisões depende também de sua intuição, fruto da experiência acumulada ao longo dos anos fazendo acompanhamento das tendências do mercado.

Outro fator mencionado por ele é a disposição para correr riscos a partir de informações fragmentadas. Em geral, os ganhos maiores estão associados a riscos elevados. McMaster considera que pessoas, instituições e países que envelhecem tendem a acomodar-se, atuando com menos risco e maior segurança: "Começam a se voltar para si mesmas e deixam de responder aos desafios que encontram pela frente". Essa prudência estaria associada à busca de padrões para maior compreensão da situação. Se todos fizerem isso, naturalmente, o rendimento de cada investidor vai diminuir.

Ponto culminante

Carl von Clausewitz considera que existe um momento ótimo para terminar uma guerra, que ele chama de ponto culminante, quando se pode sair vitorioso, com relativamente poucas perdas.[104] Antes desse ponto, a saída prematura pode deixar o inimigo ainda "vivo" e pronto para reagir, podendo produzir novo confronto e causar estragos ainda maiores. A saída tardia pode produzir diversas consequências indesejáveis, como exaustão de recursos, baixo moral e fraqueza da tropa, levando à perda de muitas vidas.

A Guerra do Golfo de 1991 foi encerrada cedo demais, permitindo que Saddam Hussein reorganizasse o exército iraquiano e exigindo novas e custosas intervenções posteriores para derrotá-lo em definitivo. Em 1904, os japoneses derrotaram os russos e tomaram Port Arthur, o que poderia ser considerado como um ponto culminante, mas a expansão posterior pelo Pacífico Sul acabou por enfraquecê-los.

Essas antecipações ou adiamentos danosos existem na nossa vida. Por exemplo, em conversas ou na visita a um amigo, a saída prematura pode indicar que a pessoa é rude, desinteressada ou insensível. O prolongamento desnecessário pode entediar as pessoas ou ser considerado abuso da hospitalidade.

Portanto, é preciso ter sensibilidade para identificar o tempo certo (*timing*) para cada decisão e quando se atinge seu ponto culminante. As situações sempre se modificam continuamente, abrindo e fechando certas *janelas de oportunidade,* que são fugazes. Quando a janela estiver aberta, pode-se passar diretamente por ela. Se estiver fechada, nem adianta tentar porque vai esbarrar no vidro.[6]

Essas oportunidades podem surgir ciclicamente ou de forma aleatória. Em universidades públicas, podem surgir oportunidades de compra de livros para a biblioteca no final do ano. Muitas vezes, o prazo para a apresentação dos pedidos pode ser exíguo. Nesse caso, os professores devem ter uma lista de livros "na gaveta" para não perder a oportunidade.

REGRAS DE DECISÃO

As regras são os principais métodos para tomada de decisões que podem ser praticados conscientemente, sabendo buscar informações implícitas ou subconscientes e tomando o devido cuidado com os vieses, como já vimos no Capítulo 3.

RÁPIDO E DEVAGAR

Daniel Kahneman descreve dois sistemas mentais, que ele denomina Sistema 1 e Sistema 2, com as seguintes características:[33]

O *Sistema 1* (S1), também chamado de automático ou piloto automático, se caracteriza por processamento rápido e subconsciente, demandando pouco esforço cognitivo. Esse sistema permite perceber o mundo em torno de nós, reconhecer objetos e condições situacionais, orientar a atenção, ter medo de cobras, evitar perdas e fugir do perigo. O Sistema 1 opera em paralelo, isto é, inclui o processamento simultâneo de informações, daí a rapidez e o caráter holístico do processamento. O *Sistema 2* (S2) foca atividades mentais laboriosas, exigindo atenção consciente, concentração, memória e escolha, como calcular o produto de 17 x 24 ou a quantidade de letras "e" que aparecem em uma página impressa.[33] O S2 opera sequencialmente, em oposição ao S1, daí ser mais lento e suscetível às limitações inerentes à memória de curto prazo.

Os Sistemas 1 e 2 atuam em conjunto. Por exemplo, ao dirigir por um caminho bem conhecido, a mente trabalha no S1, automaticamente, mas se, de repente, aparecer um obstáculo na pista, passa para o S2. Inversamente, o S2 também pode interferir no funcionamento do S1, ajustando o modo de funcionamento automático da atenção e da memória. O S1 é rápido, intuitivo e não pode ser desligado conscientemente, mas pode ser enganoso. O S2 é lento e ineficiente quando utilizado em excesso nas decisões rotineiras, mas pode corrigir os enganos causados pelo S1. As pessoas eficientes aprendem a decidir rapidamente pelo uso do S1, ao mesmo tempo que reconhecem situações de possíveis enganos quando se esforçam para utilizar o S2.

O S2 é seletivo, de modo que a atenção intensa em uma tarefa pode tornar a pessoa cega a outras tarefas secundárias. Isso é comprovado por um experimento chamado de *O gorila invisível.* Consiste em um vídeo de um jogo de basquete entre dois times, um com camisetas brancas, e o outro, com pretas.[33] O sujeito é instruído a contar o número de passes feitos pelo time branco a cada cesta, ignorando os jogadores de preto. Essa tarefa é difícil, exige muita concentração e é completamente absorvente. No meio do vídeo aparece uma pessoa fantasiada de gorila, que atravessa a quadra, bate no peito, faz o famoso passo *moonwalk* e vai embora em nove segundos. O teste foi feito com milhares de sujeitos e cerca de 50% deles não perceberam a presença do gorila. As pessoas que não viram o gorila asseguram que ele não esteve lá. Nesse caso, a grande concentração no estímulo relevante levou à cegueira do estímulo secundário. Esse fenômeno também pode provocar cegueira ao óbvio ou a algum estímulo constante.

Em resumo, é importante destacar que os Sistemas 1 e 2 operam conjuntamente no processo de tomada de decisão, sendo o primeiro mais fortemente relacionado às nossas impressões e aos sentimentos ditos "intuitivos", e o segundo, ao raciocínio. Por sua vez, o Sistema 2, dado seu caráter analítico, tem importante papel na ponderação de ações mais impulsivas. Pessoas que decidem bem, com rapidez, aprendem a usar adequadamente, no devido tempo, os dois sistemas.

REGRAS SIMPLES

Existe um limite para a mente humana processar novas informações, devido à pequena capacidade da memória de curto prazo, entre cinco e nove (7 ± 2) itens.[17,105] Em vista dessa limitação, as regras simples de decisão são mais eficazes, principalmente em situações de urgência ou pressões sociais e falta de conhecimento.[106]

Um pequeno número de regras simples, que todos possam entender, é mais efetivo que regras complicadas. Um bom exemplo de simplicidade é o conjunto dos dez mandamentos bíblicos, que podem ser memorizados. Por outro lado, um sistema legal de difícil compreensão não consegue gerar confiança nos cidadãos. Na opinião de alguns juristas, nenhum sistema legal, por mais complexo que seja, consegue cobrir mais de 95% dos casos jurídicos. Esses 95% poderiam ser cobertos com um pequeno conjunto de leis. Grande parte da enorme parafernália legal destina-se a cobrir a minoria restante de 5%, com particularidades que visam promover interesses de grupos ou de *lobby*.[39]

Foi feito um experimento com gôndolas de geleias em um supermercado. Na situação A, foram colocadas 24 variedades de geleias exóticas de diferentes preços. Na situação B, a oferta foi reduzida a seis variedades.[107] A situação A atraiu mais consumidores, mas apenas 3% deles efetuaram compras. A situação B atraiu menos gente, porém, 30% deles efetuaram compras. Assim, a oferta de maior variedade pode ser considerada atrativa, mas o menor número de opções torna-se mais efetivo para as vendas. Existem muitos outros exemplos, como o fabricante de cosméticos que reduziu o número de versões de um xampu de 26 para 15, e as vendas aumentaram em 10%. Além disso, a redução do número de opções permite reduzir os custos de produção, distribuição e estoque, podendo ser um importante diferencial competitivo.

Muitos estabelecimentos conseguem sucesso com *opção zero*.[39] Em restaurantes, por exemplo, é usual ter um cardápio com cinco a seis páginas, contendo cinquenta a sessenta variedades de pratos com nomes complicados, o que deixa o cliente em dúvida e, muitas vezes, ele arrepende-se da escolha. Outros trabalham simplesmente com opção zero, sem necessidade de cardápio, como ocorre em restaurantes de espetinhos, galetos, rodízios de carne, e rodízios de pizza. Esses locais costumam ter bom movimento e custos relativamente mais baixos.

DECISÕES RÁPIDAS

Em muitas situações, as decisões precisam ser tomadas rapidamente. Essas decisões rápidas são adequadas na solução de problemas simples, principalmente quando são tomadas por pessoas experientes, que confiam em sua intuição. A intuição costuma manifestar-se rapidamente, em apenas alguns segundos. Uma pessoa pode formar uma opinião sobre outra apenas ao vê-la, mesmo que ela nada fale. É como experimentar um vinho: a cor, o aroma e o gosto manifestam-se logo no primeiro gole. As decisões rápidas geralmente são mais vantajosas que as lentas, pois evitam a paralisia provocada por extensas análises e diagnósticos.[6] Eventuais erros também podem ser detectados com rapidez para que sejam logo corrigidos.

Por outro lado, as decisões lentas provocam imobilismo do sistema, que fica parado, enquanto o resto do mundo continua evoluindo, e acaba-se "perdendo o bonde". Na prática, o aumento do tempo disponível para tomar decisões não significa melhoria da qualidade delas (Figura 5.3).[39] Na decisão demorada, quando se descobre um erro, geralmente gasta-se também um longo tempo para corrigi-lo, podendo gerar enormes problemas.

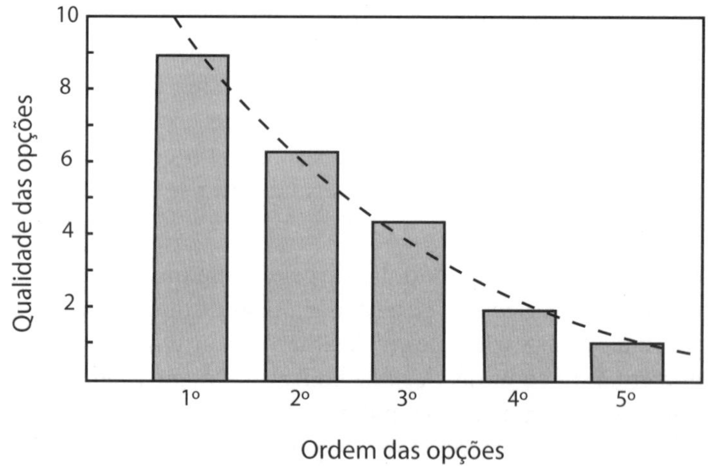

Figura 5.3 As decisões intuitivas, tomadas rapidamente, geralmente são de melhor qualidade. Fonte: adaptada de Gigerenzer.[39]

PEGUE O MELHOR

Existem muitos modelos objetivos para se analisar o desempenho de sistemas complexos. Eles são adequados para explicar desempenhos passados, mas falham ao prever o desempenho futuro desses sistemas. Para isso, um método intuitivo simples pode ser mais eficaz porque é mais sensível para identificar os aspectos importantes, destacando o essencial e separando o joio do trigo.

Gerd Gigerenzer propôs um método chamado *Pegue o Melhor*, baseando-se na análise intuitiva de uma única variável para prever o comportamento de sistemas complexos.[39] Esse método faz previsões baseando-se em uma única variável de cada vez. Se a primeira variável escolhida não permitir a decisão, passa-se para a segunda, e assim sucessivamente. Esse autor inspirou-se na teoria da seleção sexual de Darwin, pela qual as fêmeas escolhem o parceiro baseando-se em um único atributo do macho.[39]

No caso da ave-do-paraíso, é o comprimento da cauda. As fêmeas examinam os diversos candidatos e escolhem aquele de cauda mais longa. Isso foi comprovado experimentalmente, cortando-se um pedaço da cauda do macho alfa e verificando-se que ele perdia o encanto. Experimentos semelhantes foram feitos com pavões, e verificou-se que as fêmeas são adeptas da beleza e escolhem os parceiros pela quantidade de medalhões no desenho da plumagem. De um pavão com 150 desenhos de medalhões na cauda, foram seccionados vinte, e ele perdeu o poder de atração. Comprovou-se também o poder do atributo único em outros animais, como antílopes e alces, que eram selecionados para acasalamento apenas pelo tamanho dos chifres.

A teoria de Gigerenzer pode ser testada em diferentes contextos para além daqueles que envolvem questões evolutivas. Por exemplo, realizou-se um estudo sobre evasão escolar em 57 escolas de ensino médio de Chicago.[108] Foram usados dezoito indicadores, como: proporção de alunos de baixa renda; alunos não proficientes em inglês; taxa de alunos negros e de origem hispânica; taxa de frequência escolar; notas em redação; notas em ciências sociais; salários médios dos professores; grau de participação dos pais; entre outros. Os dados coletados foram submetidos à análise de regressão múltipla usando um programa de computador. Com dados históricos, houve acerto de 72%. Contudo, ao aplicar o mesmo método para fazer previsões, o acerto caiu para 54%.

Aplicando-se o método intuitivo *Pegue o Melhor*, foram utilizadas três variáveis, sucessivamente, nesta ordem, uma de cada vez: taxa de frequência escolar; notas em redação; e notas em ciências sociais. Com esse método intuitivo, o acerto com os dados históricos foi de 65%, e, nas projeções, foi de 60%. Comparando-se os dois métodos no acerto das projeções, observa-se que o analítico produziu acerto de 54%, e o intuitivo, de 60%. Os autores do estudo concluem que esses métodos demorados e caros podem ser substituídos por avaliações intuitivas, realizadas por pessoas experientes, sem prejuízo dos resultados. Dessa forma, com esses resultados, torna-se viável introduzir rapidamente as medidas corretivas necessárias. Pode-se dizer que uma pessoa experiente usando a sua intuição é tão confiável quanto um computador fazendo cálculos elaborados.

Outro experimento foi realizado com estudantes da Universidade de Nova York, pedindo-lhes que indicassem o time vitorioso em partidas de basquetebol da National

Basketball Association (NBA) em 1.187 partidas realizadas nas temporadas de 1996-1997. As partidas foram sorteadas aleatoriamente, e os nomes dos times, omitidos. Para cada confronto (Time A *versus* Time B) foram fornecidas duas informações: número de partidas ganhas anteriormente na temporada por esses times e o placar do jogo na metade do tempo. Se a diferença nas partidas ganhas fosse maior que 15 vitórias, a decisão já era tomada a favor do time que tivesse mais vitórias. Contudo, se essa diferença fosse menor que 15, recorria-se também à segunda informação para tomar a decisão.

Por exemplo: Time A – 60 vitórias; Time B – 39 vitórias. Nesse caso, com diferença de 21 vitórias a favor do Time A, este seria o escolhido. Se esses resultados fossem: Time A – 60; Time B – 50, a diferença cairia para 10 e, então, passava-se para a segunda informação, placar na metade do tempo: Time A – 36, Time B – 40. A diferença dos placares não era considerada, mas simplesmente quem estivesse na frente no placar. Nesse caso, o Time B seria o escolhido.

Os resultados foram comparados com aqueles obtidos pela análise estatística com aplicação da regra de Bayes. Essa análise permite fazer uma simulação por computador e mostrou um acerto de 78%. O método intuitivo *Pegue o Melhor* apresentou o mesmo índice de acertos, com duas vantagens importantes. A análise intuitiva foi realizada por pessoas não especializadas, com menor quantidade de informações; e a decisão foi tomada mais rapidamente, sem necessidade de processamento de dados complicados e onerosos.

O método *Pegue o Melhor* foi testado novamente com estudantes alemães para prever resultados em mais de quatrocentos jogos de futebol da primeira divisão da Bundesliga nas temporadas de 1998-2000. Foram aplicados os mesmos métodos intuitivos: o time que tivesse maior número de vitórias na temporada anterior, de forma convincente, seria o vitorioso. Se necessário, seria utilizada a segunda informação sobre o resultado do jogo no final do primeiro tempo. Novamente, os resultados obtidos intuitivamente foram comparados com aqueles obtidos racionalmente pela regra de Bayes. Esses cálculos complexos não foram capazes de superar as decisões intuitivas.[108]

O método *Pegue o Melhor* pode adotar diversas variáveis para decisão, mas elas são hierarquizadas e sequenciais. Isso significa que apenas *uma* variável preferencial será adotada de cada vez. Por exemplo, em um cruzamento, podem ocorrer os seguintes eventos para indicar prioridade: a) um guarda de trânsito está orientando o fluxo de veículos; b) há um semáforo luminoso; e c) existe uma placa indicando a via preferencial. Nesse caso, se o guarda ordenar, deve-se parar imediatamente, ignorando os outros sinais. Se não houver guarda, deve-se aguardar o sinal verde do semáforo. Se não houver semáforo, deve-se parar para verificar se não há outro carro vindo pela via preferencial.

REGRA DO *DEFAULT*

As pessoas tendem a seguir a prática rotineira, norma ou regra estabelecida, como já se viu no Capítulo 3. Por comodismo, medo de ser diferente e enfrentar pressões sociais ou economia, mantêm o *status quo*.[39] Descobriram-se dois grupos distintos de países quanto à doação de órgãos humanos. Nos Estados Unidos, apenas 28% da população está registrada como doadora de órgãos, apesar de várias campanhas realizadas para aumentar essa adesão. O cidadão norte-americano não é obrigado a ser doador e, para isso, deve registrar-se on-line para obter uma carteira de doador. Essa baixa taxa de adesão ocorre também em países como Reino Unido (17,2%), Alemanha (12%) e Dinamarca (4,25%).

A situação se inverte em países como Bélgica, Polônia, Portugal, França, Hungria, Suécia e Áustria, onde mais de 90% da população é doadora. Descobriu-se que a diferença ocorria pelo viés do *status quo*, sugerido pela frase que perguntava sobre o consentimento. Nos primeiros países, a pessoa deveria marcar um X se não concordasse em ser doadora e, nos segundos, o X deveria ser marcado se a pessoa *concordasse* em ser doadora. No primeiro caso, o *default* era *não* ser doadora, e, no segundo, o contrário. No segundo grupo de países, há inversão da regra do *default,* onde o normal é ser doador, devendo registrar-se como não doador apenas no caso de não desejar fazê-lo.[109]

Essa regra do *default* é muito forte na vida social e nas questões morais. Contudo, existe também nas questões econômicas. Os estados norte-americanos da Pensilvânia e de Nova Jersey adotam regras diferentes para seguros de carros. Na Pensilvânia, é *default* fazer um seguro completo, com direito a mover processos e optar por um mais simples, se desejar. Em Nova Jersey, ocorre o inverso: o *default* é um modelo mais simples e barato, e os motoristas podem optar pelo completo caso desejem. Em consequência, 79% dos motoristas da Pensilvânia pagavam o modelo completo, enquanto apenas 30% dos de Nova Jersey o faziam.[110] Se apenas 30% dos motoristas da Pensilvânia aderissem ao seguro completo, como em Nova Jersey, teriam economizado 450 milhões de dólares anuais. Assim, os *defaults* provocam considerável impacto sobre os comportamentos sociais, morais e econômicos de uma população, porque a maioria dessa população é conservadora e prefere a inércia do *status quo*.

Ética familiar

Alguns grupos sociais valorizam mais a comunidade e a família do que o indivíduo. Nessas populações, o nepotismo é considerado uma obrigação moral, não um crime, e as dinastias familiares são aceitas normalmente. Em outras sociedades, mais individualistas, o nepotismo é rejeitado, causando repulsa e sendo considerado crime. Na maioria dos países ocidentais, as questões morais giram em torno da liberdade pessoal. Em outras sociedades, o comportamento moral gira em torno da ética da comunidade, incluindo os deveres sociais, o respeito e a obediência à autoridade, e da ética do que é divino, como a busca da pureza e da santidade.[39]

No Japão pré-Segunda Guerra era tradição o filho mais velho responsabilizar-se pelos cuidados com os pais idosos. Nas famílias tradicionais era comum encontrar pessoas de três gerações convivendo sob o mesmo teto. No pós-guerra, com crescente ocidentalização, aumentou o comportamento individualista dos jovens, que não querem assumir a responsabilidade pelos pais. A individualização provocou a fragmentação das famílias. A consequência foi o grande *boom* imobiliário que ocorreu nos anos pós-guerra, mesmo que a população total do país não tenha crescido significativamente.

PROCESSO SEQUENCIAL

O nosso cérebro trabalha sequencialmente no contexto de decisões analíticas, tendo dificuldade para avaliar e comparar opções simultâneas.[39] Geralmente escolhemos apenas uma das opções, resgatando, inconscientemente, padrões semelhantes na memória do passado, e desprezamos as demais opções por causa de nossa limitada capacidade cognitiva. O curso de ação que se segue também é baseado em experiências passadas e na intuição. Finalmente, imaginamos como ocorrerá a implementação da ação e fazemos sua avaliação. Se essa avaliação for insatisfatória, voltamos atrás para analisar outra opção, e assim sucessivamente, uma a uma. Em geral, essas opções também não são mescladas entre si, pois não conseguimos fazer uma mixagem delas para extrair as boas características de cada uma, como se faz na técnica do *benchmarking*. Assim, dificilmente se pode falar em decisão ótima, porque trabalhamos com aquilo que é aceitável.

As pessoas experientes se julgam capazes de tomar a decisão correta logo na primeira opção, e só aceitam passar para outras opções em situações radicalmente novas ou desconhecidas. Gary Klein realizou pesquisas de campo em tomadas de decisão durante vinte anos, principalmente com bombeiros, já apresentada no Capítulo 2.[111] Em 156 decisões analisadas, verificou-se que os comandantes colocaram em execução a primeira opção em 138 casos, representando 88%. Esses comandantes só analisaram outras opções em casos excepcionais, abrangendo 12% das decisões. Resultados semelhantes são apresentados pelos especialistas, que geralmente acertam na primeira opção. Mas é necessário que isso seja precedido de um trabalho consciente para memorizar os possíveis padrões a serem utilizados. Essa memorização pode ser feita conscientemente, embora a recuperação posterior para a solução de problemas ocorra implicitamente (ou seja, de forma não consciente) por associações emocionais durante o processo de reconhecimento de padrões.

Klein afirma que, ao depararmos com um problema, procuramos "pistas" para fazer o "enquadramento" desse problema e imaginar suas possíveis causas. Isso se baseia na memória das experiências anteriores. Por exemplo, em um incêndio, ao ver as localizações das chamas e da fumaça, um bombeiro experiente é capaz de traçar um plano de combate. Contudo, pode ser que o resultado não seja exatamente o esperado. Pode ter ocorrido um erro de percepção. Assim, a suposição inicial do incêndio era a queima de materiais sólidos, mas depois se constatou que eram líquidos combustíveis. Dessa forma, só depois de detectarmos esse erro vamos retroceder para procurar outro plano de combate. Nesse caso, a mente segue os mesmos passos anteriores para gerar o segundo plano de ação.

PROCESSO CRIATIVO

A criatividade ocorre pelas associações inéditas de elementos conhecidos, fazendo-se novas conexões entre padrões armazenados na memória. Essas associações podem ser provocadas conscientemente, utilizando-se o método de *brainstorming*.[43] Uma parte importante do processo criativo ocorre no subconsciente, inclusive durante o sono. A solução de um problema pode aparecer durante um sonho, apresentando soluções criativas, assim como outras formas de pensamento desordenado. A criatividade durante o sono só ocorre após um período de trabalho árduo e metódico durante a vigília, coletando e analisando os dados disponíveis. Depois, a mente ordena e faz associações entre os elementos disponíveis na memória.

Muitas vezes, a ideia para a solução de um problema não surge de imediato. Nesses casos, podemos incubá-lo, o que significa fazer uma "encomenda" para a mente, que continua buscando a solução, mesmo com o desligamento consciente. Essa solução pode surgir repentinamente, quando menos se espera, como um *flash*, e também é chamada de *insight*. Essa modalidade de pensamento automático, associativo e não verbal difere completamente do pensamento lógico-formal e está na base do pensamento criativo.

As pessoas criativas costumam alimentar sua mente com novas informações, fugindo da rotina e do padrão. Interessam-se por novidades, mesmo que não se relacionem diretamente com sua área de atividade. Esse tipo de informação constitui-se em matéria-prima para associações criativas. Informações novas e inéditas podem ser obtidas em viagens, passeios e visitas a lugares interessantes, como parques e museus. E também em filmes documentários sobre o comportamento animal ou características dos vegetais.

O inventor suíço Georges de Mestral ficou aborrecido quando tentou fechar um zíper metálico no vestido de sua esposa, e pensou em inventar algo mais prático, mas não lhe ocorreu nenhuma ideia interessante. Um dia, estava caminhando pelas montanhas alpinas com seu cachorro e teve de interromper o passeio para retirar os carrapichos grudados em sua calça e nos pelos do cachorro.[112] Enquanto estava retirando os carrapichos, ficou curioso para saber como eles conseguiam grudar tão bem. Levou algumas amostras e começou a examiná-las em seu microscópio, e então confirmou sua suspeita. O carrapicho era dotado de ganchos minúsculos. Ao rolar entre os dedos, o carrapicho parecia macio, porque os dedos amassavam os ganchos para dentro. Assim, Mestral concebeu o velcro, em 1948, com duas superfícies, uma contendo ganchos e a outra, laços minúsculos. Ao serem pressionadas uma contra a outra, ficavam grudadas.

No âmbito profissional, a mente pode ser alimentada com visitas a exposições, feiras de negócios, palestras e congressos. Incluem-se também conversas com pessoas de diferentes formações e *hobbies* desafiadores. No âmbito intelectual, a mente pode ser enriquecida com livros, programas de televisão e filmes. As pessoas criativas geralmente escolhem conteúdos que versam sobre ideias e conceitos de ciência e tecnologia, mundo natural e ficção científica. Os conteúdos de reportagens e documentários são considerados mais criativos que os problemas de relacionamentos humanos, como aqueles abordados nas telenovelas.[44] Até no âmbito doméstico, as conversas com as crianças podem privilegiar conteúdos com ideias e conceitos em vez de apenas relacionamentos humanos.

Contudo, não basta abastecer a mente com informações novas e diversificadas. A prática da criatividade exige ação consciente para que essas informações sejam aplicadas na geração de novos conceitos, produtos e serviços, como fez Henry Ford na criação das linhas de montagem. Essas pessoas costumam perguntar-se: "Existe alguma forma melhor e mais barata para se fazer isso?". A mente abastecida com informações úteis pode apresentar muitas ideias interessantes, que depois precisam ser trabalhadas no nível consciente. Projetos de novos produtos e serviços exigem pesquisas sobre materiais, processos produtivos e fornecedores, com esforços conscientes.

RISCO E PERIGO

O risco é inerente à atividade criativa, pois o processo aleatório da criação pode levar a resultados perigosos. Estes pressupõem consequências negativas altamente prováveis, com potencial gravidade de dano.[70] Observam-se muitas diferenças individuais quanto à percepção do risco para uma situação objetiva. Essa percepção depende das experiências e informações anteriores de cada pessoa, assim como do grau de controle que exercem sobre a situação.

Algumas pessoas apresentam *ilusão de controle*, subestimando a influência de fatores aleatórios. Por exemplo, um motociclista pode dispensar o uso do capacete, acreditando nas suas próprias habilidades para evitar acidentes, sem considerar que pode ser atingido por um carro dirigido por um motorista embriagado. A ilusão de controle pode produzir o *otimismo irrealista*, que é a diferença entre aquilo que consideramos arriscado para nós mesmos e o que consideramos arriscado para os outros. Esse tipo de otimismo injustificado pode levar à prática de violações, como dirigir em alta velocidade. Ao contrário, quando nos sentimos impotentes frente ao risco, podem surgir o pessimismo e o medo. Estes motivam a adoção de ações preventivas.

A PRÁTICA DA DECISÃO

A tomada de decisão pode ser exercitada, principalmente adquirindo-se experiências significativas, que ficam armazenadas na memória de longo prazo e que são matérias-primas para novas associações, elaboradas pela mente subconsciente.

EXPERIÊNCIAS REPETITIVAS

Quando uma tarefa é executada pela primeira vez, utiliza-se o conhecimento consciente (explícito, Sistema 2) para a escolha da melhor alternativa e do caminho a ser percorrido. Há intensa utilização da memória de trabalho, com a ativação de informação relevante na memória de longo prazo daquela, fornecendo padrões semelhantes que possam ser eventualmente úteis. Com a repetição dessa tarefa, criam-se ligações preferenciais de neurônios, aliviando a carga da mente consciente e passando-a gradativamente para o automático do Sistema 1. Nesse caso, o cérebro liga diretamente o estímulo causador à resposta mais vantajosa, já conhecida, estabelecendo forte ligação entre o estímulo e a respectiva resposta. Com novas repetições, a resposta passa a ser automática, sem esforço ou deliberação consciente, embora possa ser suprimida por livre vontade. Esse processo de aprendizagem é variável, dependendo da complexidade da tarefa e da frequência de repetições.

Os médicos que atuam em salas de emergência devem tomar decisões rápidas, que podem significar a diferença entre a vida e a morte do paciente. A medicina não é uma ciência exata, e o atendimento de cada caso é baseado em exames e diagnósticos, análise dos fatos, experiência e intuição do médico. O setor de emergência do Hospital Bellevue, em Nova York, atende cerca de trezentos pacientes por dia.[6] Em muitos casos, não há diagnósticos precisos e os problemas devem ser resolvidos assim que surgem, baseando-se em informações fragmentadas. Conta-se o caso de uma mulher que reclamava de dores no peito. Foram feitos eletrocardiograma e diversas outras análises, que nada indicavam. Mesmo assim, o médico responsável resolveu encaminhá-la para a UTI, por pura intuição. Poucas horas depois, ela teve um forte ataque cardíaco, e provavelmente teria morrido se não tivesse sido atendida prontamente, como ocorreu na UTI.

Foi feito um experimento com 85 jogadores experientes de handebol de quadra, em situações em que eles deviam tomar decisões rápidas, como driblar, passar ou lançar.[113] Foram exibidos vídeos com cenas de jogadas e os jogadores deveriam imaginar-se com a posse da bola e dizer qual seria a melhor jogada em menos de dez segundos. Depois, o tempo foi ampliado para 45 segundos, para a segunda jogada, quando os jogadores poderiam avaliar melhor o posicionamento dos outros jogadores na quadra. Assim, sucederam-se mais três jogadas com tempos ampliados. As cinco jogadas sucessivas foram submetidas à avaliação de técnicos da liga profissional. Esses técnicos concluíram que a decisão de melhor qualidade era a primeira opção. Assim, o tempo adicional não contribuiu para melhorar a qualidade das jogadas (ver Figura 5.3).

Esse experimento foi realizado com jogadores experientes, que tinham vários padrões de jogadas armazenados em sua memória em conjuntos ou *clusters* organizados,[114] podendo atuar intuitivamente, confiando em sua memória implícita ou não declarativa. Contudo, isso não ocorre com jogadores inexperientes, que precisam de mais tempo para pensar conscientemente. Já no caso dos experientes, pensar prejudica o seu desempenho.

TEMPO CORRETO (*TIMING*)

Para cada decisão, há um momento certo de agir (*timing*). Decisões prematuras produzem resultados insatisfatórios porque são incompreendidas e desgastantes, provocando desperdício de recursos. Decisões tardias são praticamente inócuas, porque a oportunidade já foi perdida diante da evolução dos fatos. Assemelham-se a um fruto que deve ser colhido maduro. Na gíria futebolística, o jogador que perde o "tempo da bola" não consegue fazer o gol e, muitas vezes, acaba cometendo faltas, porque, em vez de chutar a bola, acaba acertando a canela do adversário. Lembrando o algoritmo de Turing (Figura 5.1), decisões prematuras são aquelas em que ainda não se atingiu o limiar da decisão, e decisões tardias, aquelas em que esse limiar já foi ultrapassado. Em certos casos demora-se a atingir esse limiar, porque as evidências vão se acumulando lentamente.

Nas batalhas militares, geralmente vence aquele que ataca mais rápido, não permitindo que o inimigo organize sua defesa. Jamais uma guerra foi vencida pelos proteladores.[74] Isso ocorreu, por exemplo, com o rápido avanço do exército alemão em 1940, chamado de guerra relâmpago (*Britzkrieg*), ao avançar contra as rígidas defesas dos franceses.

Adiamento intencional

Muitas vezes, a decisão é protelada intencionalmente à espera de uma ocasião mais propícia, determinada por fatores externos e ambientais, principalmente quando estes apresentam oscilações sazonais ou previsíveis. Tipicamente, é o caso de agricultores que esperam as chuvas para semear e de corretores de valores que acompanham as oscilações do mercado para fechar negócios.

Um exemplo célebre é a campanha de Napoleão Bonaparte na Rússia, iniciada em agosto de 1812. Ele tinha invadido o país com 300 mil homens e esperava derrotar facilmente o inimigo e retornar antes do rigoroso inverno.[74,104] Contudo, os russos se limitaram a algumas escaramuças ocasionais, apenas para atrasar o avanço dos franceses, não os enfrentando diretamente em grandes batalhas. Eles foram recuando e abandonaram Moscou, ateando fogo nas casas e destruindo os suprimentos. Com grandes batalhas proteladas, milhares de franceses e seus cavalos sucumbiram a frio, fome e cansaço no atoleiro, constituindo-se em presas fáceis para os russos. Sobreviveram apenas cerca de 25 mil soldados franceses, menos de 10% do exército inicial. Apenas um terço dessas perdas é atribuído propriamente às batalhas.[104] Napoleão escapou milagrosamente, mas nunca mais conseguiu recuperar os homens, os cavalos e a artilharia perdidos.

Muitas vezes, a evolução de um sistema é consequência de transformações ocorridas anteriormente em outras variáveis relacionadas, chamadas de *portadoras do futuro*. A taxa de natalidade caiu bruscamente nos Estados Unidos durante os anos da Segunda Guerra Mundial e subiu rapidamente nos anos subsequentes, provocando uma onda chamada de *baby boom*. Isso era previsível pelo retorno dos soldados após a guerra, reassumindo suas vidas familiares. Esse fenômeno, na década de 1950, proporcionou muitas oportunidades de negócios de produtos e serviços para crianças, como fraldas, berços, carrinhos, jardim de infância e assim por diante. Contudo, é uma onda que passa e exige que o investimento seja feito no tempo certo.

LENTO, LENTO, RÁPIDO, RÁPIDO

A rapidez não deve ser confundida com afobação ou falta de planejamento. Uma antiga estratégia chinesa de guerra prega quatro passos: lento, lento, rápido, rápido.[74] O primeiro lento refere-se à necessidade de meticulosa preparação antes de qualquer campanha. O segundo lento, a manobras para confundir o inimigo e fazê-lo baixar a vigilância. Isso pode envolver, por exemplo, perder a primeira batalha intencionalmente, como fazem os jogadores profissionais de pôquer. O primeiro rápido é um ataque-surpresa para gerar confusão, pânico e dispersão, e o segundo rápido, um ataque frontal para derrotar o adversário.

O ex-secretário de Estado norte-americano Henry Kissinger não se apressava em obter resultados rápidos nas negociações diplomáticas.[74] Inicialmente acalmava o outro lado com gentilezas. Depois, perto do prazo final, repentinamente, apresentava uma lista de exigências que o outro não estava esperando e para as quais não tinha se preparado.

Essa estratégia pode ser observada também no mundo natural, quando um grupo de leões caça búfalos na África. No primeiro lento, eles avançam sorrateiramente para estudar a manada. Segundo lento, o bando faz a aproximação cuidadosa e se posiciona para o ataque. No primeiro rápido, provoca pânico na manada para separar um indivíduo com menos defesa, porque é mais fraco, doente, ferido ou por ser um novilho. No segundo rápido, os leões concentram o ataque sobre aquele indivíduo separado. Se avançassem afoitamente para toda a manada, provavelmente acabariam morrendo de fome. Estratégia semelhante é utilizada pelos lutadores de boxe, que passam o primeiro *round* apenas estudando o adversário (primeiro lento) e desferem alguns golpes leves para testar a reação do adversário (segundo lento), antes de partir para os ataques rápidos e decisivos.

DECISÕES POSTERGADAS

Muitas decisões são postergadas por motivos pessoais, como insegurança, medo ou escrúpulo exagerado. E, com isso, perde-se o *timing* correto. Há também muitas causas institucionais, como burocracia, falta de recursos, opositores e outros. Assim, quando elas forem tomadas, talvez sejam inócuas, porque o problema não existirá mais ou terá evoluído para outro estágio. Às vezes os atrasos são provocados pelos parceiros ou opositores, que exigem mais informações, esclarecimentos ou garantias. Essa discussão pode tornar-se infindável, gerando impasses. Nesses casos, cabe ao líder negociar, atendendo aos reclamos, cedendo em alguns pontos ou fazendo outros ajustes. Mesmo assim, caso não chegue a um acordo satisfatório, poderá decidir, assumindo os riscos inerentes. Esses riscos fazem parte do processo administrativo e devem ser avaliados *vis-à-vis* aos custos do adiamento.

Lee Iacocca foi um executivo bem-sucedido na indústria automobilística, tendo ocupado a vice-presidência da Ford e a presidência da Chrysler. Ele afirma que nunca se conseguem 100% das informações necessárias para tomar decisões:[6] "Se você esperar, quando tiver obtido todos os fatos, eles já estarão obsoletos, porque o mercado não ficou parado. Em algum momento, você vai ter de dar um salto de fé. Em primeiro lugar, porque a decisão certa torna-se errada se for tomada tarde demais. Em segundo, porque a certeza total é algo que não existe".

O TREINAMENTO DA NASA

A Nasa tem um programa de treinamento para controladores de voo das naves espaciais tripuladas lançadas no Cabo Kennedy.[6] Esse treinamento dura de dois a três anos, e a principal habilidade desenvolvida é a capacidade de tomar decisões rápidas, integrando informações provenientes de até duzentas fontes diferentes para controlar variáveis como trajetória, nível de combustível, oxigênio e outras. Em algumas etapas críticas, as decisões devem ser tomadas em apenas três segundos, analisando cinquenta a sessenta dados diferentes. Nesse tempo exíguo, é impossível seguir quaisquer manuais de procedimentos. Desde o lançamento da nave até o seu retorno, são tomadas milhares de decisões que podem significar vida ou morte dos astronautas, principalmente quando ocorrem emergências. Isso já aconteceu diversas vezes, como na explosão do ônibus espacial *Challenger.*

A seleção dos candidatos a controladores é rigorosa. Um dos principais requisitos é o repertório de crenças e valores. Se essas crenças e esses valores forem restritos, é possível que as decisões também sejam. Assim, a pessoa deve ser receptiva ao mais variado conjunto de pontos de vista possível, para não formular decisões enviesadas. No início do treinamento, os participantes aprendem a pensar em voz alta, formulando verbalmente seu processo de raciocínio, para que eventuais desvios sejam imediatamente corrigidos. Depois, aprendem a identificar o problema, verificar a validade dos dados, checar com outras pessoas e, por fim, decidir o que fazer. Isso tudo ocorre em um ambiente de "livre discussão" (*brainstorming*), em que as pessoas podem manifestar livremente o que pensam, sem restrições, mesmo que as opiniões sejam conflitantes.

A repetição exaustiva do treinamento em diversas situações cria uma habilidade intuitiva, como a do samurai que antecipa os movimentos do seu oponente, detectando pequenos sinais denunciadores. Esse processo foi criado originalmente para administrar crises na cabine de aviões. Muitos acidentes aéreos ocorreram pelo medo do copiloto de criticar o comportamento do comandante, por conta da subordinação hierárquica. Situações semelhantes ocorrem em empresas muito formalizadas e hierarquizadas, nas quais o executivo principal (CEO) pode cometer erros monumentais. Ocorrem também no ambiente doméstico, com um pai muito autoritário, por exemplo. Assim, o treinamento procura estabelecer uma cultura receptiva, rompendo as barreiras hierárquicas tradicionais.

INTUIÇÃO NAS CIÊNCIAS

Muitos cientistas e pesquisadores realizaram descobertas importantes graças às imagens frequentemente geradas nos estratos da mente menos acessíveis à consciência, recebidas do subconsciente. Isso acontece frequentemente durante o sono ou quando a mente se desliga conscientemente do problema. O químico August Kekulé (1829-1896) esforçou-se bastante tentando desvendar a estrutura do anel de benzeno.[36] Um dia, foi dormir cansado e exausto e sonhou com uma cobra mordendo a própria cauda e rodopiando velozmente, como uma roda de fogo de artifício. Assim, achou a resposta, havia tanto tempo procurada, que foi fundamental para o desenvolvimento da química orgânica.

O médico Frederick Banting (1891-1941) passou longo tempo estudando a literatura internacional sobre diabetes e fez diversos experimentos visando à sua cura.[36] Todos os caminhos mostraram-se infrutíferos. Certa noite, após um longo e exaustivo dia de trabalho, caiu no sono. Enquanto dormia, seu subconsciente aconselhou-o a extrair o resíduo do ducto pancreático degenerado de cães. Isso o levou à descoberta da insulina, que beneficiou milhões de pessoas e lhe rendeu o Prêmio Nobel de Medicina em 1923.

O naturalista e geólogo Jean Louis Agassiz (1807-1873) tentava classificar um fóssil de peixe encontrado em fragmentos em uma lasca de pedra. Examinou o material durante vários dias, sem sucesso. Certa noite, enquanto dormia, visualizou perfeitamente o peixe restaurado, com todos os detalhes que estavam faltando. Ao acordar, tentou reproduzir a imagem, mas ela tinha desaparecido. Isso aconteceu outra vez, na segunda noite. Na terceira noite, colocou papel e lápis ao lado da cama antes de dormir. O peixe apareceu novamente e então, sonolento, fez um rabisco do que tinha acabado de sonhar. Pela manhã, examinando o esboço, viu que lá estavam todos os aspectos que faltavam para classificá-lo com facilidade. Agassiz viajou também pelo Norte e pelo Nordeste do Brasil, classificando os peixes da Amazônia, em 1867-1868.

Conta-se que um jovem norte-americano perdeu o pai repentinamente, que faleceu sem deixar testamento. Sem o testamento, grande parte do espólio seria consumida por impostos e despesas judiciais. A irmã dele lembrava vagamente que o pai tinha mencionado o testamento, mas ele e a irmã procuraram por toda parte, revirando a casa, inutilmente, não conseguindo encontrá-lo. Algum tempo depois, certa noite, ele sonhou com um banco no centro de Los Angeles. No dia seguinte, foi até a agência bancária e descobriu que o pai mantinha um cofre alugado. Ao abri-lo, acharam o testamento. Nesse caso, o nome do banco ficou no subconsciente, porque o pai o tinha mencionado rapidamente ou simplesmente ele tinha visto um extrato bancário do pai e não prestou a devida atenção na ocasião.[36]

Em todos esses casos, a ideia não surgiu rapidamente, mas após um longo tempo de preparo e incubação do problema, indicando que o subconsciente não pode ser controlado deliberadamente. Contudo, é necessário que a solução do problema seja devidamente "encomendada", abastecendo-se previamente a mente com informações úteis para a sua solução.

GRANDES MESTRES DE XADREZ

O jogo de xadrez é um problema bem estruturado, pois segue regras bem definidas, aplicando raciocínio lógico, e não há dúvidas quando há uma vitória. Nesses casos, é possível substituir a mente humana pelo computador. Para cada jogada, existem, em média, trinta possibilidades. Em 1997, o supercomputador Deep Blue, da IBM, derrotou o campeão mundial Garry Kasparov.[39] Esse computador era capaz de planejar até catorze jogadas à frente, avaliando cerca de 200 milhões de jogadas possíveis por segundo, enquanto Kasparov só conseguia planejar de quatro a cinco jogadas à frente.

Cada movimento das peças deve ser precedido de análises cuidadosas sobre possíveis reações do oponente. Essas análises podem demandar trinta minutos ou mais para se mover uma peça. Contudo, os grandes mestres conseguem jogar simultaneamente com até cinquenta oponentes. Após um rápido relance de alguns segundos, fazem suas jogadas. Nessas condições, não têm tempo para analisar conscientemente as jogadas e baseiam-se na imagem visual do conjunto. Se perguntarmos a um grande mestre como ele consegue fazer isso, provavelmente responderá que toma decisão "por intuição". Essa mesma resposta costuma ser obtida de muitos profissionais experientes que tomam decisões rápidas.

Foram realizados experimentos com grandes mestres e novatos, colocando-se cerca de 25 peças no tabuleiro, representando certos padrões de jogadas conhecidas. Depois de cinco a dez segundos, essas peças eram retiradas e pedia-se que fossem recolocadas onde estavam.[12] Os grandes mestres conseguiram reposicionar cerca de 23 a 24 peças corretamente, enquanto os novatos, apenas seis. O experimento foi então repetido, mas agora colocando-se aleatoriamente as peças no tabuleiro, sem representar jogadas conhecidas. Nesse caso, a vantagem dos grandes mestres desapareceu, e eles conseguiram reposicionar cerca de seis peças, mesmo número dos novatos. Esse número está dentro do limite da memória de curto prazo.

Um grande mestre tem certos padrões de jogadas armazenados em sua memória, e não precisa de análises lógicas para realizar cada jogada, enquanto o novato não pode recorrer a esse expediente. Assim, o grande mestre trabalha com o hemisfério direito do cérebro, fazendo reconhecimento visual do arranjo das peças e identificando-o com alguma jogada conhecida, enquanto o novato raciocina com o hemisfério esquerdo para realizar, conscientemente, cada jogada. Ou seja, o grande mestre usa imagens integradas de jogadas, e o novato, o raciocínio analítico.

Estima-se que os profissionais experientes trabalhem com até 50 mil dessas "jogadas", que são os padrões armazenados em sua memória de longo prazo. As pessoas com diploma de nível superior têm cerca de 50 mil a 200 mil palavras armazenadas em sua memória. Ao reconhecer uma palavra, a memória imediatamente a associa com alguma informação, significado ou contexto. Esse processamento implícito é o mesmo que um grande mestre utiliza para identificar rapidamente o padrão visual de arranjo das peças no tabuleiro, dispostas em jogadas conhecidas.

CAPÍTULO 6
DIFERENÇAS INDIVIDUAIS

Há muitas diferenças individuais que influem fortemente na capacidade de tomar decisões. Algumas características pessoais são inatas, como o tipo físico e a estrutura da mente. Outras são adquiridas, desde a tenra idade, durante o processo educacional, nas experiências diárias e no exercício profissional. Essas características podem ser melhoradas pelo esforço consciente da pessoa e por treinamento. Características favoráveis às decisões intuitivas podem ser desenvolvidas nas crianças e permanecer durante toda a vida, inclusive no desempenho profissional. A educação formal geralmente está mais voltada para os critérios racionais e o alcance de resultados, o que não seria muito propício ao desenvolvimento da capacidade de tomar decisões.

CARACTERÍSTICAS DIFERENCIADORAS

As pessoas apresentam características próprias que as diferenciam fisicamente e no comportamento. Algumas dessas características influem na capacidade de tomar decisões. Estas serão descritas neste capítulo.

OTIMISTAS E PESSIMISTAS

As pessoas otimistas são autoconfiantes, esperançosas e acreditam no sucesso. Demonstram capacidade e vontade para atingir seus objetivos e também conseguem superar as derrotas. Os otimistas consideram os obstáculos incidentes como etapas do processo, conseguem refazer-se e persistem na busca dos resultados. Eles apresentam maior estabilidade emocional, não se recriminam e atribuem o fracasso à situação, a problemas técnicos ou aos outros, como um conserto malfeito ou o chefe que estava mal-humorado.

O otimista apresenta maior resiliência (capacidade de refazer o estado anterior após uma perturbação, como uma mola), não se deixa abater, busca ajuda e aconselhamento ou se matricula em curso de aperfeiçoamento para alcançar resultados melhores da próxima vez. Se ficar desempregado, faz um curso de reciclagem para se qualificar melhor. Além disso, procura ajuda para melhorar suas deficiências e consegue manter a esperança de sucesso futuro, sem refugar as novas oportunidades.

As pessoas que se sentem bem consigo mesmas são mais cooperativas e mais propensas a encontrar soluções construtivas para os problemas, trabalhando em grupo. Também são mais persistentes ao enfrentar desafios. Pesquisadores induziram desafios a um grupo de espírito positivo e descobriram que houve um aumento das interações e da ajuda mútua entre eles.[115]

O otimismo favorece a atividade, a aventura e a inovação. Contudo, o otimismo exagerado pode ser perigoso, porque a pessoa tende a reduzir ou ignorar os riscos, gerando decisões arriscadas, como embriaguez, falta do cinto de segurança e uso do celular ao dirigir. As crianças e os adolescentes também podem apresentar maior predisposição ao risco por causa da imaturidade do córtex pré-frontal.[20]

O pessimismo é o estado de espírito ou a característica pessoal negativa, que prejudica a memória e produz decisões excessivamente cautelosas e medrosas. Causa desânimo, inação e, em casos extremos, depressão. As pessoas pessimistas tendem a desistir quando fracassam ou sentem-se frustradas. Assumem a culpa pelo fracasso e o atribuem a uma imutável característica pessoal, que sempre os perseguirá: "não tenho jeito para isso". Essa atitude mental os leva à incriminação, culpa e, às vezes, ao desespero. Um pessimista rejeitado num emprego justifica que esse revés foi resultado de uma deficiência pessoal e nada faz para mudar a situação.

Uma empresa de seguros enfrentava dificuldades para consolidar uma equipe de vendas de apólices de seguros de vida. Cerca de 70% dos novos vendedores desistiam nos três primeiros anos, pois não suportavam os fracassos nas vendas, bem maiores que os sucessos, o que era muito desencorajador, principalmente para os novatos. Na profissão de vendedor, cada "não" é interpretado como um pequeno fracasso. O recrutador de RH então propôs mudar o critério de seleção dos candidatos. Em vez de basear-se em testes tradicionais, ele propôs selecionar os candidatos pelo teste de otimismo, mesmo que não fossem aprovados nos testes normais de seleção. Esse grupo de "otimistas" vendeu 21% a mais no primeiro ano e 57% no segundo.[19]

O grau de otimismo/pessimismo depende da crença na *autoeficácia*, ou seja, na crença de que somos capazes de controlar os fatos da nossa vida e de que podemos enfrentar os desafios. Essa confiança na autoeficácia pode ser fortalecida pela educação e pelo treinamento da assertividade,[116] aumentando-se as aptidões para enfrentar desafios. Os pequenos sucessos acumulados podem aumentar o sentimento de autoeficácia, tornando a pessoa mais disposta a assumir riscos.

Todos podem ter pensamentos tanto pessimistas quanto otimistas. Um vendedor novato de títulos de clubes fracassou nas quatro tentativas iniciais e pensou em desistir. Ao procurar o supervisor de vendas, este lhe explicou que mesmo aqueles vendedores experientes só eram bem-sucedidos em 20% das tentativas. Então o novato estaria dentro da cota de normalidade. O supervisor o incentivou a prosseguir e a deixar de lado o pessimismo. Superada a fase inicial, ele se tornou um dos melhores vendedores da equipe.

O equilíbrio entre otimismo e pessimismo depende do funcionamento do córtex pré-frontal esquerdo (ativado pelas boas notícias) e direito (ativado pelas más notícias). Não há diferença de funcionamento do lado esquerdo entre pessoas otimistas e pessimistas. A diferença entre elas está no funcionamento do lado direito. Nos otimistas, as más notícias tendem a ser ignoradas ou facilmente esquecidas no córtex pré-frontal direito, enquanto este se mostra mais ativo nos pessimistas.[20]

Se houver uma contradição entre a expectativa e a realidade, geralmente tendemos para o lado otimista. Por exemplo, uma pessoa crê que terá 15% de chance de ter câncer até os 60 anos de idade. Se for informada de que essa chance é de apenas 5%, fará imediatamente um ajuste, assimilando a boa notícia. Se for o contrário, digamos, 20%, a pessoa não fará o ajuste para essa nova situação, porque é pior que a anterior. Essa tendência para o lado bom ocorre principalmente porque ignoramos ou esquecemos mais facilmente as dores e tudo aquilo que é ruim. As mães guardam uma vaga lembrança das dores do parto. Se a memória da dor fosse mais persistente, provavelmente a incidência de filhos únicos seria maior.

TÍMIDOS E MEDROSOS

As crianças excessivamente tímidas ou medrosas nascem com um circuito neural da amígdala cortical mais facilmente estimulável, o que as torna suscetíveis a tensões brandas. Isso é uma característica genética. Contudo, esses comportamentos podem ser alterados pelos processos educacionais e ambientais em que vivem essas crianças. As condutas protetoras dos adultos são consideradas prejudiciais para a superação do medo; ao contrário, servem para reforçá-lo. Mães protetoras ficam mais tempo com o bebê no colo nos momentos de inquietação ou choro do que as outras mães.

Além disso, quando as crianças atingem 1 ano de idade, as mães ficam mais atentas para estabelecer limites para os atos perigosos. Esse comportamento excessivamente protetor evita que as crianças sejam expostas a experiências desafiadoras, o que as ajudaria a superar o medo. As outras mães são mais tolerantes ao estabelecer esses limites. Jerome Kagan fez experimentos em laboratório com crianças de 1 a 2 anos, expondo-as a doses crescentes de perturbações, e descobriu que o limiar da tolerância poderia ser aumentado progressivamente, tornando-as menos medrosas.[117]

Os circuitos sinápticos que ligam os neurônios podem ser moldados por fatores externos, principalmente durante os primeiros anos de vida. Experimentos realizados com dois grupos de ratos em laboratório comprovaram isso. Os ratos de um dos grupos, considerados "ricos", foram colocados em gaiolas com grande variedade de diversões, como escadas, esteiras e rodas giratórias. Os outros, "pobres", foram colocados em um ambiente monótono, sem nenhuma diversão. As diferenças foram surpreendentes. Os ratos "ricos" ficaram mais ativos, mais espertos para sair de labirintos, e seus cérebros tornaram-se mais densos de sinapses e com peso maior. Os circuitos neuronais dos ratos "pobres" eram mais esparsos. Experimentos semelhantes foram realizados com macacos, e se comprovou a mesma diferença entre "ricos" e "pobres". Supõe-se que transformações análogas ocorram com as crianças educadas em ambientes com estímulos diferenciados.[118]

Os pais podem influir no desenvolvimento emocional das crianças conversando com elas sobre seus sentimentos, ajudando-as a compreendê-los, evitando julgamentos e críticas, solucionando problemas de sofrimento sentimental e ensinando-as a buscar opções para superar situações angustiantes, em vez de omitir-se ou enfurecer-se nessas situações. Esse desenvolvimento ocorre durante a infância e a adolescência, até 16 a 18 anos, e tende a perpetuar-se durante a vida. Na vida adulta, os hábitos emocionais continuam maleáveis, mas exigem maiores esforços para mudá-los.[19] Os bebês dos pais da classe média que trabalham fora e deixam seus filhos em creches, com babás mal preparadas ou na frente da televisão sentem-se abandonados, em situação semelhante aos ratos "pobres". Os educadores enfatizam a importância da presença dos pais, interagindo e enriquecendo a vida emocional das crianças, e isso se passa de uma geração a outra.

RÁPIDOS E LENTOS

As pessoas diferem muito quanto à velocidade na realização de tarefas físicas e mentais que acabam influindo na tomada de decisões. As mais rápidas tendem a utilizar em maior grau o Sistema 1, também chamado de automático ou intuitivo, como já vimos no Capítulo 5. Já aquelas que preferem recorrer ao Sistema 2, envolvendo raciocínio para escolha de alternativas e cálculos complexos, tendem a ser mais lentas.[33] As primeiras podem ser classificadas como impulsivas, e as segundas, como cautelosas. Contudo, os números de acertos e de erros nas decisões não se relacionam com essa velocidade. Assim, uma pessoa lenta pode errar tanto quanto uma rápida. Em termos organizacionais, são preferíveis os executivos rápidos, pois podem imprimir maior velocidade aos negócios, aproveitando as oportunidades fugazes. Em linhas de montagem, colocam-se os trabalhadores mais rápidos nas etapas finais, para provocar um "vácuo" ao longo da linha. Se fosse o contrário, surgiriam diversos acúmulos de material ao longo da linha.

EMPATIA

A empatia, já abordada no Capítulo 4, é a característica de colocar-se no lugar do outro, sendo considerada um dos sentimentos mais nobres do ser humano. As crianças, desde cedo, são solidárias com as dores alheias. Elas choram quando veem um amiguinho chorando. Ao ver a mãe chorando, um bebê pode chorar também. Verificou-se que o comportamento dos pais, aceitando e retribuindo os sentimentos dos bebês, produzindo *sintonia*, melhora a empatia. Isso é diferente da simples imitação dos comportamentos do bebê, pois envolve a compreensão e a resposta às emoções.[119]

A forma de educar os filhos exerce grande influência no desenvolvimento da empatia nas crianças. Elas tornam-se mais empáticas quando os pais se referem aos outros: "Veja como você a deixou triste" em vez de referir-se somente aos atos: "Não faça mais isso". Na adolescência, as crianças adquirem empatia social, compreendendo os oprimidos, pobres e marginalizados, e isso influi em suas convicções, em seus julgamentos morais e até na escolha da futura profissão.

O psicólogo Robert Rosenthal desenvolveu e aplicou o teste de sensibilidade não verbal (*Profile of Nonverbal Sensibility* – PONS) para avaliar sentimentos de empatia.[120] Em 7 mil aplicações do teste, realizadas em dezenove países, descobriu uma correlação positiva entre empatia e ajustamento emocional e popularidade. As mulheres apresentaram melhor desempenho na empatia. Entre as crianças, aquelas que conseguiam interpretar melhor as mensagens não verbais eram consideradas emocionalmente mais estáveis e mais queridas nas escolas.

A falta de sintonia emocional durante a infância pode marcar comportamentos na vida adulta. Estudos sobre criminosos violentos mostraram que sofreram abandono emocional na infância e tiveram poucas oportunidades de sintonização, principalmente quando criados em lares degradados ou orfanatos, transformando-se em adultos carentes em empatia.[19] A falta de empatia pelas vítimas faz com que os criminosos produzam autojustificações de seus atos, sem sentirem culpa, do tipo "isso é para ele aprender", "ele merece".

INTELIGÊNCIAS MÚLTIPLAS

Baseando-se em suas pesquisas, Howard Gardner elaborou o modelo de *inteligências múltiplas* visando identificar o perfil das aptidões naturais de cada criança.[121] A partir desse diagnóstico, a educação deveria enfatizar os pontos fortes e dar suporte ao desenvolvimento dos pontos fracos. Isso seria possível observando-se aquilo que entusiasma as crianças, fazendo-as entrar em *fluxo* (processo, esforço). Ao contrário, quando não há essa identificação, as crianças sentem-se entediadas, ansiosas, e tendem a ser indisciplinadas. As crianças incentivadas pelo fluxo adquirem maior competência e sucesso em suas carreiras, que persistem por longo tempo, em comparação com aquelas incentivadas pelos resultados, que temem cometer erros e acabam ficando medrosas. Esse assunto será retomado mais à frente quando tratarmos da aprendizagem pelo fluxo.

Ao identificar certas habilidades nas crianças, o processo educacional deveria ser o de incentivar as aptidões de cada uma em vez de submetê-las a conteúdos padronizados, que elas consideram monótonos e desinteressantes e acabam por não assimilar por completo. Alguns excelentes profissionais começaram a desenvolver suas habilidades em tenra idade, por sorte ou por acaso, quase sempre fora do ensino formal. A orientação e os estímulos familiares são extremamente importantes, como no caso dos virtuoses, que começam a tocar e a compor desde os 4 ou 5 anos, e dos grandes mestres do xadrez, que começam a jogar também aos 5 anos.

Os esportistas da equipe chinesa que participaram das Olimpíadas de 1992 começaram rigorosos treinamentos aos 4 anos.[122] À medida que iam crescendo, eram direcionados para diferentes modalidades esportivas, de acordo com o tipo físico de cada um. Naturalmente, a rotina de exercícios e treinamentos precisa ser mantida durante os anos seguintes. Nesse caso, alguns demonstram obstinação, com entusiasmo e persistência, que dependem das características emocionais de cada um. Se crianças talentosas não forem identificadas e estimuladas, desde cedo, a desenvolver suas aptidões, poderão seguir por caminhos tortuosos, transformando-se em profissionais medíocres e insatisfeitos, quando poderiam ser brilhantes em outras áreas. Aqueles que encontrarem o caminho adequado aprenderão os mesmos conteúdos em menos tempo e poderão prosseguir por si, aperfeiçoando-se continuamente na profissão escolhida. Na falta de uma orientação adequada, esse caminho é encontrado ao acaso, e muitos que não têm essa sorte acabam desviando-se.

TRAÇOS DE PERSONALIDADE

Muitos psicólogos classificaram as pessoas de acordo com certas características. Por exemplo, Carl G. Jung considerava as pessoas introvertidas ou extrovertidas, de acordo com as suas orientações para o interior ou o exterior, respectivamente. Alfred Adler criou o termo *complexo de inferioridade* para designar sentimentos de desvantagem orgânica ou psicológica manifestados por pessoas baixas, fracas e com outras qualidades ditas inferiores, reais ou imaginárias.[123]

Essas características podem ter origens genéticas. Sabe-se que muitos traços físicos, como a cor da pele e a dos olhos, são herdados. Os estudos procuram descobrir se outras características, como inteligência e temperamento, sofreriam influência genética. O estudo da carga genética é realizado com gêmeos idênticos criados em lares distintos, portanto, com diferentes influências ambientais. Psicólogos da Universidade de Minnesota estudaram esses gêmeos durante duas décadas e descobriram notável semelhança deles em aparência, qualidade vocal, gestos faciais, movimentos das mãos e tiques nervosos.[124] Apresentavam também talentos profissionais, artísticos e esportivos semelhantes entre si, apesar da grande diferença de ambientes em que foram criados desde a infância. Os pesquisadores concluíram que a hereditariedade é responsável por cerca de 25% a 50% dos traços de personalidade.

Outros traços de naturezas social e cultural, como a honestidade e a solidariedade, seriam determinados pela aprendizagem, pelo ambiente e pelas situações. De modo geral, admite-se que esses traços são relativamente estáveis ao longo do tempo e podem indicar comportamentos futuros das pessoas. Naturalmente, esses comportamentos podem sofrer influências ambientais e situacionais. Por exemplo, um pai carinhoso com o filho pode tratar mal um cachorro vira-lata.

Na década de 1930, o psicólogo Raymond Cattell produziu um elenco dos principais traços de personalidade.[123] Inicialmente listou cerca de dezoito mil palavras inglesas usadas para descrever as pessoas. Depois fez uma cuidadosa triagem, chegando a duzentas palavras, e pediu que diferentes pessoas utilizassem esse vocabulário para descrever a si e pessoas conhecidas. As respostas foram submetidas à *análise fatorial* e chegou-se a dezesseis qualificativos, chamados de *traços originais*, que foram considerados dimensões básicas da personalidade. Esses traços, com forte herança genética, foram considerados relativamente estáveis durante a vida.

Cattell elaborou um instrumento para avaliar os dezesseis traços originais e determinar o perfil de personalidade. Cada traço é descrito pelos seus dois extremos, por exemplo, submisso/dominante, e a pessoa é avaliada em uma escala que vai de 1 a 10 para cada traço. A Figura 6.1 apresenta exemplos de perfis médios obtidos por pilotos de avião, neuróticos e artistas. Comparando-se esses três perfis, verifica-se que cada profissional tem sua característica. O artista destaca-se pelo *raciocínio abstrato, sensível e imaginativo*. O piloto é *insensível, prático, seguro e descontraído.* O neurótico é *afetado por sentimentos, submisso, sério, desconfiado, receoso e tenso.* Naturalmente, uma pessoa com perfil de piloto poderia estudar artes, mas provavelmente não chegaria a ser um expoente na área.

Figura 6.1 Perfis de personalidade aplicando-se o teste de Cattell. Fonte: adaptada de Davidoff (2001).[123]

Consistência dos traços

Os defensores do conceito de traços de personalidade argumentam que estes permanecem estáveis por longos períodos da vida. Por exemplo, Jack Block e Jean Block fizeram o acompanhamento de noventa traços de homens desde o colegial até os 40 anos e descobriram que todos ficaram virtualmente estáveis.[123] Essa estabilidade seria maior no conjunto de traços considerados *centrais* e menos consistente nos *secundários*, como humor, persistência, atitude perante coisas novas e outros. Nesses casos, o comportamento específico em cada caso dependeria das inúmeras influências ambientais e situacionais, como pressão social, pressão da família, condição financeira, saúde, expectativa de ganhos e assim por diante.

O conhecimento da personalidade é importante para os executivos, principalmente quando fazem atribuição de tarefas, que devem ser adequadas ao perfil de cada pessoa. É importante também na composição de equipes de trabalho. As tarefas do tipo analítico e de natureza estratégica poderiam ficar a cargo de pessoas com orientação introvertida. Contudo, para a execução de natureza tática, envolvendo comando de outras pessoas, seria conveniente selecionar aquele extrovertido e mais comunicativo. Observa-se que os grandes líderes reconhecem essas qualidades individuais de seus subordinados e procuram respeitá-las e nunca os contrariar (ver Capítulo 7).

O modelo dos cinco grandes fatores (*Big Five*)

O modelo de Cattell, chamado de *Big Five* ou o modelo dos cinco grandes fatores, originou um dos grandes modelos fatorais atualmente adotados. Na tradução brasileira,[125] os cinco fatores são designados como extroversão, socialização, realização, neuroticismo e abertura à experiência. A *extroversão* diz respeito à quantidade e à intensidade das interações interpessoais, abarcando ainda o nível de atividade e a capacidade de ficarmos alegres; por *socialização*, entendem-se os padrões de interações sociais do indivíduo. A *realização*, também conhecida como conscienciosidade, diz respeito ao conjunto de características importantes para se atingir os objetivos (como organização, persistência e controle). O *neuroticismo* refere-se à estabilidade emocional; e a *abertura*, à experiência e à importância de viver coisas novas. Vários estudos têm evidenciado a existência de correlações entre os cinco grandes fatores e performances em diferentes tipos de trabalho.

Por exemplo, em um estudo de 1991, Murray Barrick e Michael Mount[126] constataram que o fator *realização* se mostrou relevante em todos os critérios de performances adotados no estudo considerando cinco tipos de ocupações distintas, incluindo-se gerentes e vendedores. A *extroversão* foi um fator importante em contextos nos quais pesavam as interações interpessoais, especificamente entre gerentes e vendedores, assim como a abertura a novas experiências.

Em outro estudo, o modelo do *Big Five* foi testado em relação ao sucesso na carreira ao longo da vida,[127] sendo dimensionado tanto por fatores intrínsecos (satisfação pessoal) quanto extrínsecos (bons frutos ou resultados produzidos). Nesse estudo, destacam-se alguns resultados, como a forte correlação positiva entre *realização* e as dimensões intrínseca e extrínseca de uma carreira de sucesso, enquanto o grau de *neuroticismo* foi correlacionado negativamente com o sucesso extrínseco.

Estudos como os anteriormente mencionados mostram que os traços de personalidade, enquanto padrões estáveis de comportamento e/ou pensamento, podem ser bons preditores de desempenho em diferentes contextos laborais, sendo, por extensão, importantes aspectos a serem considerados no campo da tomada de decisão em que pessoas ou indivíduos têm algum tipo de protagonismo.

INTUIÇÃO: UMA QUESTÃO DE GÊNERO?

Popularmente, costuma-se acreditar que as mulheres são mais intuitivas que os homens. Essa é uma polaridade muito antiga, atribuindo-se o comportamento racional aos homens e o intuitivo às mulheres. Contudo, existem poucas evidências para se provar que homens e mulheres tenham capacidades cognitivas diferentes.[39] Naturalmente, existem as diferenças físicas, anatômicas e fisiológicas características de cada sexo, mas as outras diferenças são mais de natureza cultural.

O psicólogo Richard Wiseman testou a capacidade intuitiva de 15 mil homens e mulheres na hora de diferenciar um sorriso falso de um verdadeiro.[128] Foram mostrados dez pares de fotos de rostos sorridentes com sorrisos autênticos ou falsos misturados aleatoriamente. Antes de iniciar os testes, foi solicitado que os participantes avaliassem a própria capacidade intuitiva. Cerca de 75% das mulheres se consideravam muito intuitivas, contra 58% dos homens. Contudo, isso não se confirmou nos testes. As mulheres conseguiram identificar sorrisos autênticos em 71% dos casos, e os homens, em 72%. Os homens se mostraram mais eficazes na identificação do sorriso autêntico em mulheres do que em outros homens, enquanto as mulheres se mostraram menos hábeis a identificar o sorriso autêntico do sexo oposto.

Outras pesquisas concluíram que as mulheres são mais sensíveis à comunicação não verbal (lado direito do cérebro), como expressões faciais, posturas corporais, tons de voz e a maneira como as pessoas olham para os outros.[6] A explicação para isso seriam as diferenças físicas (o homem é maior e mais forte), o processo educacional e as repressões culturais (maiores restrições às mulheres). Meninas e meninos recebem tratamento diferenciado desde cedo, tanto no lar como na escola. No processo educacional, as meninas são incentivadas a considerar os pontos de vista dos outros, enquanto os meninos são estimulados a adotar um comportamento mais unilateral, egoísta e conquistador.

A separação das tarefas femininas e masculinas vem desde a Antiguidade, quando as mulheres ficavam dentro das cavernas cuidando dos filhos, enquanto os homens, como provedores, iam à caça. Em consequência, as mulheres desenvolvem maior habilidade para reconhecer nuanças e pequenos detalhes, que os homens raramente reconhecem.[6] As meninas aprendem a prestar atenção nos pequenos detalhes desde os primeiros anos. Com isso, tornam-se mais sensíveis à comunicação não verbal, se atentando mais aos sinais visuais e auditivos, como expressões faciais, gestos, cores, tons de voz e como as pessoas olham umas para as outras.

Coerentemente, os publicitários fazem anúncios diferentes para mulheres e homens.[129] Para as mulheres, utilizam diversos elementos para evocar associações positivas, incluindo marido, filhos, pets, paisagens, momentos de alegria e assim por diante. Para os homens, associam o produto a uma única e poderosa mensagem, como a de um motorista participando resolutamente de um rali.

Com essas diferenças, as mulheres levam vantagem nos testes de intuição em relação aos homens, embora as diferenças sejam pequenas. A repressão cultural existe também do lado masculino, visto que a cultura machista tende a escamotear as emoções (homem não chora) a favor de um comportamento racional. Atualmente, essa diferença está diminuindo, porque os homens também estão seguindo, cada vez mais, sua própria intuição, o que lhes proporciona condições para melhorar as suas decisões.

PSICOPATAS E SOCIOPATAS

Psicopatas e sociopatas têm limiares de emoção muito elevados em comparação às pessoas normais, dificultando-lhes o controle emocional.[19] Muitas vezes são pessoas consideradas inteligentes, mas insensíveis e indiferentes a situações que poderiam emocionar fortemente as pessoas normais. Esse bloqueio emocional provoca diminuição da racionalidade, e essas pessoas são capazes de ultrapassar os limites socialmente aceitos. Com isso, podem praticar atos inusitados e condenáveis, como mentir, roubar, violar e matar sem remorsos. Existem vários graus de psicopatia e sociopatia, e nem todos são violentos, mas todos têm a afetividade limitada. Essas pessoas podem praticar atos considerados inconvenientes ou desagradáveis, dificultando a convivência com a família e a sociedade.

Como já vimos no Capítulo 2, esse tipo de comportamento tem uma estreita correlação com uma anomalia do córtex pré-frontal, que pode ser inata ou adquirida gradualmente durante a vida, permitindo a prevalência do sistema límbico. Particularmente, as pessoas com uma deficiência chamada *alexitimia* não conseguem associar as sensações físicas com as respectivas emoções. Por exemplo, reclamam de dores estomacais, suores e tontura, mas não sabem que estão ansiosas. Isso se deve a uma desconexão entre o sistema límbico e o neocórtex.

MEDIDAS DAS DIFERENÇAS

Nós somos continuamente avaliados quanto às diferenças individuais, tanto informal como formalmente. Algumas das avaliações formais e sistemáticas mais importantes ocorrem no ambiente escolar e nas provas de seleção de concursos públicos.

FALHAS DO TESTE DE QI

O teste de quociente de inteligência (QI) foi desenvolvido pelo psicólogo Lewis Terman durante a Primeira Guerra Mundial e foi muito difundido. A partir disso, milhões foram aplicados em todo o mundo, como parte de diversos tipos de testes, por exemplo, a Escala de Inteligência Stanford-Binet.[19] Chegaram a ser aplicados até nas autorizações para imigrações aos Estados Unidos. Seus fundamentos são utilizados até hoje para estabelecer critérios de avaliação e seleção de pessoal, inclusive nos vestibulares e concursos públicos. Na década de 1980 o teste de QI começou a ser questionado, pois verificou-se que as sete variáveis da inteligência, focadas principalmente no raciocínio lógico e nas habilidades linguísticas, não abrangeriam todas as aptidões humanas.

O psicólogo Howard Gardner[121] contestou os testes baseados no QI, alegando serem muito limitados, não capazes de identificar gênios *cinestésicos*, como Pelé e Ayrton Senna, gênios de *percepção espacial* em pintura e arquitetura, como Cândido Portinari e Oscar Niemeyer, gênios *musicais*, como Noel Rosa e Pixinguinha, e assim por diante. Gardner desenvolveu o teste Spectrum, avaliando vinte habilidades diferentes, incluindo aquelas baseadas em sentimentos e emoções, entre as quais as relações interpessoais, que se desdobram em liderança, capacidade de fazer e conservar amigos, resolver conflitos e organizar grupos. Essas habilidades seriam manifestadas desde a infância.

Por exemplo, observando-se crianças de 4 anos brincando em grupo, descobre-se que algumas organizam a participação das outras nas brincadeiras. As ideias de Gardner foram aplicadas no Projeto Spectrum para crianças de pré-escola da Universidade Tufts.[121] Aplicando-se comparativamente os testes tradicionais de QI e o teste Spectrum, descobriu-se que as dez crianças com QI mais elevado (125 a 133), apresentavam diferentes tipos de talentos: quatro em música, dois em artes visuais, dois em linguagem, um em lógica e um em habilidade interpessoal. Nenhuma delas apresentou talento em números, mecânica ou movimentos.

DESEMPENHO ACADÊMICO

Diversas pesquisas demonstram que o bom desempenho acadêmico *não* é condição suficiente para o sucesso profissional.[19] Estudantes que tiram boas notas conseguem entender e reproduzir os conhecimentos das disciplinas, mas isso é apenas uma parte do repertório necessário ao sucesso profissional. Os bons alunos precisam lutar tanto quanto qualquer outro contra as vicissitudes da vida. Precisam ter compromissos com resultados, horários, prazos, chefes, subordinados, economia e leis, exigindo muitas aptidões que não se aprendem nos cursos formais.

Realizou-se um estudo com oitenta "primeiros da turma" das classes de 1981 nas escolas de segundo grau de Illinois.[130] Eles continuaram a ser excelentes estudantes nas universidades, mas, aos 30 anos, haviam alcançado apenas sucessos medianos na vida profissional. Apenas 25% deles tinham alcançado o nível mais alto da profissão que escolheram, e muitos estavam abaixo da média.

A Universidade de Harvard fez um acompanhamento de 95 egressos de variados QI. Após quinze anos de atividade profissional, foi feita uma comparação entre os estudantes do quartil mais elevado (25% com melhores notas) e aqueles do quartil mais baixo (25% piores).[131] Não se constataram diferenças significativas entre os dois grupos em termos de *status* profissional, níveis salariais e capacidade de produzir. Também não se encontraram diferenças quanto a relacionamentos com os amigos e a família, relações amorosas, felicidade e satisfação com a vida.

Realizou-se um acompanhamento de 450 adolescentes durante quarenta anos. Quase todos eram filhos de imigrantes que viviam em uma região pobre de Massachusetts, recebendo auxílio do governo.[132] Um terço tinha QI abaixo de 90. Aos 30 anos, verificou-se que não havia correlação entre QI e desempenho profissional, já que apenas 7% dos que tinham QI abaixo de 80 ficaram desempregados por dez anos ou mais, e isso também ocorreu com 7% daqueles com QI acima de 100. Mas, aos 47 anos, verificou-se uma pequena correlação positiva entre o QI e o nível socioeconômico.

Descobriu-se que crianças com QI acima da média, mas com fraco desempenho escolar, tinham alguma deficiência no funcionamento do córtex pré-frontal, região do cérebro responsável pela memória de curto prazo.[19] Essa falha prejudica o controle sobre os impulsos límbicos, e as crianças tornam-se mais ansiosas e impulsivas, muitas vezes agitadas, chegando a meter-se em confusões. Ao crescer, mostram-se mais propensas a alcoolismo, uso de drogas, vício em jogos de azar e criminalidade. Isso não se relaciona com o nível intelectual, mas com a deficiência do controle emocional.

Daniel Goleman considera que os conhecimentos profissionais e a aptidão técnica obtidos na escola são, sem dúvida, uma das condições essenciais para a ascensão social.[19] A educação formal prepara os estudantes nas aptidões técnicas, científicas, humanas e artísticas, mas não desenvolve suas aptidões emocionais. Essas aptidões nem sempre estão relacionadas com o QI ou desempenho acadêmico, mas fazem a diferença para a vida social e a carreira profissional. As pessoas emocionalmente competentes conseguem lidar bem com os próprios sentimentos, entendem e consideram os sentimentos alheios, além de serem socialmente hábeis. Isso contribuiria para o melhor desempenho no trabalho e nos relacionamentos familiares e profissionais. Essas pessoas utilizam em maior grau os estímulos emocionais nas tomadas de decisões, inclusive nas questões consideradas "racionais".

INTELIGÊNCIA EMOCIONAL

Há muitas teorias sobre o conceito de inteligência. A mais difundida é a que mede o QI. Contudo, essa teoria tem sido muito criticada nos últimos anos, por ser demasiadamente simples e restrita, não refletindo a complexa realidade. Uma das maiores críticas que se lhe faz é a omissão da inteligência emocional.[19] O psicólogo Jack Block fez um estudo longitudinal com um grupo de cem meninas e meninos na pré-adolescência e, depois, aos 20 anos, em 1993. Ele aplicou, de um lado, os testes de QI. Do outro, analisou variáveis da inteligência emocional, como autocontrole aos impulsos, senso de autoeficácia, maleabilidade do ego e inteligência social.[19]

As análises estatísticas demonstraram baixa correlação entre QI e inteligência emocional, sugerindo que se tratam de qualidades independentes entre si. Os homens de elevado QI demonstram ampla gama de interesses e capacidades. São ambiciosos, produtivos e críticos, mas pouco preocupados consigo mesmos, além de emocionalmente frios, com dificuldades de relacionamento na vida sexual. Os homens com alto grau de inteligência emocional são comunicativos, sociáveis e animados, não se inclinando a temores ou preocupações exageradas. Costumam ser solidários e assumem responsabilidades, engajando-se com pessoas e causas. São eticamente corretos e estão satisfeitos consigo mesmo e com a sociedade.

As mulheres de QI elevado são fluentes e expressam bem suas ideias, com ampla gama de interesses intelectuais e estéticos. Também são introspectivas, ansiosas, com tendências para ruminação da culpa. Aquelas com grande inteligência emocional tendem a expressar suas opiniões de modo direto, expressam seus sentimentos de modo adequado, são brincalhonas e espontâneas. Raramente sentem ansiedade ou culpa e não ficam ruminando suas preocupações. Naturalmente esses são os perfis extremos. Na maioria dos casos, as pessoas mesclam os dois tipos de inteligência, em menor ou maior grau, diferenciando-se umas das outras.

Algumas profissões exigem mais as qualidades mensuradas pelo teste de QI, e outras, as de inteligência emocional. Dada a baixa correlação entre elas, explica-se por que alguns estudantes com QI elevado e sucesso acadêmico nem sempre são igualmente bem-sucedidos na vida profissional, e vice-versa: estudantes de desempenho acadêmico mediano, mas com elevada inteligência emocional, podem progredir mais na vida profissional.

INTELIGÊNCIA INTERPESSOAL

Howard Gardner ressalta que uma das habilidades mais importantes para o sucesso profissional é a *inteligência interpessoal*, que é a capacidade de compreender a si mesmo e as outras pessoas e trabalhar cooperativamente com elas.[121] Essas habilidades são particularmente importantes para certas profissões, como vendedores, políticos, professores e religiosos. Podem ser desenvolvidas desde cedo com as crianças na família e na escola. Sem isso, as pessoas ficam mais propensas a tomar decisões erradas sobre a profissão, o casamento e com quem trabalhar e conviver.

Há uma evidente falha nos testes de seleção de pessoal em empresas e em concursos públicos, pois esses testes não avaliam as habilidades interpessoais. É o caso de um eminente professor de Física, que era aprovado facilmente em qualquer concurso para docente, em que se exigem apenas conhecimentos lógico-científicos e habilidades linguísticas para escrever artigos. Contudo, depois de aprovado, ele não era escalado para dar aulas, pois não conseguia se entender com os alunos. Em concursos públicos, é frequente encontrar candidatos aprovados com elevada pontuação, mas que se mostram pouco produtivos no trabalho, devido a deficiências emocionais que atrapalham a organização de suas tarefas e trabalhos em grupos.

As pessoas diferem muito quanto às habilidades de tomar decisões em situações com diferentes conteúdos sociais. Há pessoas consideradas muito inteligentes que trabalham bem com problemas de baixo conteúdo social, mas são desastrosas em seus relacionamentos pessoais.[19] Há casos de cientistas e artistas bem-sucedidos em suas profissões, mas que enfrentam sérios problemas de relacionamentos pessoais ou sociais. Para eles, as decisões envolvendo questões materiais e financeiras podem ser mais facilmente tomadas do que aquelas sobre a vida pessoal, familiar ou de terceiros. Por sua vez, existem pessoas que são bem-sucedidas socialmente, tendo habilidade para obter vantagens para si e para seu grupo porque possuem alto grau de inteligência social.

AUTOCONTROLE

Autocontrole é a capacidade de resistir a um impulso, adiando uma reação imediata para a ocasião mais propícia para obter melhores resultados. A capacidade de resistir a um impulso foi estudada com crianças de 4 anos, na pré-escola.[19] Essas crianças, uma a uma, foram colocadas em uma sala, com um *marshmallow* sobre a mesa à sua frente. Os instrutores saíam da sala durante quinze minutos e pediam para que aguardassem o seu retorno, quando receberiam dois *marshmallows*. Alguns, mais *impulsivos*, agarravam o único doce segundos após o instrutor sair da sala. Outros, mais *controlados*, tentavam resistir à tentação, tapando os olhos, colocando a cabeça entre os braços, cantando, brincando com as mãos e os pés, chutando a mesa, conversando consigo mesmas. Com isso, conseguiam resistir durante quinze minutos e alcançar a meta dos dois *marshmallows*.

Foi feito um acompanhamento catorze anos depois, quando aquelas crianças já estavam adultas. Constatou-se uma grande diferença entre os dois grupos. Os *controlados*, que resistiram à tentação, se tornaram adultos com maior equilíbrio emocional. Eram mais independentes e confiantes, eficazes, capazes de resistir a pressões, e aceitavam desafios. Segundo os relatos dos pais, tinham bons rendimentos acadêmicos, eram capazes de concentrar-se em seus objetivos e explicar suas ideias com palavras. Os *impulsivos*, cerca de um terço do grupo, apresentavam um perfil psicológico problemático. Eram indecisos, desconfiados, ressentidos e teimosos, tendendo para ciúme e inveja. Abandonavam projetos sem concluí-los. Frequentemente reagiam com irritação e mau humor, envolvendo-se em discussões e brigas. Alguns tinham se transformado em usuários de drogas. Resumindo, continuavam incapazes de aguardar os dois *marshmallows*.[133]

Pesquisas realizadas com registro de fMRI mostraram diferenças de atividade cerebral entre as pessoas que são capazes de esperar e as que exigem recompensas imediatas.[134] As primeiras apresentam maior atividade na região do córtex pré-frontal, associada ao controle emocional e ao planejamento do futuro. Nas outras, prevalecem as atividades no sistema límbico, demonstrando que as emoções sofrem poucos controles conscientes.

FLUXO EMOCIONAL

Fluxo é a canalização das emoções positivas durante a execução de certas tarefas ou objetivos. A interrupção do fluxo pode provocar ansiedade, marasmo e depressão.[135] Uma pessoa guiada pelo fluxo é capaz de concentrar-se na tarefa em execução, deixando de lado as pequenas preocupações. Sente prazer no que está executando e não se preocupa com os eventuais resultados de acerto ou erro, sucesso ou fracasso.

O fluxo depende de autodisciplina para a concentração na tarefa em execução. Depende também do nível de dificuldade da tarefa. Se for fácil demais, a pessoa fica entediada. Se for difícil, fica ansiosa. Assim, o fluxo ocorre na faixa entre o tédio e a ansiedade. Depende também do tipo de exigências externas, que podem enfatizar o processo ou apenas os resultados da tarefa. Nesse caso, é mais fácil alcançar o fluxo quando a concentração se dá no processo.

APRENDIZAGEM PELO FLUXO

Os sistemas educacionais que enfatizam o fluxo produzem melhores resultados que aqueles que dão ênfase aos resultados. Crianças motivadas pelo fluxo aprendem mais que aquelas que ouvem ameaças ou promessas de recompensas.[19] Um levantamento feito com duzentos pintores dezoito anos depois que deixaram a escola de artes constatou que os estudantes que eram motivados pelo prazer de pintar eram mais bem-sucedidos que aqueles motivados pelas fantasias de fama e riqueza. A maioria destes últimos tinha abandonado a arte depois da formatura. Descobriu-se que eles se mostravam mais preocupados com as possíveis críticas que receberiam e com o valor que suas obras poderiam alcançar.[135]

Encorajamento nos jogos de armar

A psicóloga Carol Dweck realizou várias pesquisas para demonstrar que a habilidade de aprender com os erros é um fator muito importante na educação.[19] Conduziu um longo experimento com quatrocentas crianças de 10 anos em doze diferentes escolas de Nova York.[136] Elas foram distribuídas aleatoriamente em dois grupos (A e B) com o mesmo número de participantes, sem que cada criança soubesse a que grupo pertencia. As crianças deveriam montar jogos de quebra-cabeças (*puzzles*) com diferentes graus de dificuldade, em quatro etapas. Como se sabe, nesses jogos, as peças são encaixadas uma a uma por tentativa e erro, formando figuras.

Na primeira etapa, elas começavam com jogos simples e, quando terminavam de montar, os pesquisadores retribuíam com uma única frase, mas com diferente conteúdo para cada grupo. As crianças do grupo A foram agraciadas com frases que enfatizavam os *processos*: "muito bem, você se esforçou bastante". As do grupo B, com frases que enfatizavam os *resultados*: "muito bem, você é inteligente, acertou tudo". Ou seja, o grupo A foi reforçado pelo processo (fluxo) ou o meio para se chegar aos resultados, e o grupo B, apenas pelos resultados ou objetivos alcançados.

Na segunda etapa, as crianças deveriam escolher outro puzzle com diferentes graus de dificuldade. Cerca de 90% das crianças do grupo A escolheram jogos mais difíceis, enquanto as do grupo B, os mais fáceis. Dweck concluiu que as crianças recompensadas pelo processo, do grupo A, sentiam-se mais desafiadas e tinham menos medo de cometer erros. Enquanto isso, aquelas recompensadas pelos resultados, do grupo B, mostravam-se mais cautelosas para não cometer erros, pois o que importa é completar o jogo. Portanto, quanto mais fácil, melhor.

Na terceira etapa, receberam jogos ainda mais difíceis. As do grupo A aceitaram prontamente o novo desafio: "é o meu jogo favorito". As do grupo B sentiam-se desanimadas com a perspectiva de não conseguirem terminar e desistiam com mais facilidade. Foi solicitado a cada criança que comentasse seu desempenho em comparação aos colegas que tinham obtido escores maiores ou menores que os delas. As do grupo A interessavam-se pelos colegas de alto escore, procurando entender seus próprios erros e a forma de melhorar. As do grupo B escolheram colegas com escores inferiores, procurando preservar sua autoestima.

Na quarta etapa, retornavam aos jogos de dificuldade equivalente à da primeira etapa. As crianças do grupo A apresentaram um avanço significativo, tendo melhorado seus escores em 30%. Ao cometer um erro, sentiam-se animadas para corrigir e prosseguir. Surpreendentemente, as do grupo B tinham regredido, com escores 20% menores em relação à primeira etapa. O medo de errar as inibia e elas se mostravam muito reticentes. Dweck afirma que resultados semelhantes ocorrem no sistema educacional que enfatiza apenas os acertos. Assim, muitas crianças se sentem inibidas ou até bloqueadas em certas matérias, como a matemática.

As crianças incentivadas pelos fluxos podem tornar-se corajosas e arrojadas. Essa disposição para enfrentar novos desafios foi confirmada nas soluções de problemas de matemática e nos jogos de xadrez.[137] Ao contrário, as incentivadas pelos resultados tornam-se cautelosas e medrosas. As primeiras estão prontas a aceitar novos desafios, enquanto as outras preferem a segurança dos resultados previsíveis. Isso acontece porque o cérebro transforma erros em conhecimentos úteis para as futuras decisões, reforçando os caminhos dos neurotransmissores de dopamina. Portanto, no processo educacional, é melhor prosseguir, assumindo o risco de cometer os erros, do que ficar matutando, com receio de cometê-los, até mesmo porque esses erros são inevitáveis, na maioria das vezes. Esse incentivo ao fluxo é também é preconizado pelo ideal olímpico “o importante é competir, não vencer”.

CAPÍTULO 7
PESSOAS QUE DECIDEM

Todas as pessoas tomam, diariamente, centenas ou milhares de decisões. Na maioria das vezes, essas decisões são solitárias, baseando-se em gostos, crenças, valores e objetivos pessoais. Outras vezes, são influenciadas por opiniões alheias ou restrições circunstanciais. No âmbito institucional, essas decisões podem resultar de processos elaborados, seguindo certos rituais e regras, como discussões e votações em colegiados. Nestes últimos, destaca-se o papel dos executivos de empresas privadas, órgãos públicos e ONGs, que precisam tomar decisões muito importantes, exigindo grandes investimentos e esforços de milhares de pessoas e com elevados riscos. Todos dependem da capacidade humana de tomar decisões, que são fortemente influenciadas pela intuição.

DESEMPENHO PESSOAL

O desempenho pessoal refere-se às qualidades individuais que nos tornam diferentes nas tomadas de decisões. Isso é importante principalmente para os ocupantes de cargos gerenciais. Aqueles mais rápidos nas decisões podem contribuir para que as instituições se tornem mais dinâmicas e competitivas. Observa-se que aqui não se aplica o conceito popular que associa rapidez com erros, pois tanto pessoas lentas como rápidas cometem o mesmo nível de erros.

PESQUISAS DE WESTON AGOR

O professor Weston Agor, do Programa de Mestrado em Administração Pública da Universidade do Texas, fez uma extensa pesquisa sobre o uso da intuição em ocupantes de cargos gerenciais, de 1981 a 1985.[6] Ele enviou um questionário contendo 26 perguntas abertas a 6.500 executivos de vários níveis hierárquicos, de diversas instituições públicas e privadas, em vários estados norte-americanos, e recebeu 3.100 respostas (46%). Esse questionário era preenchido em 10 a 15 minutos.

As respostas foram avaliadas de acordo com a escala MBTI (*Myers-Briggs Type Indicator*), que classifica a intuição em doze níveis.[138] O extremo inferior da escala corresponde aos processos *analíticos*, e o superior, aos *intuitivos*. Os principais resultados podem ser resumidos como a seguir.

Executivos

Os executivos, em geral, fazem uso adequado da intuição, mesclando-a com os processos analíticos e racionais. Contudo, não se prendem a esses processos e fazem uso frequente da intuição na hora de avaliar e fazer uma opção favorável. Em caso de dúvidas, sabem quando precisam buscar mais informações, quem consultar e até se precisam adiar a decisão para uma ocasião mais favorável. Dessa forma, possuem habilidade para escolher os assuntos mais importantes e decidir no tempo correto.

Alta administração

Os executivos da alta administração utilizam a intuição em maior grau em relação aos menos graduados, e os do setor privado são mais intuitivos que os do setor público (ver Figura 7.1). Isso sugere que os executivos mais intuitivos conseguem mais sucesso na carreira. Muitos usam a intuição ao tomar decisões inovadoras para o futuro. Para isso, a intuição poderia indicar caminhos melhores do que a análise de desempenhos passados e com aplicação dos métodos analíticos, que fazem análises passo a passo, para tomar decisões. Nas palavras de um alto executivo: "Eu me esforço para ser independente, não formal, não tradicional, libertando-me de todas as amarras e regulamentos para buscar o novo em ideias e pessoas".[16]

Esses executivos não consideram a intuição como algo aleatório, que depende apenas da sorte ou do acaso. Eles procuram informar-se conscientemente sobre o problema, abastecendo a mente com todas as alternativas possíveis, e insistem em dar um prazo para a incubação até que os dados sejam devidamente "digeridos" e processados na mente, quando a ideia luminosa (*insight*) pode surgir repentinamente. Esse prazo pode ser de um ou dois dias ou pode demorar até semanas ou meses. Em alguns casos, a intuição pode "gritar" que se trata de um erro, e então é necessário conceder mais tempo. Outros executivos dizem usar a intuição para ter uma ideia inicial, que é checada com dados objetivos ao longo do caminho e que acabam acertando em 75% dos casos.[16]

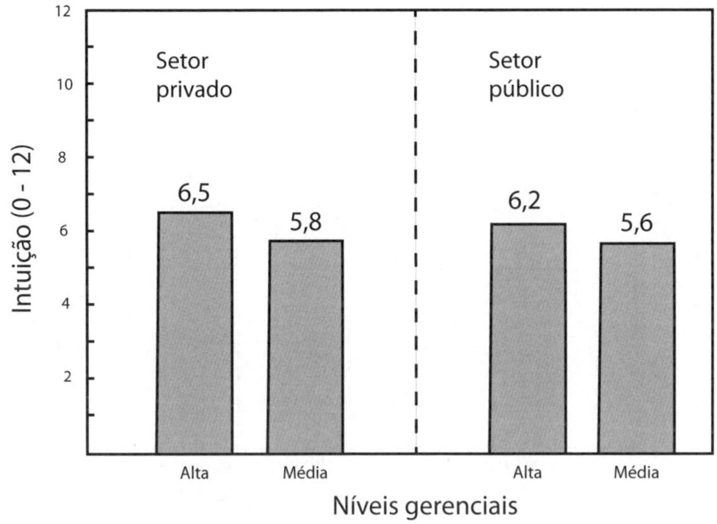

Figura 7.1 Os executivos do setor privado utilizam mais a intuição que os do setor público, e aqueles da alta administração, mais que os da média administração. Fonte: adaptada de Agor.[16]

Profissões

Há uma grande variação no uso da intuição por profissionais de diversas áreas. Aqueles das áreas financeira, jurídica e militar usam relativamente pouco a intuição. No outro extremo estão os profissionais de vendas, marketing e recursos humanos. Estes usam muito a intuição, porque os seres humanos são bastante complexos (ver Figura 7.2). Certas profissões, como engenharia, exigem capacidade analítica e racional da tomada de decisões, porque atuam em situações bem estruturadas. Contudo, quando esses profissionais passam a ocupar cargos gerenciais, a natureza dos problemas vai se modificando, passando a exigir maior capacidade de resolver problemas complexos, lidar com incertezas, tomar decisões sobre recursos humanos e assim por diante. Algumas pessoas não conseguem fazer com sucesso essa transição em que deveriam substituir as decisões analíticas por decisões mais emocionais e intuitivas.

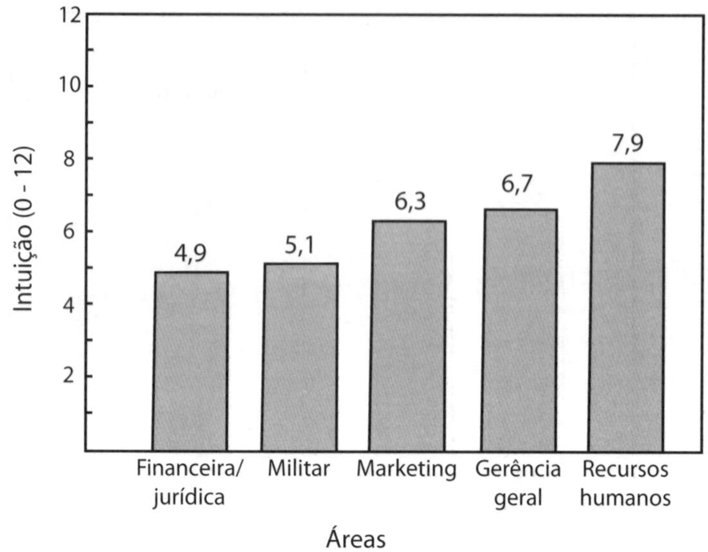

Figura 7.2 O uso da intuição varia muito de acordo com as profissões dos executivos. Fonte: adaptada de Agor.[16]

Assim, Agor concluiu que os gerentes de alto nível tinham escores significativamente melhores que os de nível médio e baixo: "A intuição parece ser uma capacidade tanto mais prevalente quanto mais subimos na hierarquia empresarial". Esses executivos de alto nível demonstraram que confiam mais na intuição para tomar decisões em situações críticas.

PESSOAS INTUITIVAS

Na nossa convivência diária, encontramos muitas pessoas intuitivas, assim como em todas as organizações. São pessoas que conseguiram superar dois tipos de barreiras.[16] A primeira são as *formalidades* de costumes, normas, regulamentos e muitas outras que acabam cerceando as novas ideias, como as do tipo "aqui nós fazemos assim" ou "isso é contra o regulamento". A segunda é a barreira da *autocensura*, quando as ideias intuitivas são precocemente rejeitadas pela própria pessoa como algo irresponsável, porque não são embasadas em dados, raciocínios e análises objetivas. Portanto, a primeira é de natureza externa (situação, entorno, família, sociedade), e a segunda, interna ao indivíduo.

A intuição tem sido estudada principalmente nas organizações, devido aos maiores impactos que provoca nelas. Um dos principais argumentos contra ela seria a sua informalidade, por não ser um processo devidamente documentado e reproduzível, podendo provocar erros. Naturalmente, todos os executivos cometem erros, assim como as demais pessoas. Contudo, usualmente, esses erros não são causados pela intuição. Pelo contrário, as decisões racionais podem provocar mais erros.

Os erros de decisões ocorrem mais frequentemente quando os executivos falham em acreditar e distorcem suas intuições na hora de aplicá-las (Quadro 7.1). Essas distorções são provocadas principalmente por crenças, valores e compromissos assumidos pelos executivos, além dos diversos vieses introduzidos pela mente (ver Capítulo 3). Assim, em vez de adotar uma posição neutra e justa, a pessoa fica na "torcida" para que ocorra o resultado almejado (*wishful thinking*). Esse tipo de distorção ocorre principalmente se houver envolvimento de pessoas próximas, como parentes ou amigos. Ocorre também em empresas, como no caso de laboratórios farmacêuticos que patrocinam a participação de médicos em eventos e congressos esperando um favorecimento na indicação de seus produtos e serviços.

Quadro 7.1 Fatores importantes na decisão intuitiva

Fator	Atividade
Consciência	Aceite a intuição como fonte importante na tomada de decisões
Experiências	Alimente seu cérebro com experiências válidas em seu campo de atuação
Receptividade	Seja receptivo às ideias e sugestões emanadas do subconsciente
Tempo	Dê tempo para a geração espontânea de ideias e soluções
Honestidade	Aceite a situação desfavorável sem distorcê-la
Coragem	Enfrente o novo e o desconhecido

Fonte: adaptado de Vaughan.[87]

Executivos intuitivos

Uma característica frequentemente encontrada entre os executivos de sucesso é a capacidade de acreditar em sua intuição e de ter a coragem de usá-la na tomada de decisões.[16] Esses executivos usam a intuição quando o problema não está claramente definido e há muitas incertezas, como quando:

- o sistema é complexo, com alto grau de incerteza;
- o futuro é incerto;
- as informações são insuficientes ou pouco confiáveis;
- há pouca clareza das relações de causa e efeito;
- há várias alternativas plausíveis;
- há urgência da solução.

Nessas situações, o executivo usa a intuição para evocar suas experiências vividas no passado em situações semelhantes e avançar para o futuro, de modo a:

- vislumbrar o futuro e buscar novas oportunidades;
- encontrar novas soluções para problemas antigos;
- fazer separação entre as causa e os efeitos dos problemas;
- identificar os fatores importantes, separando os secundários;

- tomar decisões rápidas em condições de incerteza e cegueira situacional;
- delegar ações para pessoas de confiança;
- ter coragem para atuar.

Algumas organizações valorizam essas pessoas intuitivas e as colocam em posições de liderança. Entre elas, estão principalmente as mais inovadoras e competitivas.

A pesquisa de Agor constatou que as mulheres executivas são mais intuitivas (escore 6,9) que os homens (6,3), tanto no setor privado como no público. O autor especula que isso talvez se deva a questões culturais, pois os homens são pressionados a atuar mais racionalmente, sufocando suas emoções.[16]

MELHORES DECISÕES GERENCIAIS

Os cursos universitários transmitem muitas informações aos estudantes, mas não os ensinam a aplicá-las adequadamente, principalmente na tomada de decisões. Essas decisões podem seguir algumas normas e práticas, mas tendem a ficar mais complexas e ter maiores graus de incerteza à medida que se sobe na hierarquia organizacional das empresas.

Nas tarefas de nível "técnico", as decisões podem ser formalizadas em certas normas e regras bem definidas. Por exemplo, para melhorar a qualidade do produto numa linha de produção, os critérios e os procedimentos podem ser claramente descritos e os técnicos realizam tarefas padronizadas, seguindo um manual. Contudo, nos níveis superiores da hierarquia, esses critérios vão se tornando mais difusos. Um engenheiro no início da carreira profissional tende a trabalhar com critérios de decisão bem definidos. Estes estão contidos em especificações, normas e preceitos, como aqueles utilizados na elaboração do projeto de um motor.

À medida que o indivíduo sobe na hierarquia, galgando os cargos gerenciais, o grau de incerteza aumenta. Por exemplo, decidir na decisão sobre a oportunidade para introdução de uma inovação tecnológica, a ocasião propícia para se lançar um novo produto no mercado ou a incorporação de outra empresa.

Não existe nenhuma regra pronta para se melhorarem as decisões gerenciais em geral. Contudo, podem-se alinhavar algumas características das pessoas que ocupam cargos gerenciais com sucesso. Algumas regras racionais, como análises de custo/benefício, podem ser úteis nessas decisões. Mas, para outras mais complexas, não existem informações suficientes, e a decisão deve ser tomada em condições de incerteza. Nessas situações, cresce a importância do executivo experiente, que faz uso de sua intuição para tomar decisões. A insistência em aplicar critérios racionais para essas decisões globais e estratégicas pode ser desastrosa.

Observa-se nitidamente essa transição danosa na gestão das universidades públicas, quando eminentes cientistas são conduzidos a ocupar cargos superiores, como diretores de faculdades ou reitores. O mesmo acontece na administração hospitalar, quando eminentes médicos-cirurgiões são guindados aos cargos de direção superior dos hospitais. Geralmente, eles insistem em tomar decisões "científicas", exigindo que todas as informações relacionadas ao problema sejam obtidas e analisadas previamente. Isso resulta em decisões burocratizadas, demoradas, atrasadas e pouco inovadoras, conduzindo a instituição ao imobilismo. A dificuldade de tomar decisões intuitivas ocorre porque os repertórios de padrões existentes na memória são incompatíveis entre si para as diferentes funções. Assim, um vasto conhecimento sobre bactérias vai ter pouca utilidade para decidir sobre reivindicações trabalhistas dos empregados, que não se comportam como as bactérias.

INTUIÇÃO NA ALTA ADMINISTRAÇÃO

Diversos estudos demonstram que há uma correlação positiva entre executivos capazes de tomar decisões intuitivas e o sucesso das empresas que dirigem. Há também uma correlação positiva entre a capacidade de tomar decisões intuitivas e a ascensão hierárquica desses executivos.[6]

O consultor de empresas José Carlos Melo narra sua experiência em reuniões de negociações de transferência de tecnologia com empresas multinacionais.[139] De um lado da mesa, sentavam-se os representantes das empresas estrangeiras, e, de outro, os das empresas nacionais. As exposições, as análises e os argumentos eram apresentados por pessoas bem preparadas e articuladas. A maioria dos participantes tinha títulos acadêmicos de mestrado ou doutorado, sendo capazes de expressar e escrever bem seus argumentos em várias línguas. Entretanto, o "chefe" da delegação estrangeira, que tomava a decisão final, não tinha o perfil de *scholar.* Essa pessoa geralmente falava pouco, era monoglota, tinha dificuldade de se expressar, e não tinha títulos acadêmicos importantes. Contudo, ouvia todos os argumentos atentamente e era capaz de "pinçar" os aspectos essenciais com grande poder de síntese. Era muito intuitivo em perceber o cenário que estava se desenhando na reunião e "batia o martelo" final com poucas palavras. Em muitos casos, nem era capaz de explicar racionalmente os motivos de suas decisões intuitivas. Provavelmente ele tinha subido na hierarquia da empresa pelos acertos de suas decisões.

A partir da década de 1970, foram realizados vários estudos sobre a intuição. Descobriu-se que os gerentes de alto nível raramente adotavam apenas comportamentos racionais. Em vez disso, utilizavam a intuição para chegar a uma solução, principalmente quando se deparavam com situações desconhecidas, problemas complexos e altos riscos em jogo. Os pesquisadores Douglas Dean e John Mihalasky, da Escola de Engenharia de Newark, desenvolveram um teste chamado de *escore PSI* para avaliar o uso da intuição entre 67 presidentes de empresas.[16] Entre estes, 60% tinham duplicado seus lucros nos cinco anos que antecederam o estudo. Todos estavam acima da média no *escore PSI.* Aqueles que não tinham duplicado seus lucros estavam, todos, abaixo da média. Os pesquisadores concluíram que não se pode afirmar que escores elevados indiquem necessariamente obtenção de lucros. Contudo, a probabilidade de que isso ocorra é maior com pessoas mais intuitivas.

Daniel Isenberg realizou estudos semelhantes com dezenas de gerentes sêniores, com dez a trinta anos em funções executivas, em empresas de diversos ramos.[140] Observou que a condução dos negócios não é bem o que se pensa e se ensina nos meios acadêmicos. Embora grande parte deles admitisse a necessidade de realizar abordagens analíticas, descobriu-se que, na prática, confiavam mais em suas intuições, principalmente em situações mais críticas. Quando ocorriam conflitos ou contradições entre a racionalidade e a intuição, seguiam a intuição.

Portanto, a intuição desempenha um papel fundamental no processo de tomada de decisões, principalmente em situações complexas e de grande incerteza. Contudo, deve ser combinada com outros fatores, como experiência, conhecimento do problema e análise cuidadosa dos prós e contras ou das vantagens e desvantagens. Os líderes intuitivos sabem avaliar as características de decisões anteriores que foram bem-sucedidas em outros contextos para não repetir as mesmas soluções em situações novas, que mudam as condições do sucesso.

CONFIANÇA NA INTUIÇÃO

Frequentemente deixamos de seguir a voz da intuição por questões de conservadorismo, inexperiência, "boa" educação ou falta de coragem. As análises racionais costumam ser mais fundamentadas, baseando-se em dados objetivos, mas nem sempre indicam os melhores caminhos. Há muitos exemplos de decisões que foram tomadas racionalmente para depois se mostrar enganosas.

Ron Schultz apresenta o exemplo da empresa *Sierra On-Line*.[6] Roberta Williams e seu marido Ken criaram essa pequena empresa de jogos domésticos de computador quando tinham menos de 30 anos, na década de 1970. Eles projetavam e vendiam jogos de aventura animados em 3D para computadores domésticos, com enorme sucesso. Chegaram a empregar 550 pessoas em Coarsegold, na Califórnia, aos pés da Sierra Nevada, e a empresa chegou a ser avaliada em 57 milhões de dólares. O sucesso chamou a atenção de grandes empresas de *games*, como Activision, I-magine, Mattel, Texas Instruments e Calico. Em 1981, receberam a proposta de um investidor que, supostamente, era grande conhecedor do mercado de jogos eletrônicos. Nessa época, o casal estava com 28 anos e tinha pouca experiência no mundo dos negócios, embora fosse tecnicamente genial. Ken achou essencial atrair esses investimentos para que pudessem expandir e se manter na dianteira da competição.

Numa das primeiras negociações, Roberta recebeu a visita de uma mulher que representava os investidores. Desde o início, Roberta teve sensações contraditórias sobre essa mulher: "Fui almoçar com ela, que me parecia muito profissional, assumindo um tom formal, o que me deixou muito incomodada com a situação". Ela falou para Ken: "Apertei a mão dela, que me olhou e disse 'Olá'. Senti algo de estranho nela e disse a mim mesma: não gosto dela. Não confio nela". Contudo, Ken mostrava-se propenso a aceitar o negócio, e eles viajaram de avião para Boston, para uma reunião com os investidores. Durante a viagem, Roberta insistiu: "Não estou gostando disso, vamos desistir". Contudo, na falta de um motivo razoável e justificável, resolveram ir em frente para cumprir o acordo e fecharam o negócio.

Logo, os novos investidores começaram a interferir nos negócios da Sierra. Nomearam um diretor-executivo e três vice-presidentes para cuidar, respectivamente, das áreas de desenvolvimento, marketing e vendas. Eles reestruturaram completamente a empresa, e o casal Williams foi marginalizado a contragosto e passou a não exercer nenhuma influência. Os novos dirigentes converteram todos os jogos em versões para cartuchos de videogames, para serem utilizados em consoles próprios e não mais em PCs. Contudo, logo depois, os negócios com cartuchos entraram em decadência, e a empresa começou a dar prejuízos. Houve muitas demissões e o número de empregados caiu para 39. Os investidores consideraram os Williams um fracasso e os abandonaram, vendendo suas participações.

Endividado, o casal resolveu hipotecar sua casa para pagar as dívidas e esquecer o negócio dos cartuchos para voltar aos jogos de aventura para computador, o que eles sabiam fazer bem. Pegaram um empréstimo e desenvolveram o jogo *King's Quest*, que começou a vender bem, e a Sierra voltou a prosperar. Roberta não era mais a jovem inexperiente, incapaz de lutar por aquilo em que acreditava: "Aprendemos a confiar em nós mesmos. Deixamos de ser tímidos e eu passei a acreditar mais na minha intuição e agora costumo tomar decisões com rapidez e fazer o que for preciso. Se algo não soar bem no íntimo, se isso não ocorrer quase de imediato, não costumo ir em frente". Ken também aprendeu com o fracasso e agora faz questão de que Roberta participe das decisões, principalmente nas entrevistas para contratação dos executivos.

CORAGEM

As pessoas e os sistemas em geral apresentam tendência conservadora e reagem negativamente, provocando pressões contrárias às mudanças do *status quo* (ver Capítulo 3). Essas mudanças geralmente criam incertezas e, em alguns casos, podem ser extremamente estressantes, porque se conhece o ponto de partida, mas não se pode garantir o de chegada. Contudo, deve-se considerar que a principal tarefa de um dirigente é tomar decisões, e ele que deve fazê-lo com coragem, mesmo correndo o risco de errar. Deve-se assumir que o erro é inerente ao comportamento humano e, portanto, inevitável.

A ocorrência de erros pode significar saúde organizacional, desde que haja um balanço positivo dos acertos sobre eles. Por sua vez, sua ausência pode ser um indicativo de imobilismo. A coragem é necessária também para se reconhecerem os próprios erros. Muitas pessoas tomam decisões baseando-se em argumentos racionais, contrariando as suas intuições. Isso acontece, por exemplo, com uma pessoa que muda de emprego por um salário maior e depois descobre que cometeu um grande erro, pois não encontra satisfação no novo trabalho, porque seu chefe é extremamente autoritário e centralizador.

As decisões envolvendo sistemas materiais ou financeiros são relativamente mais fáceis, pois podem ser racionalizadas, reduzindo-se os erros. Aquelas que envolvem seres humanos tendem a ser mais complicadas e desgastantes. Por exemplo, é mais fácil decidir sobre a compra de uma máquina do que contratar, demitir ou remanejar pessoas. Além disso, nesse último caso, podem surgir diversas pressões de familiares, associações ou sindicatos. De qualquer modo, é importante que o dirigente considere aquilo que é melhor para o desempenho da instituição que dirige. Infelizmente, isso não existe em órgãos públicos, o que provoca frequentes dificuldades gerenciais, por exemplo, para se focar nas prioridades desses órgãos.

TRANSGRESSÃO DAS REGRAS

Muitas mudanças sociais ocorrem por diversos fatores, incluindo-se admiráveis atos de coragem para transgredir as regras ou normas estabelecidas. Muitas vezes, isso ocorre nas situações de emergência ou inconformismo, com disposição para lutar contra alguma opressão, injustiça ou erro. Na década de 1950, a segregação racial era regulamentada por lei nos Estados Unidos. Os negros deveriam ceder seu lugar aos brancos em assentos de ônibus. Em 1955, uma negra chamada Rosa Parks se recusou a ceder seu lugar para um homem branco, em Montgomery, Alabama, contrariando a lei.[39] Ela foi presa, mas ativistas negros, liderados por Martin Luther King, organizaram um boicote ao sistema de transporte. King sofreu várias ameaças, sua casa foi dinamitada, mas eles conseguiram acabar com a odiosa discriminação nos ônibus. Esse incidente desencadeou o movimento dos direitos civis nos Estados Unidos.

Tudo começou com a coragem de Rosa Parks para desafiar a lei, com disposição de enfrentar as suas consequências. Existem muitos outros exemplos de transformações que decorreram de atos de rebeldia ou insubordinação. Ao longo do século XX, as mulheres conquistaram gradativamente seus direitos civis e ingressaram nas universidades e no mercado de trabalho graças à coragem de algumas pioneiras que se insurgiram contra o *status quo*. Um exemplo notável é o de Malala Yousafzai, militante paquistanesa dos direitos das crianças. Malala foi vítima de um atentado terrorista ao defender o direito de meninas de frequentarem as escolas. Em 2014, foi a pessoa mais jovem a ganhar o prêmio Nobel da Paz, aos 17 anos. O mesmo pode-se dizer em relação a certas minorias, como o movimento LGBTQIA+, a favor da diversidade sexual e de gênero.

OTIMISMO EXAGERADO

As pessoas em geral, principalmente aquelas que ocupam cargos executivos, são otimistas.[41] O otimismo é benéfico para enfrentar as dificuldades e avançar na vida e nos negócios. Quase todas as pessoas tendem a exagerar seus próprios talentos e habilidades, de acordo com o viés do egoísmo (Capítulo 3). Isso foi comprovado em uma pesquisa realizada pelo *College Board*, em 1970, com 1 milhão de estudantes dos Estados Unidos.[41] Eles deveriam fazer autoavaliações em três habilidades, comparando-se com a média dos colegas: capacidade atlética; liderança; e relacionamento com os outros. Destes, 60% disseram que se consideravam acima da média em capacidade atlética, e apenas 6%, que se consideravam abaixo. Quanto à liderança, 70% se consideravam acima da média, e apenas 2%, abaixo. No quesito habilidade de relacionamento, 60% dos estudantes se colocaram entre os 10% superiores e, destes, 25% se consideravam parte do 1% mais habilidoso.

Essa inclinação para exagerar os próprios talentos pode causar muitas distorções. Examinando discursos de políticos e executivos, além de relatórios gerenciais, psicólogos descobriram que eles atribuem o sucesso ao seu próprio talento ou às variáveis sob sua governabilidade. O gerente de marketing pode considerar-se responsável pela decisão de lançar novos produtos bem-sucedidos; porém, os fracassos são sempre atribuídos às causas externas, fora da sua governabilidade, como o clima, a inflação ou mudanças na legislação.[41] Além disso, costuma apropriar-se dos sucessos ocorridos ao acaso, por pura sorte, considerando-os eventos sob seu controle.

O otimismo exagerado pode produzir decisões erradas. Uma análise dos investimentos em *start-ups* demonstrou que havia exagero em 80% dos casos quanto à estimativa do mercado potencial.[41] Esse otimismo exagerado leva pessoas a acreditar que são capazes de superar os problemas baseando-se apenas nas suas habilidades e nos seus talentos pessoais. As avaliações posteriores indicam, em média, que estavam enganadas.

Os executivos também tendem a acreditar que estão no controle da situação. Eles repudiam a imagem de jogadores e se creem gestores responsáveis, exercendo controle sobre fatos e pessoas. Contudo, quando decidem, tendem a menosprezar eventos aleatórios e incontroláveis para acreditar em seu próprio talento administrativo. Assim, acreditam, de forma egocêntrica, que os resultados favoráveis são decorrentes de suas ações e da organização de sua empresa. Dessa forma, subestimam os concorrentes e os efeitos de eventuais turbulências no caminho e se tornam vulneráveis a essas aleatoriedades. É como o caso do motorista que não faz seguro do seu veículo por acreditar em suas habilidades para dirigir, mas desconsidera que outros motoristas, embriagados, podem envolvê-lo num acidente.

MEDO DO FRACASSO

Um dos maiores obstáculos à tomada de decisões é o medo do fracasso. Este se torna maior nos problemas complexos, quando não há clareza da situação e nem todas as informações estão disponíveis, e aumenta ainda mais nos casos de urgências e emergências e de cegueira situacional, quando os fatos se sucedem rapidamente.

Muitos psicólogos admitem que o medo está enraizado em nossos desejos atávicos de evitar acidentes, perdas, dores e morte.[51] Esse medo provocaria uma distorção do comportamento, tendendo excessivamente para o lado seguro. Nos casos extremos, pode levar a uma paralisia ou a péssimas decisões. Por exemplo, o medo de não conseguir um emprego melhor leva a aceitar salários menores ou condições estressantes de trabalho. O medo de ficar sozinho, a suportar um relacionamento difícil. Naturalmente, o medo nem sempre é prejudicial, pois serve para evitar erros e prejuízos. Pode-se evitar o medo procurando entender, *por que* e *como* outras pessoas ou situações nos provocam medo.[51] O entendimento adequado dessas causas pode levar à redução do medo, para que o problema seja enfrentado nas suas reais dimensões.

SÍNDROME DA BAIXA CONFIANÇA

A falta de confiança em alguns subordinados, causada pela redução da produtividade, provoca tensão emocional e drena a energia física dos executivos, produzindo a síndrome da baixa confiança. O esforço adicional necessário para aumentar a supervisão, na tentativa de melhorar o desempenho desses subordinados, consome precioso tempo dos executivos, podendo prejudicar outras atividades importantes.

Por outro lado, os outros empregados percebem essa tendência do executivo em se concentrar nos empregados de fraco desempenho e sentem-se injustiçados, até enciumados, e extravasam seu descontentamento reclamando e falando mal da organização. Eles se consideram sobrecarregados para compensar o fraco desempenho de alguns colegas e, mesmo assim, não recebem a devida atenção do chefe. Essa tendência se acentua pois o executivo tende a atribuir mais tarefas aos confiáveis, como diz o ditado: "Se você quer ter uma tarefa cumprida, atribua a alguém ocupado". Assim, eles se tornam cada vez mais ocupados.[141] Em casos extremos, podem sofrer estafa.

Confiáveis e duvidosos

Com o tempo, os executivos tendem a estreitar os laços com o grupo de empregados mais sintonizados com eles (*in-group*) e a marginalizar os demais (*out-group*).[141] Os membros do *in-group* são considerados mais confiáveis, recebem informações privilegiadas, têm mais autonomia e são consultados com maior frequência. O relacionamento com os do *out-group* torna-se mais formal e menos frequente, seguindo as regras com maior ênfase na autoridade, lembrando a máxima "aos amigos, tudo; aos inimigos, a lei".

Os membros do *out-group* sentem-se menos estimados e menos valorizados, e passam a produzir menos. Eles costumam reclamar que só recebem "cobranças" e *feedbacks* negativos. Essa diferenciação dos grupos *in/out* ocorre em todos os relacionamentos sociais, inclusive na vida familiar, como no caso do adolescente que reclamava dos pais porque eles davam um tratamento diferenciado à sua irmã. Em geral, o predomínio dos *in-groups* tende a facilitar a vida dos executivos, porque o desempenho deles costuma ser maior que o dos *out-groups*, exigindo menor nível de supervisão.[141]

SUPERAÇÃO DA SÍNDROME DA BAIXA CONFIANÇA

Para romper o círculo vicioso da síndrome da baixa confiança, é necessário que o executivo compreenda a sua dinâmica e esteja disposto a superá-la. Para isso, Jean-François Manzoni e Jean-Louis Barsoux sugerem uma intervenção cuidadosamente estruturada em cinco passos.[141]

1. *Quebrar o gelo.* Para quebrar o gelo, pode-se agendar uma reunião "de trabalho" com o subordinado em local neutro (fora do escritório). Essa reunião não pode ter o tom de cobrança, *feedback,* crítica ou ameaça, mas apenas de uma conversa franca entre eles. Deve ser o mais descontraída possível.

O executivo deve explicar que tem percebido uma queda de produtividade e sente-se parcialmente responsável por isso.

2. *Basear-se em fatos reais.* O executivo deve expor os índices da baixa produtividade baseando-se em fatos reais e dados objetivos, e não apenas em seus sentimentos. O subordinado geralmente tem uma explicação sobre a sua baixa produtividade. Inversamente, o executivo pode perguntar se o comportamento dele o está prejudicando.
3. *Chegar a um consenso.* O subordinado e o executivo devem chegar a um consenso sobre as causas da baixa produtividade. Isso pode ocorrer devido às certas deficiências do subordinado, como falta de conhecimentos/habilidades, falta de treinamento ou falta de entrosamento com os colegas. Pode ser devido a um problema temporário, como doenças ou problemas pessoais, como alcoolismo. Essas causas também podem estar do outro lado, isto é, no sistema adotado pela empresa. Por exemplo, o subordinado pode reclamar das exigências de preencher formulários de produção por escrito por considerá-los mera burocracia e achar que os controles excessivos são uma "marcação" com ele.
4. *Adotar medidas corretivas.* Deve-se dar um passo à frente, definindo as medidas necessárias para corrigir os erros e melhorar o relacionamento entre subordinado e executivo. Fazendo-se analogia com a área médica, isso equivale a receitar o tratamento após o diagnóstico. Em alguns casos, isso pode ser simples, como providenciar treinamentos para o subordinado ou tratamentos de saúde. Em outros, pode ser mais complexo, como transferi-lo para outras funções. Em geral, essas medidas são bem aceitas pelo subordinado quando são entendidas como esforço sincero do executivo para melhorar o seu desempenho.
5. *Assumir compromissos mútuos.* Deve haver um compromisso mútuo para a construção de um canal duradouro de comunicação entre eles. O executivo deve dizer: "Por favor, da próxima vez que você não estiver de acordo, comunique-me imediatamente". O subordinado pode retribuir: "Da próxima vez que fizer algo que não lhe agrade, por favor, avise-me logo".

Essa interação face a face do executivo com seu subordinado, quando é bem planejada e executada, costuma produzir bons resultados. Contudo, deve ser feita com os devidos cuidados, pois pode criar situações tensas e embaraçosas. O executivo pode insinuar falta de confiança no subordinado e colocá-lo em posição defensiva, piorando a situação. Para evitar essas situações embaraçosas, o executivo deve admitir que a causa da baixa produtividade é devida ao seu próprio comportamento, sem atribuí-la ao subordinado.

Além disso, deve argumentar baseando-se em fatos objetivos do trabalho, excluindo acusações baseadas apenas em sentimentos ou emoções.[141] Os resultados costumam ser positivos na maioria dos casos. Entretanto, em outros casos, mais raros, pode-se chegar à conclusão de que o subordinado não é capaz de exercer a função, devido a erros ocorridos no recrutamento ou na promoção. Nesse caso, a fim de não perpetuar maiores desgastes mútuos, o melhor é transferir o empregado para outro cargo e, no extremo, demiti-lo. Essas conclusões podem ser obtidas por consenso, e o próprio executivo pode ajudá-lo em sua nova colocação.

PREVENÇÃO DA SÍNDROME DA BAIXA CONFIANÇA

Os executivos prudentes podem atuar preventivamente para evitar o aparecimento da síndrome da baixa confiança. Para isso, devem envolver-se ativamente, desde o início, fazendo contatos frequentes para comunicar claramente os objetivos, as prioridades, os resultados esperados, os prazos e a forma de avaliar o desempenho. Essa comunicação nunca deve assumir o caráter de controle ou ameaça. Com o tempo, à medida que a "máquina" começa a operar satisfatoriamente, a autonomia do grupo pode ser aumentada.

Os eventuais problemas pontuais, como os subordinados de baixa produtividade, devem ser rapidamente identificados e corrigidos, como se explicou anteriormente. O mais importante é resistir à tentação de classificar os subordinados de forma simplista e nunca os acusar fazendo críticas ou cobranças pessoais. As discussões devem ser francas, baseadas em fatos objetivos e relacionadas apenas ao conteúdo do trabalho, evitando-se qualificações pessoais (preguiçoso, desleixado) e buscando-se as causas do baixo desempenho e as formas de corrigi-lo. Principalmente, devem-se evitar as medidas unilaterais, de cima para baixo, que produzem sensação de injustiça ou perseguição aos os subordinados.

DESEMPENHOS INSTITUCIONAIS

Os desempenhos institucionais referem-se ao funcionamento das organizações, com estruturas, regras, modos operacionais e culturas próprias. As decisões neste contexto podem sofrer diversos tipos de restrições, que os grandes líderes conseguem contornar para tomar decisões significativas.

SOBRECARGA MENTAL

A sobrecarga mental pode provocar problemas neurológicos, como o *Attention Deficit Trait* (ADT), em que as pessoas passam a ter dificuldade de se concentrar, manter o foco, estabelecer prioridades e cumprir prazos. Isso reduz a capacidade de tomar decisões, com esquivas, atrasos e esquecimentos.[142] Nas organizações, há aumento de licenças médicas e de *turnover* de pessoal. O Quadro 7.2 apresenta algumas recomendações para lidar com a sobrecarga.

Quadro 7.2 Recomendações para controlar a sobrecarga mental

Mantenha contatos pessoais. Tenha uma conversa pessoal com alguém de quem você goste e em quem confie pelo menos a cada quatro ou seis horas.
Não se isole. Peça opiniões e delegue ou chame colegas para *brainstorming*.
Não se sature. Não se deixe afogar por e-mails, telefonemas ou visitas rotineiras.
Decomponha problemas. Problemas complexos podem ser decompostos em outros, mais simples, sobre os quais se tenha maior governabilidade.
Despache os documentos. Dê um destino a todos os documentos, com despachos indicando as providências – arquivar, encaminhar, providenciar, pedir esclarecimentos, anexar mais dados.
Mantenha a mesa sempre limpa. Não deixe papéis ou processos se acumularem sobre sua mesa.
Tenha tempo pessoal. A cada dia, reserve um tempo para você, livre de compromissos, visitas, e-mails ou telefonemas.
Separe assuntos importantes. A cada dia, selecione pelos menos um ou dois assuntos mais importantes para tratar na parte do dia em que você tiver maior disposição.
Planeje o dia seguinte. Antes de encerrar o expediente, liste pelo menos três a cinco assuntos importantes para o dia seguinte.

Fonte: adaptado de Halowell.[142]

ERROS E ACERTOS

Os erros ocorrem normalmente em qualquer decisão ou atividade e, até certo ponto, são inevitáveis. O que difere é a maneira como as pessoas reagem a eles. Alguns executivos atribuem os erros aos subordinados, acusando-os de falta de atenção, descuido ou desleixo. Isso pode até ocorrer, mas geralmente é uma grande simplificação do problema. Em muitos casos, o erro é do próprio chefe, que atribui tarefas a pessoas não habilitadas, comete algum lapso de comunicação, disponibiliza recursos insuficientes ou estabelece prazos exíguos. Em outros casos, as máquinas e os equipamentos utilizados são deficientes e o ambiente de trabalho é muito estressante.

Também podem ter ocorrido mudanças inesperadas que tenham dificultado a tarefa. Além disso, os erros podem ser causados pela falta de sintonia (compatibilidade) entre o chefe e o subordinado, levando-os a criar falsas expectativas.[141] Essa sintonia só ocorre após algum tempo de trabalho entre ambos, quando passam a haver semelhanças de características sociais, atitudes e valores. É importante também que as diferenças entre ambos sejam conhecidas e mutuamente respeitadas.

A falta de sintonia pode levar o chefe a baixar as expectativas e reforçar os controles, exigindo que o subordinado peça sua aprovação antes das decisões, solicitando mais detalhamento das opções disponíveis. O subordinado, por seu turno, perde motivação, tendo reduzidas a autonomia e a iniciativa própria. O baixo desempenho do subordinado leva o chefe a aumentar as pressões sobre ele, exigindo, questionando ou conferindo tudo. Assim, ambos caminham para uma espiral negativa. Como consequência, tanto o chefe como o subordinado ficam estressados, gastam mais energia e têm a produtividade comprometida. Isso poderia ser melhorado se o chefe trabalhasse no sentido de aumentar a sintonia, com relacionamentos mais francos e, principalmente, confiando nas boas intenções do subordinado, sem culpá-lo pelos erros cometidos.

COMO OS LÍDERES DECIDEM

Uma das habilidades mais importantes dos líderes é a sua capacidade de tomar decisões, particularmente em situações complexas e de incertezas, utilizando suas experiências e sua intuição. David Garvin e Michael Roberto afirmam que muitos deles atuam de forma errada porque consideram a decisão como um evento pontual.[143] Para isso, leem relatórios, pedem opiniões, refletem um pouco para responder *sim* ou *não*. O pior de tudo é que eles não estabelecem uma hierarquia, separando as decisões importantes das rotineiras: tratam todas da mesma forma. Nesse processo simplificado, o líder pode omitir os contextos econômicos e sociais mais amplos, que determinam o sucesso ou o fracasso da decisão tomada.

Em vez dessas decisões intempestivas e pessoais, os autores sugerem que as melhores decisões são aquelas tratadas como *fluxos* ao longo do tempo, e não simplesmente como eventos isolados. Assim, em vez de um ponto, transformam-se em uma linha ao longo do tempo, estendendo-se por dias, meses e até anos. Isso significa que há um acompanhamento temporal da evolução do sistema, e se pode descobrir a ocasião mais propícia para atuar. Em vez de uma foto instantânea, o líder vê um filme com atores dinâmicos interagindo entre si ao longo do tempo. As principais motivações dos atores e das instituições envolvidas passam a ser conhecidas, declaradas e explícitas. O contexto é amplamente conhecido e as principais alternativas são colocadas e discutidas. Isso se aplica para as decisões mais importantes e que dão governabilidade ao sistema.

Maturação

Um empreendedor deve ter talento e dedicação, mas também capacidade de persistir diante das adversidades, principalmente no início de um novo projeto. Os especialistas falam na "regra dos dez anos" – precisamos de pelo menos uma década de trabalho firme para sermos bem-sucedidos em um empreendimento.[5] Naturalmente, esse prazo de maturação depende do tipo de atividade e das condições encontradas.

Em um pequeno comércio, é preciso estar preparado para atuar pelo menos seis meses no vermelho até ficar conhecido na vizinhança. Para fidelizar uma clientela é preciso pelo menos de três a cinco anos. Em atividades industriais, que envolvem cadeias de fornecedores e de distribuidores, esse prazo pode ser bem maior. Na área de pesquisa científica e tecnológica, em geral precisa-se de dez a quinze anos para se formar uma equipe produtiva e autossustentável. Além disso, existem muitos fatores externos que podem contribuir para o sucesso ou para o fracasso, como a falta de verba ou de apoio institucional. Contudo, ao persistir durante alguns anos, é possível aumentar as chances de sucesso.

LÍDERES NORMATIVOS E CRIATIVOS

Líderes normativos são aqueles que cumprem "burocraticamente" ordens superiores, seguindo regras, planos e orçamentos estabelecidos. Eles geralmente estão sobrecarregados e reclamam da falta de verba, pessoal e equipamentos, além do excesso de regras, regulamentos e controles. Costumam reclamar também dos seus subordinados. Pode-se dizer que eles atuam em sistemas organizados, com contornos bem estabelecidos, e se preocupam mais com as atividades-meio, ocupando-se de suas tarefas diárias, sem questionar muito as atividades-fim da organização.

Existem líderes mais criativos, que não se pautam por restrições reais ou imaginárias. Eles sempre estão em busca de melhores métodos, melhores objetivos e aperfeiçoamento. São capazes de elaborar estratégias para superar as dificuldades em médio e longo prazo. Muitas vezes, chegam a descumprir as regras e as metas estabelecidas.

Sumantra Ghoshal e Heike Bruch realizaram estudos sobre centenas de gerentes durante cinco anos e concluíram que cerca de 90% deles são do tipo normativo e apenas 10% são criativos.[144] Para melhorar o desempenho dos líderes normativos, Ghoshal e Bruch sugerem que se discutam melhor os objetivos e as prioridades da instituição. Dessa forma, eles estarão mais preparados para tomar decisões e escolher alternativas. Sugerem também que os controles sobre seu desempenho sejam deslocados das atividades-meio para as atividades-fim. Assim, em vez de controlar os gastos intermediários, é preferível verificar os resultados efetivamente alcançados, de acordo com os objetivos da empresa de forma global. Muitas vezes, as despesas são realizadas de acordo com as normas estabelecidas, mas nem sempre produzem os resultados esperados. Dessa forma, em vez de fazer apenas uma auditoria contábil, devem-se verificar os lucros conseguidos e os novos mercados conquistados.

OS GRANDES LÍDERES

Marcus Buckingham pesquisou 80 mil executivos, principalmente sobre as características dos grandes líderes que os tornam diferentes dos demais.[145] Descobriu que todos tinham uma característica em comum: eram capazes de identificar o talento especial de cada pessoa e investiam no seu desenvolvimento. Cada pessoa era considerada única e recebia tratamentos diferenciados, sentindo-se valorizada. A diferença é que os executivos médios jogam damas e os grandes jogam xadrez. No jogo de damas, todas as peças são iguais e movem-se da mesma maneira. No jogo de xadrez, cada peça tem trajetória própria e valor diferente. Assim, os grandes executivos conhecem os interesses, as habilidades e as excentricidades de cada pessoa e trabalham para integrá-los à sua equipe, coordenando um plano de governo. Certamente, esse plano tem flexibilidade para se moldar aos talentos disponíveis.

Esses grandes líderes não se preocupam com certas características pessoais de difícil mudança, como personalidade, crenças e valores, interesses pessoais e outros. Eles não perdem tempo tentando convencer as pessoas ou promover mudanças de difícil aceitação. Em vez disso, concentram-se em "garimpar" os talentos especiais de cada um e investem no seu desenvolvimento, desafiando-os a superar suas próprias marcas, naturalmente sintonizados com os objetivos da organização, tomando cuidado para não provocar choques de individualidades. Contudo, após certo tempo, os liderados podem ficar desmotivados pelas tarefas rotineiras. Nessa ocasião, são substituídos por outras pessoas, que preferem atuar em ambientes bem estruturados e suportam melhor a rotina. Se essas indicações fossem invertidas, provavelmente os resultados seriam desastrosos.

Como trabalham os grandes líderes

Os grandes líderes atuam de forma peculiar, adotando quatro táticas e visando aproveitar os talentos e interesses de cada pessoa.

1. *Capitalizam as forças de cada pessoa*, identificando as características únicas de cada um. Eles caminham observando e conversando com essas pessoas. Às vezes, são provocativos, perguntando: "Qual foi a sua melhor produção nos três meses passados?". Depois, procuram descobrir aquilo que causou maior satisfação. No sentido inverso, procuram saber também as maiores frustrações. Se forem por falta de conhecimentos/habilidades, os funcionários podem ser encaminhados para treinamento, que pode ser *on-the-job*, trabalhando com outros colegas mais qualificados.
2. *Respeitam a personalidade e os interesses individuais*. As pessoas têm diferentes orientações e interesses, que não devem ser contrariados. Se forem do tipo intelectual e introspectivo, recebem tarefas de análise e formulação de propostas. Se forem voltadas para a ação, recebem tarefas de execução ou de liderança, e assim por diante. Em uma analogia com o futebol, grandes líderes não tentam transformar atacantes em zagueiros, e muito menos em goleiros.
3. *Puxam o gatilho para liberar os talentos*, atribuindo-lhes missões desafiadoras para que possam demonstrar suas qualidades na prática. Em conversa particular, devem dizer por que aquele colaborador é importante (e único) e o que se espera dele. Em público, devem-se reconhecer os resultados conseguidos e, se for possível, providenciar algum tipo de retribuição em termos monetários, honrarias ou promoções, considerando que o reconhecimento é também um reforçador poderoso. E o mais importante: nunca o censurar em público pelos erros. Se houver necessidade, essa censura deve ser feita *tête-à-tête* e em particular.
4. *Promovem o envolvimento emocional,* transformando os colaboradores em defensores de uma causa em vez de simples cumpridores de ordens em tarefas rotineiras. Os grandes líderes sabem envolver emocionalmente seus subordinados, e isso ocorre até na rígida hierarquia militar. Napoleão Bonaparte, considerado um dos maiores estrategistas militares da história, fazia discursos emocionais para suas tropas. Aos 26 anos, foi designado para comandar o exército francês contra o exército italiano, em 1796. Ele se misturava com os soldados e conversava com cada um deles, chamando-os

pelos nomes. Conhecia as histórias de cada um e sabia até em que batalha tinham se ferido. Em alguns casos, pegava o lóbulo da orelha do soldado para dar um cordial beliscão, que era aceito como uma honraria.[74]

Resultados do trabalho

Em geral, as pessoas que conseguem exercer seu talento sentem-se mais realizadas, principalmente se houver reconhecimento sincero. Tornam-se mais criativas, com mais iniciativa e entusiasmo. Adquirem mais conhecimentos, tornam-se confiáveis e valiosas para a empresa. No caso inverso, tendem a exercer as tarefas burocraticamente, apenas cumprindo ordens. Muitas vezes, ficam angustiadas e estressadas apenas para terminar seu dever penosamente, contando os dias que faltam para a aposentadoria. Seu chefe também se desgasta, pois precisa exercer supervisão contínua para "mantê-las nos trilhos".

Na prática, o "casamento" entre talentos e atribuição de missões pode ocorrer de duas formas. Na primeira, há uma necessidade de trabalho e parte-se para a busca da pessoa mais talentosa para isso. Na segunda, o caso inverso, há uma pessoa especialmente talentosa que é encaminhada para uma nova missão. Nesse caso, há empresas que criam atividades ou unidades novas especialmente para aproveitar algum talento especial.

Por exemplo, conta-se que Thomas Edison (1847-1931), famoso inventor norte-americano com mais de mil patentes, entre as quais a da lâmpada incandescente e a do fonógrafo, fundou a General Electric (GE) em 1892 para fabricar motores elétricos, mas seus conhecimentos nessa área eram incipientes. Na época, o pesquisador Charles Steinmetz (1865-1923) tinha inventado o motor elétrico de corrente alternada, trabalhando em um pequeno laboratório de Rudolf Eickemeyer. Edison tentou contratar Steinmetz, mas este alegou que não poderia aceitar porque tinha compromisso com Eickemeyer. Então, Edison comprou a empresa de Eickemeyer apenas para ter a colaboração de Steinmetz, em 1893, e criar a divisão de motores elétricos da GE.

LYNALDO CAVALCANTI DE ALBUQUERQUE

Lynaldo Cavalcanti de Albuquerque (1932-2011) notabilizou-se como executivo na área pública, setor considerado muito difícil de administrar por conta de inúmeras restrições burocráticas e legais, excesso de controle das auditorias e tribunais de contas, além do formalismo orçamentário e do regime de trabalho dos servidores.[146] Ele só tinha o diploma de graduação em Engenharia, mas ocupou vários cargos de direção, como reitor da Universidade Federal da Paraíba (UFPB), presidente do Conselho Nacional de Desenvolvimento Científico e Tecnológico (CNPq) e presidente do Conselho de Reitores das Universidades Brasileiras (Crub). Também foi fundador da Associação Brasileira das Instituições de Pesquisa Tecnológica e Inovação (Abipti), na qual atuou como secretário executivo por mais de quinze anos.[146]

A característica marcante de Lynaldo era a rapidez na tomada de decisões. Ele se baseava em poucas fontes de informações, apenas uma ou duas, e uma terceira em caso de dúvida.[147] Não era afeito a rituais burocráticos e tinha a mesa sempre limpa. Os documentos recebidos eram imediatamente despachados, com anotações na primeira página contendo a decisão tomada e instruções breves sobre as providências ou pedido de sugestões ou de informações adicionais.

Lynaldo colocava sempre os interesses institucionais acima de eventuais amizades e formalismos, o que provocava reclamações, ressentimentos e reações de pessoas que se sentiam preteridas ou prejudicadas. Alguns colaboradores que trabalharam com ele durante muitos anos e reuniram-se para procurar entender o processo de decisão de Lynaldo destacaram os seguintes pontos:[148]

- estava sempre muito bem-informado, tanto pelos meios formais como informais, e isso contribuía para alimentar a sua criatividade;
- preferia os contatos pessoais, recebendo muitas pessoas em seu gabinete e realizando visitas e viagens frequentes;
- ao receber uma proposta, era capaz de identificar, rapidamente, os pontos essenciais e os mais importantes, o que o ajudava a atuar sobre as causas do problema e não sobre os sintomas ou os aspectos rotineiros e secundários;
- tinha memória privilegiada, que o ajudava nas decisões intuitivas, fazendo conexões com outras informações (projetos, pessoas e instituições) baseando-se em suas experiências passadas;
- dava ênfase aos interesses e potenciais de cada pessoa, propondo-lhes realizações de novas ações ou novos projetos e compatibilizando-os com os objetivos institucionais;
- conhecia os "pontos fortes" e os principais interesses de cada professor ou pesquisador, porque tinha lido os currículos de quase todos que contratava (cerca de 1.500 pessoas na UFPB) – naquela época não eram obrigatórios os concursos públicos para esses cargos;
- era rápido em tomar decisões, com forte intuição e coragem;
- estava sempre em busca de novas oportunidades, sem se ater ao *status quo* ou a restrições institucionais e financeiras;
- trabalhava com poucas alternativas – duas ou três, no máximo;
- para cada tipo de assunto, tinha pessoas de confiança que eram consultadas frequentemente, constituindo uma rede informal de conselheiros;
- para assuntos importantes, trabalhava com redundância, consultando mais de uma pessoa, que muitas vezes apresentavam opiniões diferentes ou opostas;
- ao tomar decisões, já tinha arquitetado, em sua mente, o passo seguinte da execução e os recursos necessários para a implementação;
- ao atribuir tarefas de execução, dava preferência a pessoas práticas, mais aptas às atividades táticas;
- procurava manter-se informado sobre as execuções de tarefas e projetos, fazendo perguntas simples de acompanhamento e tomando medidas corretivas, se necessário, com rapidez.

Quase sempre, confiava mais nas informações verbais obtidas em conversas pessoais ou pelo telefone. Logo de manhã, a secretária recebia uma lista de vinte a trinta nomes para que realizasse as ligações telefônicas durante o dia. Antes dos telefones celulares, essas ligações eram difíceis e demoradas, porque envolviam contatos com autoridades, como outros reitores, governadores, ministros de Estado, deputados e outros. Utilizava muito a sua intuição, e suas decisões eram marcadas pela coragem, não tendo receio de desafiar o *status quo*. Cometia erros também, mas corrigia-os rapidamente. Para isso, realizava monitoramento pessoal, fazendo uma ou duas perguntas sobre o desempenho e, em caso de dúvida, perguntava a outras pessoas, para conferir.

Na gestão da UFPB, incentivou a expansão da universidade pelas cidades do interior da Paraíba e criou diversos cursos e atividades de pesquisa e extensão inovadores. Assinou convênios de cooperação com as agências dos governos do Canadá (CIDA) e da Inglaterra (British Council). Quando assumiu a presidência do CNPq, em 1980, esse órgão atuava principalmente no apoio às pesquisas científicas, concentrando-se nas regiões Sul e Sudeste, com incipiente atuação nos desenvolvimentos tecnológico e social. Lynaldo mudou essa ênfase, participando da criação de programas especiais para incentivar pesquisas nas regiões Nordeste e Norte, focalizando os problemas regionais. Criou a Diretoria de Assuntos Tecnológicos, a fim de priorizar o desenvolvimento tecnológico e a inovação tecnológica e, dessa forma, pretendeu dar maior significado econômico e social às pesquisas, envolvendo o setor produtivo no desenvolvimento científico e tecnológico.

No CNPq, realizava despachos diários, durante cerca de trinta minutos, com seu chefe de gabinete, o que ilustra bem o seu estilo de gestão.[147] Este comparecia com uma pilha de papéis e processos, com trinta a quarenta centímetros de altura, previamente classificados por assunto, como informes, convites, propostas, andamento de processos, liberação de verbas e outros, quase todos exigindo algum tipo de decisão ou providência. Antes de decidir, Lynaldo costumava fazer três tipos de perguntas: a) *origem* - quem elaborou, quem propôs, quem encaminhou, quem está pedindo; b) *parecer* - opinião de alguma pessoa de confiança sobre cada tipo de assunto, ou de assessores especializados - "O que pensa fulano?"; c) *consequências* - possíveis implicações, como a disponibilidade de verbas para efetuar os pagamentos exigidos.

Acostumado a esses despachos, o chefe de gabinete providenciava previamente as respostas a esses questionamentos. A decisão era anotada manualmente pelo presidente, sucintamente, na página de rosto do próprio documento, colocando-se o nome do destinatário ou da unidade responsável e dando instruções sobre as providências requeridas. Muitas vezes, o despacho era curto, como "aprovo", "concordo", "providenciar", ou continha um simples encaminhamento, como "para conhecimento". Outras vezes, quando ainda persistiam dúvidas: "falar comigo" ou perguntas como "Isso é permitido por lei?". Assim, a mesa de trabalho dele estava sempre limpa, sem nenhum papel acumulado.

Os despachos do expediente eram realizados diariamente com a secretária. Ela trazia anotações de todos os pedidos de audiências em fichas, contendo o nome do interessado, o telefone de contato, a instituição que representava e o assunto a ser tratado. Se o assunto fosse rotineiro, como trâmites de processos, o reitor encaminhava-o diretamente a outros escalões, nos quais esses assuntos seriam tratados mais efetivamente, com instruções para dar retorno diretamente aos interessados. Desse modo, o reitor conseguia preservar tempo precioso para tratar de assuntos mais importantes. Pela recomendação de Carlos Matus, esses assuntos relevantes devem ocupar pelo menos 10% de tempo dos executivos para que o órgão não perca a direcionalidade.[103]

Ao tomar decisões rápidas baseando-se em sua intuição, ele cometia erros. Contudo, valendo-se de sua memória privilegiada, realizava acompanhamento, fazendo, periodicamente, apenas uma ou duas perguntas ao responsável pela execução. Caso desconfiasse de que algo não estava correndo bem, mandava verificar. Se fosse o caso, tomava medidas corretivas imediatamente. Certa vez, desconfiou de que o órgão estava adquirindo móveis acima dos preços de mercado. Chamou o diretor administrativo e pediu para verificar porque se efetuavam as compras de um fornecedor "exclusivo" que cobrava o triplo de preços do mercado. Os compradores alegaram que os móveis do órgão eram padronizados e que só havia um fornecedor para eles. O presidente autorizou a compra de móveis fora do padrão, mas semelhantes e de qualidade equivalente, com os custos reduzidos a um terço.

CAPÍTULO 8
ORGANIZAÇÕES QUE DECIDEM

A tomada de decisões é uma das funções mais importantes das organizações. Ela é o ponto de partida de todas as ações, e as boas decisões podem impulsioná-las para a frente. Ao contrário, a omissão ou o atraso dessas decisões podem causar imobilismo. Para que boas decisões sejam tomadas, é necessário haver uma clara atribuição de responsabilidades, se possível de forma hierarquizada. Deve haver pessoas capazes de tomar boas decisões nos diversos escalões, que exigem habilidades diferentes de cada uma. Os principais executivos devem manter-se atualizados sobre a evolução da economia, os avanços tecnológicos e outras transformações externas para sintonizar as suas decisões. Algumas empresas isolam-se e não conseguem acompanhar as transformações do mundo externo.

Irving Janis apresenta um estudo de caso da empresa Facit, que tinha vinte fábricas localizadas em cinco países na década de 1970, para produzir calculadoras mecânicas consideradas de excelente qualidade.[106] Os seus executivos estavam tão inebriados com a precisão mecânica e o sucesso de seus produtos que não perceberam a evolução das calculadoras eletrônicas, que, rapidamente, tomaram conta do mercado. Isso aconteceu também com outros produtos da era eletromecânica, como as máquinas de escrever, rapidamente substituídas pelos computadores e pelas impressoras domésticas.

ANÁLISES SITUACIONAIS

As análises situacionais são feitas antes da tomada de decisão, para se conhecer o "terreno" em que ocorrerá a decisão. Elas podem mostrar a verdadeira dimensão do problema e se as condições de contorno são favoráveis ou não.

PROBLEMAS COMPLEXOS

Problemas complexos são aqueles que envolvem muitas variáveis e em que não se conhecem todas as interações entre elas. Em muitos casos, é difícil descobrir suas causas e efeitos e como se relacionam. É importante que sejam adequadamente analisados, pois modelos simplistas podem escamotear variáveis importantes, resultando em erros de decisão. Nesses casos, vale a pena investir em um processo adequado para se reduzirem os riscos de uma decisão errada, fazendo-se coleta de dados, análises mais detalhadas das variáveis envolvidas, diversificação dos pontos de vista, descrição das opções existentes e suas possíveis consequências.

É preciso, principalmente, diversificar os pontos de vista, consultando, inclusive, alguns "advogados do diabo", que apresentam argumentos contrários à corrente predominante. Deve-se considerar que pessoas e instituições apresentam tendências muito arraigadas, oriundas do subconsciente e das emoções, provocando o viés do *status quo*, como já vimos no Capítulo 3. O teatrólogo Nelson Rodrigues considerava que "toda unanimidade é burra", porque é unidirecional e pode conduzir ao precipício, com todos repetindo "amém".

As decisões complexas envolvem muitas opções, nem sempre explícitas, com informações insuficientes. Geralmente carreiam uma extensa rede ligando os efeitos (sintomas) com as suas causas. O futuro é nebuloso e o ambiente pode sofrer mudanças bruscas ou aleatórias. Os fatores envolvidos nem sempre apresentam evoluções ou comportamentos previsíveis. Citam-se como exemplos de decisões complexas: escolher um sócio para novos negócios; elaborar uma carteira de ações para investimentos; escolher uma carreira; mudar de emprego; decidir com quem se casar; comprar uma casa.

As pessoas adotam diferentes estratégias para fazer escolhas, dependendo da dimensão e da complexidade das opções viáveis. Nas situações simples, com poucas alternativas, elas examinam todas, uma a uma, sequencialmente, e fazem substituições se houver necessidade. Em casos mais complexos, adotam a estratégia *simplificadora*.[21] Por exemplo, uma pessoa que está procurando uma casa para comprar enfrenta diversas variáveis, como área construída, tipo de edificação, estado de conservação, existência de elevador, vizinhança, acesso ao comércio, acesso ao metrô e assim por diante. Diante disso, a pessoa adota uma estratégia de eliminação, usando as variáveis consideradas mais importantes e estabelecendo pontos de corte. Se for um casal com dois filhos, pode exigir uma casa com pelo menos três quartos e eliminar as de dois quartos. O processo segue, de atributo a atributo. Naturalmente, um atributo poderá compensar outro, e o casal pode acabar escolhendo uma casa de dois quartos que apresente grandes vantagens nos outros atributos. Essa troca entre as alternativas é chamada de estratégia de *compensação*, quando o conjunto das demais variáveis mostra-se mais vantajoso, flexibilizando o ponto do corte anteriormente estabelecido.

No caso de produtos de consumo, o aumento do número de opções nem sempre produz resultados favoráveis. Por exemplo, o aumento da variedade dos sabores de sorvete, após certo número, não produz aumento proporcional de vendas, porque as pessoas dificilmente mudam as suas preferências, que se concentram em poucas variedades (ver Capítulo 5).

A complexidade geralmente é grande quando precisamos tomar decisões sobre outros seres humanos, inclusive na política. Um estudo sobre eleitores norte-americanos mostrou que a maioria é mal-informada, não reflete profundamente sobre suas escolhas e baseia suas decisões em critérios superficiais.[149] Nas eleições presidenciais de 1992, os fatos mais conhecidos sobre o candidato George H. W. Bush eram que ele detestava brócolis e que sua cadela se chamava Millie. Menos de 15% dos eleitores conheciam suas posições sociais e políticas e, por exemplo, se ele era a favor da pena de morte ou contra ela. No Brasil, Miguel Arraes venceu a eleição para o governo de Pernambuco com o *slogan* "cada propriedade, um poço". Com isso, conseguiu atrair a simpatia dos eleitores do sertão, sempre castigados pela seca.

Gerd Gigerenzer afirma que é difícil tomar decisões sobre sistemas complexos utilizando análises também complexas.[39] O modelo a ser aplicado provavelmente não conseguirá refletir toda a complexidade desses sistemas, porque a evolução futura deles estará sujeita a aleatoriedades fora de controle, e não se terá informações suficientes para embasar a decisão. Nesses casos, a decisão intuitiva, como o método *Pegue o Melhor* (ver Capítulo 5) pode ser aplicada, pois produz resultados equivalentes, além de ser bem mais simples, rápida e barata. Nesse caso, o importante é escolher a variável mais importante para explicar o futuro, também chamada de variável *portadora do futuro*. Por exemplo, secas em grandes regiões provocam êxodo rural; desemprego duradouro aumenta o índice de criminalidade; aumento de escolaridade melhora os salários.

A identificação da variável mais importante em cada caso depende de uma sensibilidade que os tomadores de decisão podem desenvolver empiricamente. Por exemplo, em tratamentos de saúde, os médicos costumam pedir muitos diagnósticos, alguns de utilidade duvidosa. Infelizmente, isso onera os custos, principalmente dos planos de saúde. Os médicos fazem isso por precaução, com receio de não diagnosticarem doenças precoces. Pesquisadores da Universidade de Michigan estudaram a qualidade das decisões médicas e constataram que elas não são melhores que as aleatórias.[150] Essa qualidade poderia ser melhorada desenvolvendo-se a capacidade de diagnóstico clínico dos médicos.

Por exemplo, em um paciente com isquemia cardíaca, devem-se verificar a natureza e a localização dos sintomas por meio de certos indicadores no eletrocardiograma, que é um exame relativamente simples, em vez de submetê-lo a exames caros e sofisticados, como uma tomografia computadorizada. Green e Mehr sugerem treinar os médicos em métodos empíricos para que realizem diagnósticos rápidos e de fácil entendimento, concentrando-se apenas no que é importante e ignorando os fatores secundários.[151] Essas variáveis importantes podem ser substituídas sequencialmente, como no exemplo da compra da casa, acima apresentado.

PROBLEMAS MAL-ESTRUTURADOS

Os problemas são mal-estruturados quando as regras de decisão e os critérios que determinam a solução vencedora não estão claramente definidos. Isso ocorre, por exemplo, em debates políticos, quando vários candidatos podem proclamar-se vencedores. Também ocorre na maioria das situações de negociação (exceto em leilões) entre compradores e vendedores ou contratantes e contratados. Em muitas situações, as pessoas preferem manter certo grau de incerteza a fim de permitir flexibilidade de atuação.[51] Em outros casos, essas regras são mantidas intencionalmente ambíguas, porque podem favorecer os mais fortes ou os detentores de poder, como em alguns processos jurídicos. Por exemplo, em um contrato de prestação de serviços, não é possível prever todas as eventualidades, explicitando as consequências das ações de cada parte e as respectivas penalidades. Nesses casos, é mais importante ter confiança mútua.

Um empresário contratou um advogado para redigir um contrato de terceirização de serviços. Ele queria detalhar todas as eventualidades de falhas e suas possíveis consequências.[39] O advogado esforçou-se para fazer o melhor possível, mas o empresário não se dava por satisfeito. Então, o advogado perguntou-lhe: "Afinal, você confia ou não confia nele? Se não confia, ele sempre vai arranjar um jeito de burlar este contrato; se confia, não é necessário chegar a tantos detalhes".

No Brasil, a enorme burocracia dos serviços públicos baseia-se no princípio de que os cidadãos são desonestos e mentirosos, o que seria uma herança do tempo colonial. Os depoimentos verbais não são considerados válidos e tudo deve ser comprovado com documentos escritos, se possível, com firma reconhecida. Quem morou em países mais desenvolvidos sente essa diferença, porque aquilo que se fala é aceito como verdade até prova em contrário, e tudo fica mais simples, rápido e barato.

URGÊNCIAS E IMPORTÂNCIAS

As decisões urgentes ou emergenciais competem com as mais importantes. Os maus gestores vivem com a agenda sufocada, resolvendo, um a um, os casos que "pipocam" sem parar. Geralmente, isso indica que se perdeu o *timing* correto de alguma decisão importante. Na definição de Carlos Matus, "urgência é aquilo que não se providenciou em tempo".[15] Os bons gestores procuram preservar parte do seu precioso tempo para as decisões importantes, sem se deixar sufocar pelas urgências.

Isso significa, geralmente, substituir as improvisações por decisões planejadas, atuando antecipadamente e preventivamente. Os problemas devem ser resolvidos antes que "estourem" em diversos subproblemas. É como o agricultor que deve exterminar as ervas daninhas antes que elas lancem suas sementes, gerando muitas outras. Portanto, o bom gestor costuma tomar decisões com o *timing* correto, prevenindo futuras dificuldades. É claro que antecipar decisões requer senso de urgência. É preciso combinar a importância com a urgência, atuando preventivamente, diferentemente daquele que administra o dia a dia, resolvendo apenas problemas emergenciais com medidas corretivas.

Ao analisar 3 mil decisões tomadas por um governante sul-americano, Carlos Matus[15] descobriu que apenas cinco delas eram realmente muito importantes, representando

0,2% do total (Tabela 8.1). A maioria das decisões (88,3%) poderia ser classificada como rotineira. Apesar dos baixos graus de importância, todas elas tomavam tempo equivalente ou até superior ao das decisões importantes. E o pior, o dirigente tomava decisões de má qualidade porque não dominava os detalhes necessários dessas decisões urgentes, que envolviam, por exemplo, a tramitação de um processo. Estas poderiam ser delegadas a escalões inferiores, em que técnicos especializados poderiam dar um tratamento mais adequado ao problema.

Tabela 8.1 Distribuição das decisões tomadas por um governante sul-americano de acordo com o grau de importância

Grau de importância	Quantidade	Porcentagem (%)
Decisões muito importantes	5	0,2
Decisões importantes	45	1,5
Decisões significativas	300	10,0
Decisões rotineiras	2.650	88,3
Total	3.000	100,0

Fonte: adaptada de Matus.[15]

Aquilo que é considerado importante é diferente em cada nível da organização. Os níveis inferiores tratam de assuntos táticos e rotineiros, atuando com procedimentos e regras bem estabelecidas. Subindo na hierarquia, os problemas vão se tornando mais complexos e, muitas vezes, as decisões são tomadas sem ter todas as informações disponíveis. Se cada problema for decidido no nível adequado, tende a receber um tratamento flexível e criativo. Se cair no nível errado, passa a ser rígido, formal e burocratizado. Isso acontece porque as pessoas que tomam essas decisões não conhecem, não têm interesse ou não têm governabilidade sobre os assuntos tratados.[103]

No caso de um problema amplo ser decidido em escalões inferiores, corre-se o risco de obter soluções parciais e subótimas, prejudiciais à solução global do problema. Ao contrário, a administração superior, ao tratar de decisões rotineiras, interfere na atuação dos subordinados. Os problemas amplos que se desdobram em outros exigem sincronia de decisões. Os amplos de natureza estratégica devem ser decididos antes dos táticos e específicos. Se for o inverso, o resultado pode ser um verdadeiro Frankenstein, sem harmonia no conjunto.

ATORES DAS DECISÕES

Atores são os protagonistas envolvidos na decisão. Muitas vezes, cada um desses atores não é uma pessoa, isoladamente, mas um grupo ou colegiado que toma as decisões.

QUEM TEM O "D"

Todos os sucessos, fracassos e oportunidades aproveitadas ou perdidas dependem de alguém que acertou ou falhou na tomada de decisão. Isso acontece invariavelmente na vida pessoal e nas empresas, sejam elas pequenas ou grandes. Se você não for capaz de tomar a decisão certa rapidamente, sua vida pessoal ou a da empresa pode ficar comprometida. As pessoas que decidem podem ser classificadas, *grosso modo*, em: focadas em *problemas* e focadas em *oportunidades*. As primeiras são boas para evitar prejuízos, mas atuam dentro de certos limites de ocorrência desses problemas. As segundas são as que "farejam" oportunidades e produzem resultados inovadores, não se restringindo aos problemas corriqueiros.

Ao analisar as decisões empresariais quanto a qualidade, velocidade e viabilidade em 350 empresas de grande porte, Paul Rogers e Marcia Blenko constataram que apenas 15% contribuíram efetivamente para melhorar a competitividade.[152]

As decisões rotineiras, que ocorrem em certas funções ou departamentos, costumam ter responsabilidades bem definidas. Isso acontece, por exemplo, na hierarquia militar e nas universidades organizadas em departamentos unidisciplinares. Contudo, há dificuldade quanto às decisões mais amplas, principalmente de natureza multidisciplinar, quando cruzam várias funções ou departamentos. As decisões interdepartamentais, envolvendo trabalho cooperativo de várias funções, geralmente são as mais importantes para manter as inovações e a competitividade das empresas no nível global. Esse tipo de atuação é bem organizado em algumas empresas, como a Toyota e a Dell.[152] Contudo, é muito frequente haver situações em que as decisões são tomadas em pequenos nichos isolados, sem consultar atores importantes ou, ao contrário, com superposições e conflitos entre os vários atores.

Uma grande empresa automobilística estava perdendo mercado, principalmente pela demora no lançamento de novos produtos. Verificou-se que não havia uma clara definição de responsabilidades. Perguntando-se quem decidiria sobre as características de um novo produto, 83% do pessoal de marketing disse que eles eram os responsáveis, e 64% do pessoal de desenvolvimento de produtos disse o mesmo, evidenciando uma clara superposição de atribuições. Em outras perguntas, como sobre a gama de cores a serem oferecidas, 61% do pessoal de marketing se declarou responsável, e 77% do pessoal de desenvolvimento afirmou o mesmo. Essas ambiguidades e superposições geram conflitos e atrasos, resultando na perda de competitividade da empresa.[152]

Comunicação da decisão

Uma decisão tomada deve ser comunicada aos setores responsáveis por sua execução e seu controle. Se possível, deve-se indicar claramente a pessoa ou unidade responsável pela execução e os respectivos prazos ou a data da conclusão. Se houver mais de uma pessoa ou unidade responsável, essa comunicação deve ser estendida a todos os envolvidos. Quando for o caso, devem-se explicitar os recursos necessários em termos de pessoal, material, recursos financeiros, institucionais e políticos, entre outros.

Desse modo, uma decisão tomada só começa a produzir efeito a partir das seguintes definições:

- nome da pessoa ou do setor responsável pela implementação;
- prazos e datas de conclusão e de apresentação dos resultados;
- recursos necessários para implantação;

- comunicação para outras pessoas ou setores envolvidos ou afetados;
- nome da pessoa ou do setor responsável pelo acompanhamento e pelo controle.

Se esses pontos não ficarem claramente estabelecidos, é possível que a implementação sofra atrasos ou mesmo nunca ocorra. Isso significa que deve haver um equilíbrio, como na estratégia do triângulo de governo, de modo que a pessoa ou o setor responsável pela implementação conte com os recursos financeiros, humanos, institucionais e políticos necessários (ver Figura 9.2, Capítulo 9). A comunicação é importante para se obter a colaboração dos outros ou, pelo menos, para que eles não atuem no sentido contrário, atrapalhando as ações.

Todas as demais discussões sobre oportunidade ou viabilidade devem acontecer antes da decisão. Depois, deve-se passar à execução com o mínimo de discussões. Estas devem concentrar-se apenas nos esclarecimentos dos pontos obscuros ou duvidosos e nunca em viabilidade ou oportunidade, que devem ter sido decididas previamente. Empresas brasileiras que negociam com japoneses reclamam da lentidão deles. Contudo, os japoneses, quando decidem, colocam rapidamente em prática, porque, antes de decidir, já pensaram em todos os desdobramentos possíveis. No Brasil, muitas vezes, tomam-se decisões rápidas, mas depois não se consegue implementá-las por falta de recursos ou outras dificuldades que não foram consideradas pelos tomadores da decisão.

DECISÕES COLEGIADAS

No ambiente institucional, muitas decisões são tomadas em reuniões. Para que essas reuniões sejam produtivas, é necessário definir o objetivo delas e, se possível, preparar previamente um documento chamado *position paper*, explicando o problema e as possíveis alternativas para a solução. Quando a discussão se estender a várias reuniões, deve-se distribuir uma Ata ou *aide-mémoire* das sessões anteriores. Esses documentos devem ser distribuídos antecipadamente para que os participantes tenham tempo de lê-los. Os participantes da reunião devem ser cuidadosamente escolhidos, de modo que possam prestar uma colaboração adequada. Na abertura, o presidente ou coordenador deve explicar os objetivos e o que se espera ao final. Durante a reunião, todos devem "ouvir primeiro e depois falar", evitando-se, assim, excesso de conversas em paralelo.

Alfred Sloan presidiu a GM por mais de trinta anos e é considerado um dos executivos de maior sucesso nos Estados Unidos.[153] Ele passava seis dias por semana em reuniões. Metade era em comissões formais da empresa e outra metade em reuniões *ad hoc*, para as quais convocava pequenos grupos de executivos. Nas reuniões formais, ele comunicava o objetivo e então ouvia os participantes. Raramente tomava notas e falava apenas para esclarecer pontos duvidosos. Ao final, fazia um breve resumo daquilo que fora decidido e agradecia a participação de todos. Em seguida escrevia um pequeno memorando, cujas cópias eram distribuídas a todos os participantes da reunião. Nesse memorando resumia as decisões tomadas e as responsabilidades atribuídas. Inclusive agendava a próxima reunião, caso fosse necessário. Sempre estabelecia prazos para as atividades delegadas. Com esse método, Sloan gerenciava com objetividade, evitando ambiguidades, mal-entendidos e desperdício de tempo.

As universidades federais, assim como a maior parte dos órgãos públicos do país, têm gestões conservadoras e dificilmente aceitam inovações nessa área. As decisões são tomadas em colegiados, quase sempre baseadas em normas e regras que tendem a manter o *status quo*, com pouca permeabilidade às inovações. Os dirigentes acham isso cômodo, porque as responsabilidades ficam diluídas e os riscos pessoais, minimizados. Dificilmente há acompanhamentos, cobranças ou responsabilização pelos resultados. São gestões de baixa responsabilidade.

PENSAMENTO DE GRUPO E TOMADA DE DECISÃO

Em muitos contextos de decisão de grupo, um aspecto importante, já abordado no Capítulo 4, é o pensamento de grupo (*groupthink*) e o seu lugar no processo de tomada de decisão. Esse tipo de pensamento ocorre em grupos coesos, cujos membros são, de certa forma, incentivados a evitar críticas severas aos demais integrantes, de forma a manter-se um clima agradável de trabalho. Esse fenômeno social se configura como um poderoso efeito de conformação social, em que ocorre a supressão não deliberada da ponderação crítica dos resultados. Assim, o pensamento de grupo é antes pautado pela crença da boa decisão do líder ou da maioria dos membros em detrimento de objeções razoáveis.

Entre as características do pensamento de grupo, incluem-se: a ilusão de invulnerabilidade, em que riscos desnecessários são assumidos em função de um otimismo exacerbado; a racionalização das ações na tentativa de desconsiderar sinais de perigo; a crença em uma moralidade inerente ao grupo; a ocorrência de julgamentos estereotipados em relação a grupos rivais, o que contribui frequentemente para avaliações subestimadas dos resultados prováveis; pressão social sobre os indivíduos que, porventura, apresentem ideias dissonantes dentro do grupo; autocensura entre os membros quanto às suas próprias dúvidas; a ilusão da unanimidade, mesmo que eventualmente algum membro permaneça em silêncio ou ausente da discussão; por fim, os membros podem assumir, em maior ou menor grau, o papel de "guarda-costas", blindando o grupo.[52]

Muitas decisões erradas, com resultados desastrosos, podem ser atribuídas ao pensamento de grupo, como a decisão dos gestores da Nasa de lançar o ônibus espacial Challenger em 1986, a despeito dos avisos dados por engenheiros quanto aos possíveis riscos, ou a decisão de invadir a Baía dos Porcos, que será descrita adiante.

GESTÃO PARTICIPATIVA

A gestão participativa parte do princípio de que a inteligência e a criatividade estão disseminadas na organização e podem manifestar-se quando houver ambiente propício. Assim, todos contribuem para as decisões, desde que sejam solicitados. Os japoneses da Toyota introduziram a prática do Círculo de Controle de Qualidade (CCQ) na década de 1970, quando pequenos grupos se reuniam para discutir melhorias de qualidade.[17] Posteriormente, passaram a discutir também outros assuntos, como segurança do trabalho, redução de custos e manutenção. Para que esses grupos continuem a atuar por longo tempo, é necessário que todas as sugestões apresentadas recebam uma resposta, mesmo que seja um simples *sim* ou *não*, o mais rápido possível.

As sugestões que forem aproveitadas devem ser comunicadas e divulgadas como estímulos reforçadores. Algumas empresas calculam os lucros provenientes, que são distribuídos em três partes não necessariamente iguais. A primeira vai para o autor da ideia. A segunda, para o grupo cujo trabalho foi modificado em função da ideia, para que as resistências à adoção da nova ideia sejam reduzidas. A terceira, para eventuais custos de implantação.

A decisão participativa procura diminuir aquelas sugestões de cima para baixo (*up-down*) ou gestadas em escritórios, consultorias externas ou empresas de consultoria, sem a participação dos executores. Muitas vezes, a direção da empresa formula uma orientação que pode parecer estranha aos trabalhadores, e eles não se sentem motivados a adotá-la. Nesse caso, é preciso que o processo decisório desça para depois subir (*down-up*) na hierarquia da organização. Podem-se colocar as propostas para conhecimento e discussão dentro dos grupos de CCQ para que sejam devidamente digeridas e aceitas pelos trabalhadores. Naturalmente, a sugestão inicial pode sofrer mudanças, mas é preferível uma solução subótima que seja aceita e implantada do que uma ótima e refugada. Ressalta-se que os assuntos tratados são de natureza tático-operacional, enquanto aqueles de natureza estratégica continuam a cargo da administração superior.

Ambiente criativo

O ambiente criativo envolve pessoas que se conhecem, confiam umas nas outras e trabalham em pequenos grupos. A comunicação entre os membros costuma ser franca e muitas vezes não é manifestada de forma explícita, pois todos já sabem do que se trata e o que está acontecendo. Apenas os objetivos pretendidos e os prazos devem ficar claramente definidos para todos. As pessoas com iniciativa não ficam paradas reclamando da falta de recursos. Elas começam a trabalhar de modo intuitivo e criativo, movimentando-se na direção pretendida.

Nesse caminho, acabam conseguindo os meios necessários, como dinheiro, equipamentos, informações adicionais, consultorias especializadas e outros. Essa busca é feita de modo solidário e cooperativo entre os membros, sem necessidade de procedimentos racionais, com metodologias orientadas passo a passo, sob a direção de um coordenador ou chefe. Frequentemente, a solução é encontrada mais rapidamente pelo próprio grupo, com uso de menos recursos. E, o melhor, aquilo que foi decidido pode ser colocado em prática rapidamente.

DECISÕES DOGMÁTICAS E PARTICIPATIVAS

David Garvin e Michael Roberto classificam as decisões em dois tipos básicos de processo: dogmático e participativo.[143] No processo *dogmático,* o líder apresenta sua proposta pré-elaborada e tenta cooptar os outros, apresentando os seus argumentos unilateralmente. Nesse processo, os participantes se colocam a favor ou contra, havendo ganhadores e perdedores. Na discussão dogmática há conflitos emocionais, com atritos, rivalidades, ameaças, demonstrações de força, disputas de ego e ressentimentos. Muitas vezes, a essência da discussão, o seu conteúdo principal, fica em segundo plano (ver Quadro 8.2).

No processo *participativo* não há essa tentativa de impor uma proposta pré-elaborada, mas uma discussão aberta em busca de consenso. As discussões giram em torno de propostas, ideias e conceitos de modo impessoal. Essas discussões podem ser intensas, mas raramente descambam para questões pessoais e emocionais.

Quem presenciar uma reunião em que as propostas são debatidas não perceberá grandes diferenças entre os dois processos. Contudo, os resultados podem ser drasticamente diferentes. No processo dogmático há ganhadores e perdedores e, naturalmente, ressentimentos, que podem atrapalhar a implementação das ações, pois os perdedores relutam em colaborar. As decisões dogmáticas são preferidas pelos chefes autoritários, mesmo diante da possibilidade de cometer erros pela falta de interação entre os membros da equipe. No processo participativo todos cooperam e assim todos se sentem responsáveis pela sua implementação com sucesso. Nesse caso, não há vencedores pessoais, mas uma vitória coletiva a favor das melhores propostas e ideias.

Quadro 8.2 Duas formas de processo decisório

Processo decisório	Dogmático	Participativo
Metodologia	Procura aprovar uma posição preestabelecida, com predomínio pessoal	Busca consenso pelo debate e, pelas negociações e pelo predomínio das ideias
Objetivo das discussões	Persuasão e *lobby* para convencimento dos outros	Discussão aberta dos argumentos pró e contra
Abrangência	É limitada à proposta apresentada	Pode ser ampliada pelos participantes
Principais atores	Oradores eloquentes	Geradores de ideias e sugestões
Contribuições da minoria	São desencorajadas ou desprezadas	São consideradas tão importantes quanto as demais
Comportamentos típicos	Defende suas posições prévias; faz demonstrações de força e sabedoria; procura convencer os outros; desqualifica seus oponentes	Procura boas alternativas; aceita críticas e sugestões; aberto a negociações; procura o consenso
Resultados	Ganhadores e perdedores	Compartilhamento

Fonte: adaptado de Garvin e Roberto.[143]

Muitos acidentes aéreos se devem à hierarquia e às interações insuficientes ou inadequadas entre os membros da tripulação.[19] Cerca de 80% dos acidentes aéreos poderiam ser evitados com uma colaboração harmônica entre esses membros da tripulação. Em um acidente aéreo ocorrido em 1978, o piloto deparou-se com uma falha no mecanismo do trem de aterrissagem quando realizava os procedimentos de pouso.[154] Ele começou a voar em círculos enquanto tentava resolver o problema. Sua atenção estava concentrada nesse problema, e ele não notou que o combustível estava acabando. Os copilotos notaram o problema, mas ficaram calados por medo das reações do piloto, mesmo antevendo uma tragédia. O piloto era conhecido pelo mau humor e pelo autoritarismo, intimidando os que trabalhavam com ele. O avião acabou caindo pela pane seca, matando dez pessoas. A partir disso, o treinamento dos pilotos passou a enfatizar a comunicação e o trabalho cooperativo, além dos aspectos técnicos. Isso envolve, além do piloto e do copiloto, todos os membros da tripulação, integrados em uma equipe de trabalho.

A cabine de um avião é um microcosmo de organização do trabalho.[19] Contudo, os mesmos efeitos danosos de um chefe autoritário podem ser encontrados em outros locais de trabalho e até no ambiente doméstico. Chefes arrogantes que intimidam seus subordinados aparecem com frequência. Esse ambiente pode refletir em baixo desempenho, baixa qualidade, aumento de prazos e custos, além de maior índice de erros e acidentes. Uma pesquisa realizada com 250 executivos na década de 1970 mostrou que os chefes temiam que um relacionamento mais amistoso e empático com seus subordinados pudesse causar perda de autoridade. Argumentavam que precisavam manter uma distância emocional de seus subordinados, porque, caso contrário, não conseguiriam tomar as "medidas duras" que os negócios exigiam. Resumindo, diziam que precisavam "usar a cabeça, não o coração".[155]

Hoje, o cenário mudou radicalmente por causa dos avanços principalmente na área da tecnologia da informação e do acirramento da competição global. Os níveis hierárquicos foram reduzidos, há uma melhor troca de informações horizontais e interdepartamentais (não apenas de cima para baixo) e, o mais importante, a inteligência emocional no ambiente de trabalho aumentou bastante. Isso permite que críticas e sugestões construtivas sejam apresentadas, que a diversidade seja respeitada e que o trabalho em equipe seja eficaz.

JOHN F. KENNEDY

O presidente norte-americano John F. Kennedy (1917-1963) foi empossado em janeiro de 1961 e logo precisou tomar duas decisões complexas, nos episódios da Baía dos Porcos e Crise dos Mísseis. A primeira foi solucionada de maneira dogmática, e a segunda, de maneira participativa.[143]

Baía dos Porcos

Fidel Castro governava Cuba desde 1959, com apoio dos soviéticos, em plena Guerra Fria. Os norte-americanos consideravam-no uma ameaça comunista, e a CIA tinha elaborado um plano de invasão a Cuba com paraquedistas norte-americanos. Esse plano já estava pronto desde o governo anterior, do presidente D. Eisenhower, um general que tinha preferência por soluções militares para os conflitos. A CIA tinha trabalhado secretamente "intramuros", sem consultar os especialistas em assuntos latino-americanos do Departamento de Estado, porque desconfiava que haveria oposição. Logo que assumiu o governo, em 1961, Kennedy recebeu o plano da CIA para a invasão de Cuba. Esse plano foi apresentado ao presidente como uma "pílula dourada", convencendo-o de que os riscos seriam mínimos. Ele concordou, mas não queria o envolvimento direto das tropas norte-americanas, a fim de não agravar as relações, já muito tensas, com os soviéticos. Resolveu-se, então, recrutar, treinar e armar exilados cubanos, com apoio dos militares norte-americanos.

A operação deveria ser realizada à noite em um local pouco habitado. Decidiu-se, então, desembarcar os exilados na Baía dos Porcos, em Cuba. Feito o desembarque, eles deveriam andar 130 km para combater as tropas castristas nas montanhas. Desgastaram-se muito nesse percurso, pois tinham recebido treinamento precário. Além disso, não tinham experiência de combate. A operação foi um desastre. Os exilados foram facilmente derrotados, porque as forças de Castro, mais experientes, já estavam acostumadas a combater naquelas montanhas e conheciam bem o terreno. Em três dias, as tropas de Fidel conseguiram capturar todos os invasores. Perderam-se mais de cem vidas e os sobreviventes foram feitos prisioneiros.[14]

Crise dos Mísseis

Em 16 de outubro de 1962, o presidente Kennedy recebeu outra notícia trágica. Aviões espiões americanos haviam descoberto que a URSS estava instalando uma base para lançamento de mísseis nucleares em Cuba. Os Estados Unidos e a URSS tinham grande arsenal de armas nucleares, e uma reação militar poderia provocar uma guerra com consequências catastróficas. O presidente Kennedy já tinha aprendido com a experiência fracassada da Baía dos Porcos e não queria agir impulsivamente. Em vez de depender da assessoria de apenas um órgão, como a CIA, ele criou um grupo independente, que atuou como Gabinete de Crise, sob coordenação do seu irmão Robert Kennedy e composto de quinze membros, incluindo representantes de todas as agências governamentais relevantes, militares veteranos, conselheiros confiáveis, diplomatas que conheciam a URSS e algumas pessoas idosas experientes em conflitos internacionais, para agregar experiência.[14]

Nenhuma condição prévia foi apresentada ao Gabinete. Os participantes abandonaram todas as formalidades e hierarquias e passaram a debater o problema abertamente com vários especialistas, tomando cuidado para não aceitar ideias preconcebidas, sem direcionar as discussões, visando reduzir os riscos de uma guerra nuclear. Entre eles, alguns defendiam uma ação militar agressiva, enquanto outros tendiam para soluções diplomáticas. Muitas opções foram apresentadas, e o presidente exerceu sua prerrogativa de recusar aquelas consideradas inaceitáveis e pressionar para que novas opções fossem elaboradas.

Após intenso trabalho durante duas semanas, o grupo chegou a duas alternativas: um ataque aéreo ou um bloqueio naval. O ataque aéreo seria feito "cirurgicamente" para destruir a base dos mísseis, já identificada em fotos aéreas. No bloqueio naval, seriam interceptadas as cargas de mísseis a caminho de Cuba. Finalmente, descobriu-se uma maneira de mudar a posição do presidente Nikita Khrushchov sem confronto direto e sem que ele se sentisse derrotado. Foram acionados contatos clandestinos com os soviéticos, propondo uma negociação: eles desistiriam da base em Cuba e, em troca, os norte-americanos retirariam os mísseis nucleares posicionados na Turquia. A proposta foi aceita e desfez-se o risco de uma iminente guerra nuclear. Assim, os americanos obrigaram os soviéticos a retroceder, levando os mísseis de volta, com sucesso. No primeiro episódio, a decisão fracassada havia se baseado no modelo dogmático. Já neste, a decisão bem-sucedida foi baseada no modelo participativo.

DECISÕES NAS EMPRESAS

O processo decisório nas empresas deve ser considerado como uma das práticas mais importantes, porque pode determinar o seu sucesso ou fracasso. Contudo, esse processo nem sempre é devidamente hierarquizado e estruturado. Os executivos que ocupam a alta administração deveriam tomar as decisões estratégicas e importantes. Os escalões médio e baixo ficariam com as decisões táticas e operacionais, a fim de viabilizar as grandes estratégias.

CULTURA ORGANIZACIONAL

Todos os grupamentos humanos têm suas próprias identidades, embasadas em certas regras e valores. Isso ocorre em todos os setores: família, escola, grupos informais, empresas, política, religião, forças militares e grupos terroristas. Assim, todas as decisões são relativas, podendo ser consideradas adequadas ou não, boas ou más, dependendo do contexto. Dessa forma, a pessoa que toma decisões deve conhecer bem as regras e os valores vigentes em cada ambiente, algo como "aqui fazemos assim". Assim, a mesma decisão pode ser considerada boa ou má dependendo do ambiente em que ocorre.

As organizações selecionam os colaboradores de acordo com as suas próprias identidades. Desse modo, é necessário que eles entendam bem as normas e os conceitos vigentes em cada ambiente para que possam tomar decisões adequadas. Em todas as organizações existem regras e valores estabelecidos para cada nível hierárquico e cada setor de atuação. Os respectivos executivos devem internalizar esses preceitos para que sejam considerados confiáveis. Executivos experientes tornam-se confiáveis e produtivos para a organização, enquanto os inexperientes são menos confiáveis, porque atuam de forma inadequada, violando, mesmo que involuntariamente, regras e valores estabelecidos. Com essa contradição, é possível que suas ordens sejam postergadas, rejeitadas ou até sabotadas.

As situações ambíguas e que permitam diferentes interpretações devem ser evitadas, para melhor orientar as decisões. No meio militar, por exemplo, as indisciplinas e as respectivas punições são claramente estabelecidas em regulamentos. O mesmo acontece em jogos de futebol, quando o infrator recebe cartão amarelo ou vermelho. Contudo, na sala de aula, um aluno pode desobedecer a uma regra estabelecida, como deixar de fazer a lição de casa, a fim de testar os limites do professor. O mesmo acontece no lar, quando os filhos testam a flexibilidade das regras e dos limites estabelecidos pelos pais. Por exemplo, um pai pode estabelecer o horário de 22 horas para o filho retornar de uma festa. Um dia, ele volta às 22h30 e nada acontece. Algum tempo depois, chega à meia-noite. Isso lembra o poema *No caminho com Maiakóvski*, de Eduardo Alves da Costa, do qual selecionamos a seguir os versos mais famosos:[156]

Na primeira noite eles se aproximam
e roubam uma flor
do nosso jardim.
E não dizemos nada.
Na segunda noite, já não se escondem:
pisam as flores,
matam nosso cão,
e não dizemos nada.
Até que um dia,
o mais frágil deles
entra sozinho em nossa casa,
rouba-nos a luz, e,
conhecendo nosso medo,
arranca-nos a voz da garganta.
E já não podemos dizer nada.

Carlos Matus considera que, nesses casos, há um aumento da desorganização do sistema (aumento da entropia), quando as regras de alta responsabilidade são substituídas gradativamente por aquelas de baixa responsabilidade.[103] Assim, as organizações vão se degradando. Para que isso não ocorra, recomenda-se que se estabeleçam regras razoáveis, mas que sejam "para valer" e efetivamente cumpridas. Um professor exigente que estabelece regras muito rígidas acaba cedendo e, depois de algum tempo, pode ficar desmoralizado, pois os alunos sabem que as regras dele não são "para valer".

EMPRESAS COMPETITIVAS

As empresas competitivas são caracterizadas pela capacidade de tomar boas decisões e de colocá-las rapidamente em prática.[152] Para isso, adotam alguns princípios claramente definidos, que serão abordados a seguir.

Hierarquizar as decisões

Deve haver uma clara hierarquia das decisões nas organizações, de modo que as mais importantes e estratégicas fiquem a cargo da administração superior, e seus desdobramentos, a cargo dos escalões intermediários. De preferência, esse processo deve ser *up-down* (de cima para baixo). O caminho inverso, *down-up* (de baixo para cima) geralmente é considerado mais democrático, mas tende a fixar-se em problemas menores e específicos. Desse modo, pode tornar-se difícil obter consensos, pois há risco de aparecerem diversas subotimizações resistentes ao longo da hierarquia. Se for adotado como regra geral, corre-se o risco de subotimizar (fatiar) os grandes problemas, criando soluções próprias em cada nível, o que seria bastante prejudicial para o conjunto da obra. Seria como realizar projetos de apartamentos individuais e depois juntá-los para realizar o projeto do edifício.

Prosseguir com a ação

Uma decisão não tem um fim em si mesma, é apenas uma etapa inicial da ação. Portanto, ela só termina com a sua completa implementação. Muitas vezes, não há consenso entre o tomador da decisão e o executor da ação. A busca desse consenso pode transformar-se em obstáculo para a ação. Deve-se ter clareza sobre *quem* resolverá as dúvidas, *como* e *onde.*

Atribuir responsabilidades

Deve haver uma clara atribuição de responsabilidades sobre quem fornece as informações e análises, quem toma as decisões e quem as executa. Sem isso, corre-se o risco de entrar em um beco sem saída de ambiguidades, em que uns culpam os outros. Essa clareza não significa concentração de responsabilidades em torno de poucas pessoas, pois algumas decisões podem ser colegiadas, desde que suas responsabilidades estejam claramente definidas.

Assegurar rapidez e flexibilidade

Empresas eficientes conseguem digerir e metabolizar rapidamente suas decisões, aproveitando as oportunidades e superando os obstáculos. Para isso, as pessoas envolvidas devem atuar cooperativamente e de forma criativa, não se atendo aos pequenos obstáculos circunstanciais.

Reforçar as boas decisões

As boas decisões devem ser devidamente reconhecidas e recompensadas, criando-se uma cultura de valorização delas. Os executivos com elevado grau de acertos e que produziram bons resultados devem ser devidamente reconhecidos. Além disso, não devem ser punidos pelos erros provenientes de fatores aleatórios, como acidentes ou mudanças repentinas do clima de negócios.

Portanto, essa clareza do processo decisório ao longo da hierarquia, principalmente nas matérias estratégicas, pode influenciar o desempenho da empresa no longo prazo. Essa é uma das principais características das empresas competitivas. As pessoas envolvidas na cadeia de execução atuam de forma sintonizada, superando rapidamente eventuais obstáculos e dificuldades, sem necessidade de recorrer às instâncias superiores.

DESEMPENHO DAS EMPRESAS

O desempenho negativo das empresas decorre geralmente de más decisões. Os executivos muitas vezes decidem com exagerado otimismo. Eles estão cientes dos riscos, mas aceitam o inusitado diante da expectativa de sucesso e recompensas suficientemente sedutoras no curto prazo. Eles ficam inebriados com cenários de sucesso e desprezam os riscos potenciais. Costumam exagerar nas estimativas de ganho e subestimar os custos e os riscos. Desse modo, perseguem iniciativas que não produzem retornos suficientes no prazo adequado.

Pressão organizacional

Os executivos costumam ser pressionados para obter os melhores resultados o mais rápido possível com os menores investimentos. Muitas vezes, as metas estabelecidas estão acima de sua capacidade de produção. Aqueles que não procedem dessa forma são tachados de pessimistas, sendo desencorajados, quando não considerados desleais. O otimismo moderado é considerado benéfico, mas o exagerado pode levar a situações irreais e deve ser evitado. Isso torna os executivos suscetíveis a desvios provocados pelos vários tipos de vieses no processamento das informações. Essas pressões e esses vieses fazem parte do cotidiano e não podem ser eliminados, mas seus efeitos podem ser atenuados.

Visão interna

Muitas decisões baseiam-se numa visão míope, considerando apenas os fatores internos, mais próximos ou de curto prazo. Baseiam-se em métodos tradicionais de previsões, partem de parâmetros internos, como a própria capacidade produtiva, a mão de obra disponível e assim por diante. Por se basearem em intuições, podem decorrer apenas de experiências limitadas. Além disso, os executivos que tomam essas decisões apresentam confiança exagerada em suas próprias capacidades, habilidades e conhecimentos, mas de forma encapsulada. Assim, descuidam-se dos fatores externos, como uma possível guerra de preços dos concorrentes ou a importação maciça de produtos chineses, muito mais baratos.[5]

Visão externa

A visão externa baseia-se na paisagem externa, mais ampla. Pode envolver análises e projeções de variáveis tecnológicas, econômicas e sociais do ambiente de negócios. Como em um jogo de xadrez, é bom lembrar que a melhor jogada depende da reação do oponente. Ao lançar um produto inédito no mercado, a empresa pode acumular certas vantagens competitivas e obter grandes lucros no início. Contudo, não deve menosprezar a capacidade de reação dos concorrentes, que podem lançar produtos melhores e mais baratos. Assim, em pouco tempo, a vantagem inicial estará desfeita. A visão externa estabelece um processo de controle de qualidade com parâmetros mais amplos para filtrar as ideias intuitivas dos executivos, que podem ser boas, mas também enganosas, porque baseiam-se em experiências anteriores e não consideram adequadamente o contexto atual e sua futura evolução.[5]

MELHORIA DAS DECISÕES ORGANIZACIONAIS

Alguns erros na tomada de decisões são inevitáveis, porque são inerentes às aleatoriedades do próprio processo. Por exemplo, há muitos indícios de que o mercado financeiro segue um padrão aleatório – os êxitos do passado não servem como bons indicadores do futuro – e êxitos podem ocorrer por pura sorte. Nesse caso, as informações privilegiadas para comprar e vender ações não fazem muita diferença.[5]

Os erros não podem ser totalmente eliminados, mas podem ser reduzidos, e seus efeitos, atenuados. Deve-se focar principalmente aquelas decisões mais importantes, para as quais os erros provocariam grandes prejuízos. Nesses casos, os investimentos para melhorar a qualidade das decisões podem ser muito compensadores.

Etapas das decisões

Thomas Davenport propõe um método para melhorar as decisões organizacionais, baseando-se em quatro etapas:[157]

1. *Lista de prioridades.* Listar todas as decisões necessárias, avaliando as *importâncias* de cada uma e estabelecendo as respectivas *prioridades.* Essa lista pode ser baseada em critérios classificatórios (A, B, C) ou em notas (1 a 5). Nessa ordenação, é preferível priorizar as causas dos problemas e não os seus sintomas, porque a atuação sobre as causas permite solucioná-los, enquanto a atuação sobre os sintomas só produz alívio. A atuação sobre prioridades bem estabelecidas promove a direcionalidade sobre o sistema, aumentando as chances de se alcançarem os seus principais objetivos.
2. *Informações necessárias.* Reunir informações que podem ajudar na tomada de decisões para os casos prioritários. Que informações são necessárias? Qual é a frequência da necessidade da decisão? Quem é o responsável? Quem sofrerá as consequências? Quem apoia ou rejeita? Qual é o custo? Quais são os riscos?
3. *Implementação.* Para cada decisão selecionada, detalhar métodos, processos e implicações. Verificar se a decisão caberá a uma pessoa ou a um colegiado e como será feita a comunicação da decisão, objetivando a implementação. Essa comunicação pode ser unidirecional, na forma de uma ordem de serviço, ou exposta em reuniões e colegiados, visando ter a colaboração de todos.
4. *Institucionalização.* O processo decisório é institucionalizado dentro da empresa, estabelecendo-se uma prática, e os principais executivos são treinados nessa prática.

Responsabilidade pelas decisões

Algumas empresas estabelecem uma *hierarquia de decisões*. Aquelas rotineiras, com poucas incertezas, são tomadas em escalões inferiores. À medida que se sobe na hierarquia, essas decisões vão se tornando mais abrangentes, com aumento da complexidade e de incertezas. Pode-se estabelecer também se essas decisões serão tomadas unilateralmente pelo executivo ou se ele deve consultar outros grupos, setores ou órgãos, ou ainda se serão coletivas, mediante consenso ou votações em grupo. Para cada tipo de decisão, pode-se estabelecer também quem deve ser consultado ou informado e quem será responsável pelos resultados.

Em uma empresa que lança muitos produtos novos, foram encontradas diversas falhas envolvendo propriedade intelectual, lista de fornecedores, mercado potencial, ciclo de vida dos produtos, entre outros.[157] Além disso, a atribuição de responsabilidades não estava clara. Uma melhor organização do processo decisório estabeleceu prioridades para o redesenho de produtos em declínio e identificação de oportunidades para lançamentos. Assim, com a melhoria dos demais aspectos, constatou-se avanço considerável do processo decisório, reduzindo as perdas com lançamentos fracassados.

A empresa Chevron tem um grupo de especialistas para treinar os executivos em *workshops* de dois dias para melhorar as decisões. São abordados assuntos como: aspectos como: coleta de dados quando são necessários dados adicionais; consultas a outras pessoas ou setores; análises financeiras e econômicas; comunicação da decisão; atribuições de responsabilidades; acompanhamento dos resultados.[157] Além disso, a Chevron realiza auditorias regulares das principais decisões tomadas, a fim de reduzir as incertezas e melhorar a qualidade dessas decisões.

A Stanley, fabricante multinacional de ferramentas e instrumentos para construção e indústrias, enfrentava concorrência em diversos países. Ela treinou os gerentes regionais para fazer acompanhamento e análises dos preços dos concorrentes locais e identificar oportunidades de negócios. Depois, esses gerentes regionais foram autorizados a tomar decisões sobre preços e eventos promocionais sem necessidade de seguir um padrão global. Com isso, os lucros da empresa subiram de 33,9% para mais de 40% em seis anos, resultando em incremento de mais de US$ 200 milhões.[157]

ALBERTO LUIZ COIMBRA

O professor Alberto Luiz Coimbra (1923-2018) é considerado o maior inovador no ensino de engenharia no Brasil. Ele fez mestrado em Engenharia Química (1949) em Vanderbilt, nos Estados Unidos, onde já havia professores em tempo integral dedicando-se a atividades de ensino e pesquisa. No Brasil, à época, os cursos de graduação nas engenharias visavam formar profissionais para o mercado, com todos os professores atuando em tempo parcial nas universidades. Coimbra inspirou-se no modelo norte-americano para criar o mestrado em Engenharia Química na Universidade Federal do Rio de Janeiro (UFRJ) em 1963, que foi ampliado e transformou-se, em 1967, na Coordenação dos Programas de Pós-Graduação em Engenharias (Coppe/UFRJ), depois renomeada como Instituto Alberto Luiz Coimbra de Pós-Graduação e Pesquisa em Engenharias, mantendo-se a sigla.

Ele organizou "missões" para visitar outras instituições no Brasil e no exterior, visando recrutar professores jovens e promissores. Repatriou pesquisadores brasileiros que atuavam no exterior e contratou professores com alto desempenho acadêmico que tinham sido perseguidos pelo regime militar por suas convicções políticas. Chegou a contratar professores russos, embora causasse estranheza ao governo militar da época. Importou muitos equipamentos para montar modernos laboratórios de pesquisa. Todos os professores trabalhavam em tempo integral e deveriam atuar simultaneamente em atividades de ensino, pesquisa, consultoria e gestão, nunca se transigindo com a qualidade. Eles viajavam anualmente para todas as regiões do país para recrutar alunos.

Implantou regime trimestral de cursos, com duração de doze semanas, quando o resto da universidade atuava no regime semestral. Com isso, aumentou a flexibilidade dos cursos e o giro dos discentes, que poderiam frequentar quatro trimestres em um ano.

No início, recebeu apoio do Banco Nacional do Desenvolvimento Econômico e Social (BNDES), que pretendia formar um quadro de engenheiros qualificados para a realização da política nacionalista de industrialização dos governos militares. A Coppe expandiu-se rapidamente e hoje mantém treze programas de pós-graduação em engenharias, sendo considerada o maior centro de pós-graduação e pesquisa em engenharia da América Latina. Realiza pesquisas em diversas áreas das engenharias, mantendo convênios com muitas instituições brasileiras e estrangeiras. Entre elas, tem colaborado com a Petrobras desde 1977, contribuindo para transformá-la em líder mundial de exploração e produção de petróleo em águas profundas.

Em vez das formalidades burocráticas, Coimbra valorizava a competência e a qualidade do ensino e da pesquisa. Todos os professores e funcionários cumpriam rigidamente horários em tempo integral e dedicação exclusiva. Eles eram contratados e remunerados diretamente pela Coppe, sem passar pela burocracia da universidade, com tabela salarial diferenciada. As consultorias eram realizadas exclusivamente pela Coppetec, unidade de prestação de serviços da Coppe, não sendo permitidas atividades pessoais de consultoria. Essa unidade gerenciava também os contratos e convênios com órgãos de fomento e empresas, visando realizar pesquisas e prestar serviços de assessoramento técnico. Aquele que não cumprisse essa regra era imediatamente demitido. Os recursos obtidos eram reaplicados integralmente na própria Coppe. Desse modo, Coimbra substituiu regras frouxas, de baixa responsabilidade, por aquelas de alta responsabilidade, em que todos cumprem "religiosamente" seus horários e funções.

A Coppe foi criada à margem da pesada burocracia universitária. Para diferenciar, chamou as unidades acadêmicas de *programas*, em vez de departamentos, e seus titulares de coordenadores, em vez de chefes de departamento. Ela controlava diretamente as suas finanças e estabelecia os salários de professores e funcionários, sem seguir a tabela do serviço público. As compras também eram feitas diretamente, sem licitações públicas. Coimbra teve apoio do BNDES, que, durante o ciclo militar, estava preocupado com a formação de mão de obra de alta qualificação para executar seus planos de desenvolvimento. A administração pouco ortodoxa e as atitudes independentes de Coimbra provocaram muitas reações e perseguição por parte de alguns dos antigos professores e dirigentes da universidade, e ele foi destituído da direção em 1973, com alegações puramente formais.

Coimbra decidia com rapidez, baseando-se em fontes próprias de informação. Chegava cedo à universidade e sentava-se no corredor, fora do seu gabinete, vendo a entrada dos professores e funcionários. Ali era abordado por muitos e se informava sobre as principais novidades antes de começar o seu expediente. Ele sabia que, em seu gabinete, a entrada de visitantes seria controlada pela secretária, assim como as informações que recebia, que chegavam devidamente filtradas.

A Coppe é exemplo de uma unidade inovadora criada à margem de uma instituição tradicional, a UFRJ, onde as principais decisões são tomadas por colegiados constituídos pelos professores seniores e titulados, que têm empregos vitalícios. Esses colegiados são muito burocratizados e conservadores, e dificilmente acatariam a decisão de criar uma unidade nova e desafiadora como a Coppe. Se dependesse dos órgãos formais da universidade, como o Conselho Universitário, uma unidade inovadora como a Coppe dificilmente seria criada.

O plano do professor Coimbra era que a Coppe fosse absorvida posteriormente pela estrutura da Escola de Engenharia da UFRJ, deixando de ser um corpo estranho. Isso aconteceu a partir de 1973, quando a Coppe começou a ser gradualmente inserida na estrutura organizacional e administrativa da UFRJ, enquadrando-se os professores no regime único das universidades federais. Com isso, ela foi transformada em Unidade do Centro de Tecnologia da UFRJ, e os salários dos professores foram unificados aos dos demais docentes da universidade. Foi preservada a autonomia administrativa e financeira da Coppetec. Apesar dessa mudança formal, a qualidade do ensino e das pesquisas nas diversas áreas foi preservada.

A Coppe teve enorme influência na modernização do ensino e da pesquisa em engenharia no país. Ao longo dos anos, outros centros de pós-graduação multiplicaram-se pelo país, criados pelos seus egressos. Se for submetida à análise de custo/benefício, a Coppe poderia ser considerada uma das melhores aplicações de recursos públicos realizadas nos últimos anos. Talvez sirva de bom exemplo para a modernização de outros setores arcaicos do serviço público.

CAPÍTULO 9
PLANEJAMENTO E ACOMPANHAMENTO

Uma decisão só é considerada satisfatória se produzir algum tipo de efeito esperado. Para isso, ela não deve ser apenas um evento isolado no tempo e no contexto. Ela deve ser precedida de algum tipo de planejamento para direcionar as ações, podendo ser um simples desejo ou um plano mais elaborado. Após a decisão, deve haver o acompanhamento das ações, para verificar se conseguem produzir os efeitos esperados. Esse acompanhamento pode ser apenas uma inspeção visual ou envolver sofisticados instrumentos de avaliação e controle. No caminho, podem ocorrer muitos imprevistos que provocam desvios, alguns controláveis e outros incontroláveis. Sempre que possível, devem-se tomar as medidas corretivas a fim de que esses desvios sejam corrigidos ou para que medidas adicionais sejam tomadas o mais rápido possível, recolocando as ações no rumo pretendido.

ELABORAÇÃO DO PLANO

O plano é elaborado para atender a alguma demanda futura. Muitas vezes surge de uma necessidade ou desejo. Para isso, a pessoa ou instituição que elabora o plano baseia-se na visão do futuro.

VISÃO DO FUTURO

As nossas decisões geralmente se baseiam em visões do futuro, que podem ser daqui a alguns segundos ou minutos ou em prazos maiores, de meses, anos ou décadas. Essas visões são importantes para se tomarem melhores decisões hoje.[15] Elas são construídas pela percepção da evolução dos diversos fatores, principalmente das variáveis relacionadas com o ambiente ou sistema sobre o qual se pretende atuar. Isso significa que o dirigente deve estar sempre "antenado" com a evolução do contexto em que opera, incluindo ambiente dos negócios, competidores, moda, evolução tecnológica e mudanças na legislação, por exemplo. Algumas dessas tendências podem portar a variável indicadora do futuro.

É relativamente fácil traçar a trajetória do passado para prever o futuro quando o sistema é do tipo conservador; isto é, o futuro será uma projeção do passado, com poucas alterações. Nesse caso, as previsões do futuro são baseadas em trajetórias ou causas que podem ser identificadas. Essas variáveis identificáveis são chamadas de *portadoras do futuro*.

Por exemplo, era previsível o fenômeno do *baby boom* ao término da Segunda Guerra Mundial, no final dos anos 1940 e no início da década seguinte, em países europeus, no Japão e nos Estados Unidos, porque os soldados retornaram dos campos de batalha para reconstruir suas famílias. Isso provocou grande demanda de artigos para bebês, como mamadeiras, berços e carrinhos. Quatro anos depois, essa onda prosseguiu para os jardins de infância e, seis anos depois, para o ensino primário, e assim sucessivamente. Outro exemplo é o envelhecimento populacional que provoca crescente custo da previdência e demanda de serviços como geriatras, cuidadores de idosos e casas de repouso. Muitas vezes, as transformações ambientais são rápidas, e as empresas grandes e "paquidérmicas" não conseguem se adaptar. Isso se tornou dramático nas últimas décadas, com a entrada dos sistemas informatizados e automatizados em todos os setores.

Contudo, pode ocorrer uma ruptura dessa tendência, principalmente quando ela sofre influência de mudanças bruscas e rápidas de variáveis externas ao contexto em que opera, como revoluções tecnológicas, sociais e políticas. Nesses casos é preciso redesenhar o futuro, esquecendo o passado e focando no novo ambiente. A simples permanência na trajetória anterior pode ser desastrosa. Exemplo disso é a empresa Kodak, que atuou na área de fotografia analógica durante muitas décadas, com grande sucesso. Como já vimos, ela não foi capaz de adaptar-se à era da foto digital e foi forçada a mudar de ramo. Ela detectou esse movimento e tentou migrar para a área de grandes copiadoras, mas aí também enfrentou concorrentes poderosos e já estabelecidos no mercado.

Muitas vezes, não basta ter a visão do futuro, é preciso também providenciar, a tempo, as medidas corretivas necessárias. No caso de grandes empresas, isso pode levar muitos anos e até décadas, pois possuem muita "massa" de inércia. São como grandes transatlânticos que não podem sofrer mudanças bruscas de rota para desviar-se de um rochedo porque podem adernar. A empresa sul-coreana Hyundai, que atuava na área de construção civil, ganhou dinheiro com o programa de reconstrução do país, destruído pelos bombardeios durante a guerra da Coreia (1950-1953). Contudo, após alguns anos, como as obras civis começaram a diminuir, ela migrou para a indústria pesada e para a construção naval e, depois, para a automobilística e eletrônica. Essas transições foram feitas ao longo dos anos, investindo-se em tecnologias, qualificação de recursos humanos e desenvolvimento industrial. Naturalmente, para a Hyundai foi importante ter essa visão do futuro para a elaboração de planos estratégicos, aliada à capacidade gerencial para promover as adaptações necessárias ao longo dos anos.

As previsões vão se dificultando quando as ligações entre o passado e o futuro se diluem e tornam-se totalmente inviáveis em fenômenos aleatórios.[39] Por exemplo, a informação sobre o resultado da loteria no dia anterior não tem nenhuma utilidade para o jogo futuro. Outro problema é quando ocorrem surpresas, como um desastre, um terremoto, um atentado terrorista ou um golpe de Estado. Essas surpresas provocam ruptura da trajetória que liga o passado com o futuro.

PLANEJAMENTO

Planejamento é o processo de construção de um plano, que é uma espécie de ponte para o futuro (visão do futuro). Esse plano faz a análise do passado, do presente e dos cenários possíveis para o futuro, para elaborar as etapas necessárias para se atingir o objetivo pretendido no prazo determinado, sendo importante para orientar as decisões de hoje. Com ele, as decisões de hoje podem tornar-se mais coerentes e convergir para o objetivo pretendido. Do contrário, elas podem ser dispersas, casuísticas e erráticas. Quando isso acontece, as correções posteriores para redirecioná-las para o objetivo pretendido podem ser muito onerosas.

Um plano é construído a partir da percepção dos diversos fatores relevantes, principalmente das variáveis relacionadas com o sistema e o ambiente no qual se pretende atuar. Uma faxineira tem essa visão antes de começar a varrer uma sala. Ela faz uma inspeção visual rápida para verificar o tipo, a localização e a quantidade de sujeira. Traça rapidamente um plano mental para começar a varrer de um lado da sala e juntar a sujeira do outro lado, para ser retirada com a pá e colocada no cesto de lixo. Sem realizar esse plano, ela corre o risco de ficar apenas empurrando a sujeira de um lado para outro, sem removê-la. Nesse caso, diríamos que a atuação dela seria ineficaz, porque não produziria o resultado desejado.

Modelos de planejamento

Existem muitos modelos para a elaboração de um plano. Alguns são simples e informais, enquanto outros assumem aspectos bastante formais, envolvendo dezenas ou centenas de especialistas. O planejamento tradicional do tipo *normativo* tem sido muito criticado, porque não oferece orientações seguras para os tomadores de decisões. Nesse caso, o plano geralmente é elaborado por especialistas que não se envolvem diretamente em sua execução. Na hora da ação, muitos executivos abandonam esses planos e preferem atuar de improviso, confiando mais em suas experiências e intuições.

Esse descrédito do planejamento deve-se à separação entre aqueles que elaboram os planos e daqueles que decidem e atuam. Isso remonta à administração taylorista, na qual havia uma separação entre os planejadores e os executores. Os planos eram elaborados pela gerência, e a execução ficava a cargo dos operários, pressupondo-se que estes deveriam trabalhar exercendo apenas tarefas físicas, sem pensar, pois todas as operações eram devidamente prescritas pelos técnicos de Organização e Métodos (O&M).[17] Isso funcionou na primeira metade do século XX, para trabalhos altamente repetitivos, em linhas de montagem. Contudo, houve muita resistência dos trabalhadores, e a organização taylorista foi abolida em muitas fábricas. Assim, os trabalhadores passaram a ter maior influência no planejamento e na organização do seu próprio trabalho, como acontece em organizações participativas de grupos semiautônomos de trabalho.

Desde os anos 1980, começaram a surgir modelos de planejamento mais flexíveis, visando superar as deficiências dos modelos tradicionais, normativos e determinísticos. Um desses métodos é o Planejamento Estratégico Situacional (PES), proposto por Carlos Matus. Ele define o plano como o "cálculo que precede e preside a ação", sem separar o planejador daquele que toma as decisões. Todas as nossas ações seriam precedidas de uma reflexão sobre "como proceder". Segundo o PES, o plano deve orientar as ações e só terminar quando estas forem executadas, constituindo-se não apenas em um método de planejamento, mas em um método de governo.[60,103]

Diversos sistemas políticos são governados por regras de baixa responsabilidade, caracterizadas pela frouxidão de horários, prazos e custos, pela falta de compromisso com a execução e pela pouca lisura nos procedimentos, dando margem à corrupção. A aplicação do PES poderia contribuir para criar sistemas organizacionais de *alta responsabilidade*, aplicando-se continuamente três tipos de controles: político, econômico e social.

CARLOS MATUS

Carlos Matus (1931-1998), economista chileno com MBA na Universidade de Harvard em 1956, especializou-se em estudos sobre alta direção e planejamento estratégico. Participou do governo de Salvador Allende, no Chile. Foi preso quando o presidente foi deposto pelo golpe militar, em 1973. Nos dois anos em que ficou preso, começou a pensar sobre por que os sistemas de planejamento do governo na América Latina não funcionavam. Chegou à conclusão de que adotavam sistemas normativos de planejamento, nos quais um grupo de especialistas elaborava o plano nos mínimos detalhes. Contudo, esses planos faziam simplificações da realidade e eram impotentes para a ação. Assim, eram logo abandonados pelos governantes, que passavam a administrar de forma improvisada e terminavam os seus mandatos extremamente desgastados.

Matus mudou-se para Caracas, onde criou a Fundação Altadir em 1988. Nela lançou as bases de uma teoria e um método para a política, que denominou Ciências e Técnicas de Governo. Um dos seus componentes mais conhecidos é o método de Planejamento Estratégico Situacional (PES), que visa superar as falhas dos métodos tradicionais de planejamento. O PES não se baseia em regras determinísticas e simplificadoras da realidade. Ao contrário, trabalha com as complexidades dos sistemas sociais e econômicos. É elaborado com a participação do próprio dirigente e de seus principais colaboradores. Sendo um modelo flexível, permite realizar contínuas adaptações às mudanças do ambiente e vai se moldando à realidade situacional, recomendando as ações para o dirigente a cada passo que avança.

Matus atuou em diversos países para difundir suas ideias, principalmente na América Latina, especialmente no Brasil, em colaboração com o Instituto de Pesquisa Econômica Aplicada (Ipea), a Fundação do Desenvolvimento Administrativo (Fundap) e a Escola

Nacional de Administração Pública (Enap), além de grande número de organizações voltadas para a modernização da política e do governo. Estima-se que mais de 3.800 pessoas tenham participado de seus cursos e seminários. Entre eles, políticos ocupantes de altos cargos em governos. Matus deixou um legado de propostas originais de planejamento e de gestão, sobretudo para a administração superior do governo. Escreveu mais de dez livros sobre estratégias de planejamento e alta direção.[93,158] Seu livro mais difundido é *Adeus, Senhor Presidente*.[15] Seus ensinamentos são atualmente transmitidos pelo Instituto Carlos Matus, sediado em Campinas.

Planejamento estratégico

O planejamento estratégico serve para estabelecer grandes metas no médio e no longo prazos, com horizontes de cinco a dez anos. Esse planejamento serve como "pano de fundo" apenas para dar a direção geral das decisões. Em muitos casos, basta apenas um pequeno número de temas importantes, sem muitos detalhamentos. Os planejamentos estratégicos muito detalhados tornam-se rígidos e ficam rapidamente obsoletos com a evolução das situações e dos contextos. Em vez disso, apenas uma orientação global estabelecendo as prioridades de forma flexível é mais útil para orientar as decisões.

Um sistema de planejamento estratégico adequado produz resultados significativos no longo prazo, pois contribui para que as decisões gerenciais tenham mais coerência, focando em algumas prioridades. Com isso, as ações podem ser direcionadas para novas oportunidades ao mesmo tempo que se contornam possíveis problemas. Para que isso seja efetivo, a organização deve manter uma equipe capacitada para gerir o processo de planejamento, realizando também a difusão das ideias e dos conceitos de planejamento em toda a organização. Esse sistema de planejamento se assemelha ao copiloto em um rali, que atua como navegador e vai indicando a melhor rota para o piloto. Com isso, é possível substituir as ações improvisadas e urgentes por aquelas planejadas, realizadas no tempo adequado. É importante ressaltar que tanto o piloto como o navegador atuam dentro da mesma cabine.

Pode-se fazer uma analogia com a empresa que adquiriu um grande terreno nos arredores da cidade para onde se mudaria. Contudo, havia uma previsão de multiplicar a sua capacidade produtiva por quatro ao longo de vinte anos. Em vez de fazer um projeto de edificações para as necessidades atuais, o diretor pediu que se fizesse um plano de ocupação futura do terreno, após todas as expansões previstas. Nesse caso, as novas instalações foram acrescidas, gradativamente, em áreas já previstas, sem necessidade de demolir as construções existentes. Desse modo, com essa visão de longo prazo, foi possível orientar as decisões para os projetos de cada edificação com mais coerência.

Um contraexemplo vem de uma universidade federal que ocupava diversos prédios isolados no centro da cidade. Decidiu-se construir uma cidade universitária fora do centro, para onde seriam transferidas todas as unidades acadêmicas. Para isso, foi comprada parte de uma fazenda por um preço baixo, porque o bairro ainda era pouco habitado. Por falta de visão dos dirigentes universitários, as áreas foram projetadas apenas para as necessidades daquele momento e algumas poucas expansões. O dono da antiga fazenda resolveu urbanizar e lotear a área restante, que se valorizou com a chegada da universidade. Os próprios professores compraram esses lotes para construir suas casas. Contudo, por um erro de avaliação, a área da cidade universitária ficou completamente saturada em vinte anos. Isso levou à necessidade de realizar custosas desapropriações de lotes vizinhos, então já totalmente urbanizados e ocupados.

ELABORAÇÃO DO PLANO

O plano estratégico pode ser elaborado de forma participativa, reunindo-se anualmente os principais executivos e assessores em um *workshop* de três dias, em tempo integral, com coordenação de um especialista. Recomenda-se que esse grupo não seja muito grande, tendo trinta pessoas, no máximo. A reunião pode ser precedida pela preparação de alguns documentos, como relatórios de desempenhos anteriores e indicação de novos desafios ou oportunidades. É recomendável que o próprio presidente da empresa apresente esses pontos, em breve exposição, de trinta minutos, no máximo.

O plano estratégico geralmente estabelece metas globais com horizonte futuro de três a cinco anos. Posteriormente, cada unidade produtiva realiza reuniões semelhantes com seus próprios dirigentes, a fim de detalhar as metas anuais específicas dessa unidade, seguindo as orientações contidas no plano global. É recomendável que os dirigentes principais dessas unidades tenham participado da elaboração do plano estratégico global. Anualmente, esse grupo pode reunir-se durante dois a três dias, para fazer balanços e ajustes do plano estratégico. Essa periodicidade anual das reuniões da administração superior é considerada adequada para se concentrar em tópicos realmente importantes. Reuniões mais frequentes de planejamento podem ficar a cargo dos escalões intermediários para cuidar dos aspectos táticos e operacionais relacionados à execução das metas estabelecidas.

Cada problema deve ser cuidadosamente analisado, construindo-se um *fluxograma situacional* correlacionando os sintomas com as suas respectivas causas para se escolherem os *nós críticos*, em que as atuações seriam mais efetivas. Fazendo-se uma analogia com a hidráulica, os nós críticos correspondem aos pontos de estrangulamento ou entupimento, nos quais se deve atuar prioritariamente para liberar o fluxo. A Figura 9.1 apresenta um exemplo educacional cujo problema é o despreparo dos alunos para o mercado de trabalho. A causa básica seria o *sistema educacional deficiente*, que se desdobra em dez causas secundárias, classificadas em dois níveis. Entre estes pode-se escolher um nó crítico, ou seja, aquele que provocaria maior impacto para a solução do problema. Pode ser, por exemplo, o *corpo docente despreparado*.

Em seguida, elaboram-se propostas de programas, projetos e ações para atuar nesse nó crítico. Podem ser, por exemplo, a criação de programas de atualização dos docentes, oferecendo cursos de especialização. Pode-se investir em métodos pedagógicos modernos e participativos, com aplicações da informática e incremento do material didático. Se esse nó estivesse no segundo nível, seria menos eficaz. Por exemplo, no caso de *vagas insuficientes*, podem-se construir mais salas de aula, mas isso terá pouco impacto na solução do problema, pois os conteúdos educacionais continuarão sendo de baixa qualidade.

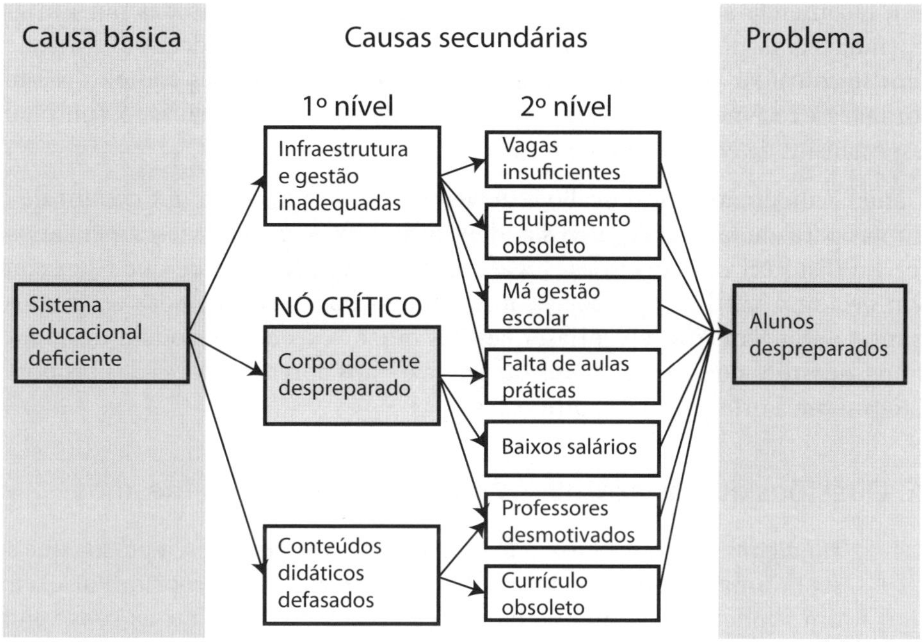

Figura 9.1 Fluxograma situacional do problema.

As atuações improvisadas e emergenciais (urgências) nem sempre incidem sobre os nós críticos, pois destinam-se a "tapar os buracos" dos vazamentos, que podem ocorrer em qualquer lugar. Elas deveriam ser gradativamente substituídas por ações planejadas, de maior importância. Analisando-se agendas de dirigentes latino-americanos, Carlos Matus descobriu que elas eram repletas de problemas secundários e de assuntos rotineiros e emergentes, dos quais os mais *importantes* ocupavam apenas 1,5% do tempo dos dirigentes (ver Tabela 8.1, Capítulo 8). Matus sugere que os dirigentes reservem pelo menos 10% de sua agenda para as decisões importantes, para que consigam ter maior direcionalidade sobre o sistema e as prioridades.

CHECKLIST DOS VIESES

As decisões que tomamos e as escolhas que fazemos podem estar eivadas de vários tipos de vieses, como já vimos no Capítulo 3. Como esses vieses nem sempre têm origem consciente, geralmente é muito difícil reconhecê-los e neutralizá-los em tempo hábil para que não produzam efeitos danosos.[14] A primeira atitude é adotar uma postura moderada, admitindo-se que se pode estar errado. Depois, deve-se consultar outras pessoas que possam ter visões ou opiniões diferentes. Então, é preciso fazer acompanhamento dos resultados ou das consequências, para que eventuais erros e desvios sejam imediatamente corrigidos. No ambiente institucional, os erros podem ter consequências bem maiores, o que justifica um cuidado adicional.

É importante frisar que é muito difícil a pessoa reconhecer seus próprios vieses. Assim, recomenda-se que as propostas importantes sejam analisadas por um grupo independente, que não esteja envolvido na formulação delas. Nas decisões corriqueiras, podem-se consultar pessoas de confiança. Contudo, nas decisões complexas e muito importantes, é recomendável que esse procedimento seja mais formalizado, consultando-se especialistas da empresa ou de fora.

Daniel Kahneman, Dan Lovallo e Oliver Sibony propuseram um *cheklist* de doze perguntas para ajudar os executivos a identificar a influência de vieses e enganos que poderiam distorcer suas decisões.[159] Eles partiram da premissa de que os executivos devem decidir a partir de propostas apresentadas por outras pessoas ou grupos. As perguntas abrangem três categorias: questões que os executivos podem formular a si mesmos; questões que os executivos devem fazer aos apresentadores das propostas; e questões sobre a orientação das propostas.

A. Questões que os executivos podem formular a si mesmos

1. *Há algum interesse pessoal do proponente?* Muitas vezes, a pessoa que apresenta uma proposta inclui algum tipo de interesse próprio. Por exemplo, um vendedor que propõe baixar os preços visa facilitar as suas vendas e ganhar mais comissões. É preciso verificar se esses interesses colidem com aqueles da empresa, pois, no final, os lucros podem ser menores. Deve-se considerar que os proponentes podem apresentar argumentos racionalizados, e há os que mentem a seu favor. No caso de propostas apresentadas por grupos, os interesses podem estar direcionados para aumento do poder, melhoria da carreira, melhoria do ambiente de trabalho e outros. Cabe ao executivo analisar se esses interesses são razoáveis, *vis-à-vis* aos objetivos e interesses da empresa.
2. *O proponente tem algum envolvimento emocional?* Quando uma pessoa gosta de algo, tende a exagerar nos benefícios e minimizar os riscos e custos. Se não gosta, faz o oposto. Isso ocorre frequentemente nas decisões que envolvem alta carga emocional, como aquelas sobre dispensas de assessores. Isto está relacionado com o viés do primeiro amor (ver Capítulo 3). Para reduzir a influência da carga emocional, devem-se examinar todos os argumentos e os lados envolvidos na decisão e verificar se eles contêm algum viés provocado pelas emoções.
3. *Há opiniões divergentes entre os proponentes?* O grupo que apresenta uma proposta geralmente argumenta que ela foi aceita de maneira unânime. Essa unanimidade pode ser genuína, mas talvez haja predominância de algum líder de um subgrupo dominante. Assim, pode ser uma falsa unanimidade, que outros membros do grupo aceitam apenas para evitar conflitos, estando assim em conformidade. Essa proposta unânime pode estar eivada de

perigos. No caso de problemas complexos, se não houver pelo menos uma voz dissonante, é sinal de alarme, pois existe a possibilidade de essa voz ter sido sufocada pelo grupo dominante (ver "Pensamento de grupo e tomada de decisão", Capítulo 8). Se houver essa desconfiança, é aconselhável ouvir a voz dissonante em uma reunião privada, sem a participação dos demais membros.

4. *O diagnóstico da situação pode ter sido influenciado por um fato relevante?* O diagnóstico da situação pode ter sido baseado em recente sucesso, recomendando-se a sua repetição. Contudo, talvez essa comparação esteja incompleta, porque o recente sucesso pode ter ocorrido por conjuntura favorável que talvez não se repita. Além disso, o uso de uma simples analogia pode levar a falsas inferências. Quem decide pode suspeitar de que a proposta apresentada tenha sido baseada em uma analogia demasiadamente simples de sucesso, e então deve pedir que se façam outros diagnósticos. Se possível, eles devem explorar mais amplamente as situações atual e futura, incluindo diversas variáveis, em comparação com o passado.
5. *Há outras opções interessantes?* As pessoas ou grupos que formulam as propostas podem ter partido de uma hipótese falsa, juntando depois apenas os fatos ou evidências parciais, visando confirmar a proposta inicial. Uma boa prática é pedir que não se limitem a apenas uma proposta principal, mas se analisem pelo menos mais uma ou duas alternativas, os argumentos pró e contra para cada uma, a fim de confirmar a validade da proposta inicial. Essas comparações devem ser feitas de forma isenta, sem favorecimentos indevidos da proposta principal.
6. *O que aconteceria se essa decisão fosse tomada novamente daqui a um ano?* Essa pergunta permite fazer uma visualização futura da decisão tomada hoje. Talvez se descubram algumas falhas que não foram consideradas. Por exemplo, uma grande empresa adquiriu o controle de outra, pequena, porém forte em inovação tecnológica, para descobrir depois que as patentes de sua propriedade venceriam em pouco tempo. Para evitar esse tipo de engano, algumas empresas elaboraram listas de informações a serem levantadas na negociação para aquisição de outras empresas, dependendo da motivação principal, como o acesso a novas tecnologias ou a conquista de novos mercados.
7. *De onde surgiram os números?* Os números podem impressionar pela objetividade, mas podem ser enganadores. Na dúvida, deve-se perguntar: esses números são reais ou estimados? Se forem estimados, em que se basearam? Quem indicou inicialmente esses números? Eles se sustentam se forem comparados com outros casos semelhantes? Esses questionamentos visam prevenir o executivo de três tipos de vieses, muito frequentes nas decisões de negócios. Primeiro, há uma estimativa inicial, que passa a ser adotada como parâmetro, mas ela pode conter alguns vícios de origem, como a simples repetição do passado. Segundo, não se pode garantir que a tendência passada continue valendo para o futuro. Terceiro, algumas âncoras podem

surgir de propostas deliberadas, como um comprador que apresenta um preço-piso muito baixo para iniciar as negociações. Se o executivo desconfiar de que o número apresentado foi ancorado, deve contrapropor outra âncora. Isso pode ser feito pelas comparações com o mercado ou outros casos semelhantes, ou realizando um exercício de *benchmarking* (comparação de preços entre funções semelhantes).

8. *Há influência de algum efeito* halo*?* O efeito *halo* surge quando a pessoa se deixa tomar pela emoção a partir de algum aspecto relevante. Por exemplo, pode-se acreditar que o sucesso de uma empresa se deve ao talento especial do seu diretor. Assim, enquanto ele estiver nesse cargo, todos os negócios serão bem-sucedidos. Para testar o efeito *halo*, pode-se supor o que aconteceria se o diretor da empresa fosse substituído. Talvez esse sucesso tenha origem em uma conjuntura favorável ou ao puro acaso. Muitas vezes, uma proposta é baseada nos exemplos de outras empresas bem-sucedidas. Nesse caso, seria prudente fazer comparações também com as empresas que não conseguiram tanto sucesso.

B. Questões sobre a orientação das propostas

9. *A recomendação demonstra um apego exagerado ao passado?* As pessoas e as empresas costumam guardar boas lembranças dos sucessos passados. Mas elas não devem ser usadas como único ponto de referência, sem considerar cenários futuros, pois isso pode acobertar alguns perigos, principalmente se houver algum débito ainda não quitado, que pode influir nos custos e faturamentos futuros. Outro perigo está na cronologia das decisões, quando se resolve "passar o carro na frente dos bois". Por exemplo, não é prudente investir na compra de novos equipamentos para expandir a capacidade produtiva quando a construção da nova fábrica ainda não foi terminada. Em obras públicas, é muito frequente ver vagões de trem comprados antes que os trilhos estejam prontos ou equipamentos médicos adquiridos sem as instalações adequadas.

10. *Há excesso de otimismo?* Certo grau de otimismo é considerado benéfico para o avanço dos negócios, mas o otimismo exagerado pode ser fantasioso. Isso pode acontecer quando há uma sinergia no grupo após uma série de resultados positivos. Esse excesso de confiança pode levar a que se descuide dos perigos ou se desprezem os riscos. Outro perigo ocorre quando as projeções são baseadas apenas em fatores internos, sem considerar as reações externas. Por exemplo, uma rede de hamburguerias resolveu baixar os preços visando aumentar as vendas. Contudo, os concorrentes também baixaram seus preços, e a vantagem competitiva foi anulada. É muito difícil neutralizar o viés do otimismo, porque o executivo pode ser acusado de ser conservador ou medroso. Pode-se pedir que os planejadores analisem os concorrentes para se ter uma visão externa do problema. Fazendo analogia com o jogo de xadrez, a melhor jogada vai depender da reação do outro.

11. *O ruim poderia ser o pior?* Em exercícios de planejamento estratégico, define-se uma faixa de atuação futura, entre a previsão otimista (limite superior) e a pessimista (inferior). Infelizmente, na maioria dos casos, o limite inferior não é suficientemente baixo, podendo escamotear alguns eventos prejudiciais e minimizar os riscos. Para lidar com esse cenário, pode-se fazer uma simulação, supondo que o pior já tenha ocorrido, perguntando-se por que teria ocorrido. Na incorporação de outras empresas, por exemplo, não se levou em conta o grande débito trabalhista com os empregados ou as diferenças culturais, os níveis de qualidade e outros fatores que dificultaram o trabalho cooperativo.
12. *As recomendações são demasiadamente tímidas?* Esse é o outro lado da moeda. Recomendações demasiadamente conservadoras tendem a frear o desenvolvimento. Existem duas causas que dificultam a abordagem desse problema. Primeira, a aversão às perdas é mais forte que o desejo de ganhar, e ninguém quer se responsabilizar pelas falhas. Assim, é mais seguro e cômodo trilhar caminhos conservadores. Segunda, nenhuma empresa define claramente o grau de risco que está disposta a correr. Sem isso, é preferível ficar com as opções de menor risco. Isso acontece principalmente em decisões colegiadas, quando uma proposta arrojada é abafada pela maioria conservadora que não quer correr riscos. Devido ao conservadorismo usual das empresas, quando se quer investir em novas tecnologias, envolvendo maiores riscos, é mais fácil criar outra empresa, com diferentes objetivos e gestões independentes (ver o caso da criação da Coppe pelo Alberto Luiz Coimbra no Capítulo 8).

EXECUÇÃO DAS AÇÕES

Para colocar um plano em prática, as atividades previstas precisam ser executadas. É preferível que essas ações sigam as previsões estabelecidas no plano, de modo a evitar as improvisações. Para isso, o plano deve dar orientações seguras para as ações. Deve ter certa flexibilidade para realizar os ajustes, pois a realidade pode ser diferente do que foi previsto, mas dentro de certa margem de erro. Os planos excessivamente detalhados e rígidos correm o risco de serem abandonados durante a execução.

A CULTURA DE DECISÃO

Para que uma decisão seja aceita e executada sem grandes desvios, é necessário que se tenha uma cultura organizacional com quatro características: abertura, franqueza, informalidade e encerramento.[160] *Abertura* significa que não há rigidez nos procedimentos e que os melhores caminhos e métodos poderão ser escolhidos durante a execução, de modo que as dificuldades encontradas sejam discutidas e solucionadas. *Franqueza* é o clima organizacional em que as ideias são apresentadas sem medo e sem a necessidade de escamoteações. A franqueza contribui para diminuir fofocas e boatos. A *informalidade* torna o ambiente mais leve e descontraído. Elimina as atitudes defensivas provocadas pela formalidade excessiva, quando as pessoas fazem apresentações cuidadosamente escritas e ensaiadas. A informalidade produz um ambiente em que as pessoas se sentem mais à vontade para discutir e emitir opiniões, produzindo um clima sinérgico. O *encerramento* é feito com atribuição de responsabilidades, estabelecimento de prazos e definição de possíveis metas e indicadores de progresso. Sem esse encerramento fica difícil monitorar as ações e o sistema fica frouxo, tendendo para o desgoverno.

Quando houver falhas nas execuções e no acompanhamento das ações, o sistema passa a ser de *baixa responsabilidade*, em que a execução é malfeita, com diversos tipos de desvios, mas não há correções e ninguém é responsabilizado por isso.[15] Nesse sistema passam a vigorar os mais diversos tipos de desculpas, sempre direcionadas aos outros ou às condições situacionais, como falta de recursos, falta de apoio, excesso de chuvas, greves do metrô, subida do dólar e assim por diante.

Comunicação da decisão

Após tomar a decisão, esta deve ser comunicada claramente aos executores por alguém com credibilidade, para que as suas ordens sejam acatadas. A comunicação falha pode ocorrer pelo excesso de formalidade ou à falta de clareza e convicção.[160] Essa comunicação começa com um diálogo franco e honesto do líder com seus subordinados, se necessário, por escrito, de forma sucinta. Sobretudo, deve haver um envolvimento emocional, para que os resultados sejam compartilhados com o sucesso de todos.

Aquele que recebe as ordens deve saber o que se espera dele e como seu desempenho será acompanhado e cobrado. Esse diálogo deve ser de mão dupla, pois os líderes devem mostrar sensibilidade para considerar as razões dos seus subordinados. Muitas vezes, uma ordem não é executada porque o subordinado não tem acesso a recursos (humanos, materiais, financeiros, políticos) suficientes para executá-lo. Nesse caso, ele deve sentir-se livre para manifestar imediatamente essa impossibilidade, sem medo de sofrer sanções. Esse clima de confiança mútua deve difundir-se em toda a organização, a fim de criar uma cultura em que as decisões sejam valorizadas.

Ram Charan narra um episódio envolvendo um gerente regional da Alemanha de uma grande empresa multinacional dos Estados Unidos.[160] Este apresentou um plano ambicioso de expansão, multiplicando a sua sucursal por quatro em pouco tempo, para desbancar seus principais competidores. Os competidores eram antigos e tinham forte ligação com os consumidores locais. O presidente da empresa, ao perceber a megalomania do gerente, poderia tê-lo humilhado e desencorajado, a fim de injetar algum realismo no plano. Contudo, fez uma abordagem calma e amistosa e fez algumas perguntas: Já identificou os pontos fracos dos competidores? Como vamos superá-los, atacando esses pontos fracos? O que podemos fazer para agradar aos consumidores? O gerente reconheceu que tinha cometido algumas bravatas. Decidiram que o plano seria reformulado e novamente apresentado em noventa dias, com previsões mais realistas. Nesse episódio, o mais importante foi o diálogo construtivo, pois o presidente não estava preocupado em mostrar a sua autoridade ou humilhar o seu subordinado.

Ele simplesmente desejava um plano realista, não pelas razões pessoais, mas para o bom desempenho da empresa.

TRIÂNGULO DE GOVERNO

Em cada decisão, o dirigente confronta-se com três fatores representados pelo *triângulo de governo*: projeto de governo, governabilidade e capacidade de governo.[15,158] O projeto de governo representa o objetivo que se pretende alcançar. A governabilidade é o domínio dos recursos necessários para executar o projeto, podendo ser de natureza financeira, material, política, institucional ou alguma outra. A capacidade de governo relaciona-se com as habilidades necessárias das pessoas e das instituições envolvidas. Esses fatores não são estáticos no tempo, evoluindo continuamente, o que indica um *timing* correto para cada ação. Isso significa que o triângulo é dinâmico, mudando continuamente de formato. Por exemplo, o apoio político (governabilidade) a certo projeto pode aumentar ou diminuir dependendo das reações populares ou das flutuações macroeconômicas.

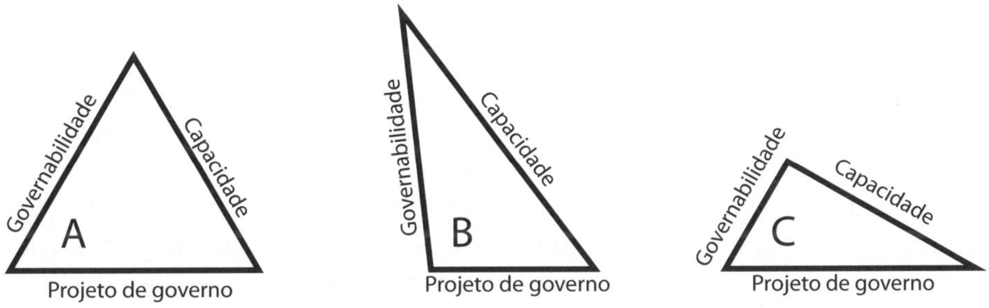

Figura 9.2 Triângulo de governo. Fonte: adaptada de Matus.[158]

Portanto, esses três fatores sofrem influência de processos dinâmicos que modificam continuamente a forma do triângulo. Cabe ao bom dirigente manter a forma equilátera do triângulo (Figura 9.2-A), porque as chances de sucesso estariam vinculadas a um equilíbrio adequado entre os três fatores. Eventualmente, o dirigente pode trabalhar intencionalmente com um desequilíbrio. Os dirigentes conservadores ou receosos tendem a propor projetos de governo menores, menos ambiciosos, subutilizando sua governabilidade e sua capacidade de governo (Figura 9.2-B). Tipicamente, são aqueles que geram capacidade ociosa pela subutilização das suas empresas. Um dirigente ousado poderia propor planos de governo maiores e mais ambiciosos (Figura 9.2-C), estressando a governabilidade e a capacidade de governo. Esses dois fatores seriam conquistados durante a ação, a fim de tornar o plano viável.

O caso C ocorre, por exemplo, com exércitos invasores sem suprimentos suficientes, que se abastecem de saques realizados pelo caminho, e também com pequenos grupos de guerrilheiros que esperam a adesão da população durante a luta. Conta-se a história de um consultor de empresas arrojado que foi questionado: "Você entende dessa técnica?" Ele respondeu que "sim, sou especialista nisso", apesar de desconhecer o assunto.

Mas ele sabia que a eventual decisão de contratá-lo seria demorada e ele teria tempo suficiente para atualizar-se no assunto. Um projeto adequado também pode sofrer atrasos por falta de dinheiro ou material ou pelo pedido de demissão de um especialista, comprometendo a governabilidade ou a capacidade de governo.

Outro aspecto importante é a construção de um modelo mental ligando os efeitos do problema com as suas causas. Em casos mais complexos, em que essa relação efeito-causa não fica evidente, podem-se elaborar os respectivos fluxogramas situacionais (ver Figura 9.1).[103] Sem isso, corre-se o risco de atuar sobre os efeitos ou sintomas e, assim, não resolver o problema real. É o caso de médicos que receitam analgésicos e anti-inflamatórios para um doente com câncer, apenas para aliviar as dores, quando seria indicada uma cirurgia para retirada do tumor. Em outros casos, o dirigente conhece as causas, mas prefere atuar intencionalmente sobre os efeitos ou as causas secundárias por comodismo, medo ou falta de governabilidade ou capacidade de governo.

Reações do oponente

O sistema que recebe a ação não é inerte e costuma reagir, como em um jogo de xadrez. Dessa maneira, a escolha da melhor ação (jogada) depende de uma situação real e também da possível reação do outro. Para citar um exemplo, na Copa do Mundo de Futebol de 1958, Vicente Feola, técnico da seleção brasileira, reuniu os jogadores na véspera do jogo contra a União Soviética para explicar a estratégia que tinha elaborado para vencer a partida.[93] Feola raciocinava normativamente e descreveu alternativas de possíveis jogadas para ganhar a partida. Quando terminou de falar, seguro de que tinha feito uma brilhante explanação, perguntou aos jogadores: "Alguma pergunta?". Seguiu-se um longo silêncio, até que Garrincha, considerado uma pessoa simplória, levantou a mão e perguntou: "O senhor já combinou tudo com os russos?".

Nos modelos tradicionais de planejamento, as opções das possíveis reações das outras pessoas são descritas e associadas a uma estimativa da probabilidade de ocorrência para cada opção. Contudo, a realidade dos sistemas sociais é bem mais complexa e não comporta esse tipo de simplificação. Evidentemente, diante da incerteza, é necessário fazer uma "aposta", se possível, baseando-se no maior número de informações confiáveis, analisadas por processos tecnopolíticos (aspectos técnicos, econômicos, sociais) e com uma boa dose de governabilidade e de capacidade de governo.[15] Outra medida indispensável é o seu monitoramento posterior, para que eventuais desvios sejam continuamente corrigidos.

A FORÇA DE UM ATOR

A força de um ator é a sua capacidade de transformar planos e projetos em ações.[93] Isso não depende apenas de boas intenções ou de verbalizações do tipo "estou disposto a", mas de variáveis identificáveis:

- *Controle de recursos*: domínio dos recursos necessários, que podem ser financeiros, materiais, institucionais, bélicos e políticos. Isso pode estar relacionado com o cargo ocupado ou com apoio e influência de outras pessoas e instituições.

- *Personalidade do ator:* aqui se incluem preparo, conhecimento do problema, visão, liderança, experiências, disposição e coragem para atuar.
- *Habilidade do ator:* habilidade do ator para utilizar os recursos disponíveis, de modo que cada tipo de recurso seja utilizado de forma efetiva, inclusive pela transformação de um recurso abundante para preencher a lacuna de outro escasso. Essa habilidade inclui a capacidade de arregimentar novos aliados e mais recursos em torno do problema.

Enquanto a personalidade é um pré-requisito, reunindo o repertório das qualidades favoráveis, a habilidade relaciona-se com as atividades práticas do dia a dia no uso dessas qualidades. Esses dois conjuntos são distintos, pois uma pessoa pode apresentar um vasto repertório, mas ser inábil para utilizá-lo de forma eficaz em tempo oportuno. Contudo, um ator com grande habilidade pode arregimentar os recursos necessários durante o trajeto, conseguindo empréstimos ou adesão de outras pessoas e instituições. Os exércitos invasores, como o de Gengis Khan, avançavam rapidamente com poucos suprimentos. Eles cavalgavam éguas, que lhes forneciam leite e carne, e os demais suprimentos eram conseguidos pelos saques realizados durante o trajeto.[74]

COLOCAR EM EXECUÇÃO

Após se tomar uma decisão, ela é colocada em execução. Para isso, são necessárias duas outras decisões. A primeira é a escolha da pessoa, do grupo, do departamento ou da instituição que a executará. A segunda é a forma de comunicar essa decisão, que pode ser verbal ou por escrito. No caso de decisões importantes que envolvam sistemas complexos, uma simples comunicação verbal talvez não seja suficiente para colocar a "máquina" em movimento, e pode haver atrasos na execução. Isso pode envolver negociações formais e adaptações do plano para que seja aceito.

Para que a execução não seja comprometida, pode-se melhorar o processo de tomada de decisão, mesmo que provoque atraso. Isso pode acontecer porque, durante a execução, a decisão pode ser contestada por outros envolvidos que não tenham sido consultados previamente. Alfred Sloan, presidente da GM, disse certa vez ao encerrar uma reunião: "Muito bem. Estamos todos de acordo, mas vou esperar até a próxima reunião para que as discordâncias apareçam".[143]

Para evitar questionamentos durante a execução, é aconselhável tomar a decisão por etapas. Assim, essas decisões escalonadas só avançariam após a aprovação da etapa precedente. Por exemplo, na indústria automobilística, a apresentação de um novo modelo de carro realiza-se em várias etapas, partindo de um protótipo e da construção do modelo conceitual. Internamente, é preciso prever o orçamento para pesquisa e desenvolvimento para o lançamento do novo modelo. Isso implica que se tomem várias decisões prévias, distribuídas ao longo do tempo, que podem durar alguns anos.

Quando uma decisão for tomada por um grupo, é necessário prestar atenção nos descontentes e opositores. Mesmo que eles sejam derrotados em uma votação, ficarão insatisfeitos e provavelmente não trabalharão com entusiasmo na sua implementação. Nesses casos, talvez seja conveniente sanar os pontos de discordância, mesmo que isso signifique alterar alguns aspectos da proposta apresentada. Segundo o ditado "o ótimo é inimigo do bom", é preferível implantar um projeto bom que seja aceito por todos do que ficar se lamentando daquele ótimo que não foi aceito.

Execução

A execução é o complemento natural e desejável de uma decisão. Nas palavras de Carlos Matus, "o plano só se completa na ação".[158] Contudo, verificam-se muitos tipos de diferentes elos entre a decisão e sua respectiva execução. Algumas empresas são boas para decidir, mas são fracas na execução, e vice-versa. Em uma enquete realizada entre mil organizações, 60% dos entrevistados consideraram que havia dificuldades para transformar importantes decisões estratégicas e operacionais em ação. Gary Neilson, Karla Martin e Elizabeth Powers atuaram como consultores em mais de 250 empresas, ajudando a melhorar o elo entre a decisão e sua execução.[161]

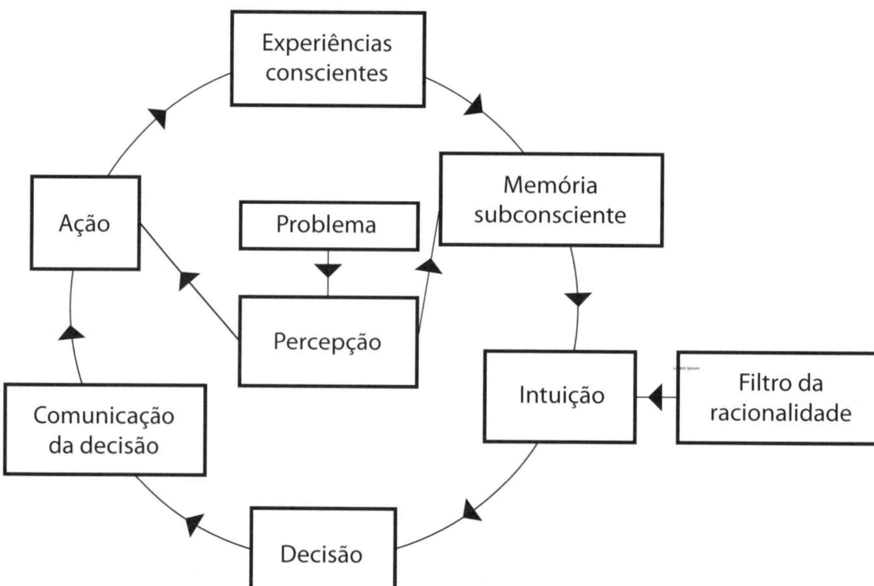

Figura 9.3 A percepção de um problema traz lembranças da memória implícita e também da possível ação. Fonte: adaptada de Neilson, Martin e Powers.[161]

Existe forte vínculo entre a percepção e a ação, que são conectadas entre si na memória.[70] Essa ação já é preconfigurada pela própria percepção, rapidamente, em apenas duzentos milissegundos, no subconsciente, também chamado de pré-consciente (Figura 9.3). Por exemplo, ao avistarmos uma poltrona, de longe, mesmo sem contato físico, podemos ter a sensação de conforto ou desconforto. O cérebro antecipa essa sensação baseando-se em experiências anteriores memorizadas. Se a poltrona for mole, sem estrutura, pode provocar sensação de dores lombares, que acaba influindo na nossa decisão de sentar ou não. Essa antecipação permite realizar a adaptação da ação.

Naturalmente esse automatismo exige muitas experiências e repetições até que consiga posicionar-se corretamente.[70] Em diversos casos, descobriu-se que as diferentes performances de atletas altamente competitivos estavam na sua capacidade de antecipar as ações. Num estudo com um grupo de atletas, descobriu-se que o desempenho deles estava ligado à velocidade de percepção, reação, decisão e antecipação da ação. Muitas vezes, ele fazia previsões baseadas em informações parciais. Por exemplo, um jogador de vôlei posiciona-se para a defesa da bola antes que ela chegue, antecipando a sua trajetória. Jogadores experientes conseguem extrapolar a trajetória ao captar a velocidade e o ângulo entre o olho e a bola em relação ao solo, como fazem os jogadores de basebol.

Isso ocorre também com jogadores de futebol nas cobranças de pênalti. A análise dos movimentos oculares demonstrou que goleiros menos experientes fixavam o olhar mais demoradamente no tronco, na cintura e nos braços dos cobradores. Já aqueles mais experientes fixavam o olhar na postura do pé que chuta e no contato entre o pé e a bola no momento do chute. Assim, eram capazes de antecipar a possível trajetória da bola. Outro aspecto importante dessa estratégia antecipatória é a possibilidade de elaborar a estratégia seguinte, que é compensatória. Por exemplo, o lutador de caratê que espera receber um golpe pode desviar-se ou adotar uma postura defensiva.

Novatos e veteranos

Os novatos realizam ações conscientemente, prestando atenção em cada passo do desempenho. Em uma luta de boxe, o principiante observa os movimentos do adversário o tempo todo, esperando uma oportunidade para atacar. Nesse caso, ele não conseguirá processar todas as informações em tempo e realizará muitos movimentos inadequados. Com a repetição dos movimentos, estes passam do nível consciente para o subconsciente. Os processos controlados passam para o automático quando se tornam rápidos, dado que, uma vez iniciados, cumprem um programa motor existente sem o monitoramento pleno da consciência. Nessa fase, a vontade e a racionalidade podem atrapalhar, bastando agir intuitivamente.

COMECE PEQUENO

Muitas vezes, diante de um grande e complexo problema, podemos nos sentir impotentes e ficar imobilizados, sem saber por onde começar para resolvê-lo. Além disso, frequentemente não temos governabilidade ou capacidade de governo para enfrentar globalmente o problema (ver Figura 9.2). Nesses casos, deve-se escolher algo menor para começar, algo que seja possível ou realizável no curto prazo. Assim, começando a caminhar, na própria trajetória podem surgir novas oportunidades e apoios para se enfrentarem tarefas maiores. Isso dificilmente ocorrerá se ficarmos parados, à espera de tempos melhores.

O administrador de um terminal rodoviário sentiu-se desanimado com o estado de sujeira e depredação das instalações. Nesse caso, ele pôde eleger alguma tarefa que fosse exequível no curto prazo, como varrer o chão, lavar o piso, remover as pichações das paredes, pintar as grades, tapar buracos e assim sucessivamente. Ele conseguiu executar algumas tarefas mais simples, como varrer e limpar o chão. O sucesso delas credenciou-o a diversas outras, sucessivamente, cada vez mais complexas e onerosas.

Pode-se fazer analogia com o leme de um transatlântico, que é enorme, equivalente a um edifício de vários andares e pesando muitas toneladas. Assim, o leme apresenta um grande momento de inércia.[162] Contudo, há um pequeno leme auxiliar, chamado *trim tap,* na borda do leme principal, bem menor e fácil de manobrar. O movimento ágil do *trim tap* cria um vácuo que permite movimentar o leme grande. Portanto, o termo "pequeno" é relativo, devendo ser considerado aquilo que é possível e viável no curto prazo. Não se deve mover um transatlântico bruscamente, pois ele pode adernar, mas pode-se mover o *trim tap* a fim de criar condições para movimentar lentamente o leme principal.

ATAQUE AO CENTRO DE GRAVIDADE

Os sistemas, em geral, têm um ponto central que, se for atingido, leva todo o sistema ao colapso. Ele tem várias denominações, como *coração do sistema, nó crítico, centro de gravidade* e outras. De acordo com Clausewitz, é o "eixo de todo poder e movimento, do qual tudo depende".[74,104] Às vezes não é fácil identificar essa fonte central de poder, e ficamos atacando apenas a periferia. Com isso, não resolvemos o problema e ele continua existindo. Se essa causa for centralizada, torna-se um alvo mais fácil. Mas pode ser difusa ou abstrata, e então é um alvo mais difícil, como no caso de um conceito ou uma cultura.

Para esse ataque ao centro de gravidade, o ator precisa reunir os recursos necessários, principalmente o apoio dos superiores. Em política, precisa do apoio de outros poderes, como o Legislativo, além do apoio popular. Em geral observa-se que líderes fracos preferem atuar na periferia, evitando as aproximações ao centro de gravidade e, com isso, produzindo efeitos paliativos que não resolvem o problema efetivo. Pode-se observar, por exemplo, na área médica, o caso de um paciente que tem um tumor que precisaria ser extirpado por cirurgia, mas muitos médicos preferem tratar apenas os sintomas e proporcionar alívios temporários, sem resolver o problema efetivamente.

ATAQUE PELOS FLANCOS

O ataque pelos flancos tem sido uma das mais bem-sucedidas estratégias de guerra aplicadas desde a Antiguidade. O general cartaginês Aníbal resolveu atacar as poderosas tropas romanas no norte da Itália, saindo da Espanha e atravessando os Alpes. Seu exército, inicialmente de 70 mil homens, foi reduzido a 26 mil sobreviventes após essa travessia.[74] Os romanos enviaram logo muitos soldados para enfrentá-lo na batalha de Canas, em 216 a.C. Aníbal atraiu os romanos para um terreno cercado, onde teriam dificuldade de manobrar. Os romanos atacaram pelo centro, mas os cartagineses recuaram. As melhores tropas, incluindo cavalos e elefantes montados por arqueiros, foram posicionadas nas extremidades laterais. Ao mesmo tempo, cerca de 2 mil cartagineses que estavam escondidos na densa vegetação perto do rio surgiram repentinamente pelos flancos. Os romanos, surpreendidos e cercados por elefantes, saíram em fuga desenfreada e caótica, e milhares acabaram se afogando no rio Trébia.

Gengis Khan invadiu a Europa no início do século XIII liderando os mongóis, que cavalgavam éguas com extrema habilidade. Os exércitos que o enfrentaram ficavam impressionados com a forma precisa com que ele manobrava seus homens apesar da aparência caótica. Em tempos de paz, Gengis Khan organizava um treinamento chamado Grande Caçada. Ele espalhava o exército mongol ao longo de uma linha com treze quilômetros de extensão nas estepes da Ásia Central.[74] A linha avançava empurrando todos os animais pelo caminho. Lentamente, em manobra coreografada, os dois extremos convergiam até formar um círculo, dentro do qual todos os animais ficavam cercados e, finalmente, eram abatidos. A Grande Caçada era um exercício de habilidade dos mongóis no qual eles se comunicavam por sinais, de longe, coordenando os movimentos, sem necessidade de outras mensagens ou ordens. Depois, a bravura de cada soldado era testada quando matava um animal feroz, como um tigre.

Estratégia semelhante foi utilizada pelo rei Shaka Zulu na década de 1820, para derrotar os britânicos na África do Sul. Shaka desenvolveu a lança zulu, pesada e com lâmina larga, extremamente letal.[74] Ele criou uma disciplina estratégica chamada de "peito, chifre e lombo". O peito era a parte central, que atraía o inimigo. Os chifres eram as tropas que avançavam pelos flancos, cercando o inimigo. As pontas dos chifres ficavam escondidas atrás de pedras ou no capim alto e surgiam inesperadamente. O lombo era a força de reserva, pronta para o golpe final. Os britânicos ficaram apavorados com a precisão dos movimentos e com o cerco, em círculo cada vez mais apertado, quando as terríveis lanças choviam sobre eles.

A estratégia dos flancos é utilizada em vários tipos de jogos, como no futebol, em que se avança pelas laterais do campo até convergir em frente ao gol. Muitas vezes isso produz maior fluidez e velocidade de ataque em relação ao avanço pelo centro. Na competição entre grandes empresas, em vez de seguir pela frente, é preferível avançar pelos flancos, por exemplo, impedindo o acesso do oponente às melhores matérias-primas.

Guerra inversa

A guerra inversa é uma variante também originada há milhares de anos. Nesse tipo de guerra, a tropa avança em pequenos grupos, dispersos, em contínuo movimento, ao contrário do exército convencional, que é concentrado e ordenado.[74] Esse tipo de combate foi chamado de "guerrilha" pelos espanhóis que combateram as tropas de Napoleão em 1804 a 1814. Com essa tática, os espanhóis espalhavam-se pelos terrenos montanhosos e inóspitos do país. Em pequenos grupos, atacavam e fugiam com grande mobilidade, desconcertando o inimigo. Os guerreiros cossacos que enfrentaram Napoleão em 1812 tinham aprendido com os espanhóis e infligiram mais danos que o disciplinado exército russo.

ACOMPANHAMENTO DAS AÇÕES

O acompanhamento das ações é necessário para se constatarem eventuais desvios entre o plano e a ação. Se forem constatados desvios, torna-se necessário introduzir alguma ação corretiva, a fim de manter o curso no sentido previsto. Alguns desvios são relativamente fáceis de corrigir, mas outros são difíceis ou, ainda, impraticáveis, principalmente quando ocorrem imprevistos, como mudanças ambientais não previstas no plano.

RESPONSABILIDADE PELAS DECISÕES

Todos os sucessos, fracassos, avanços ou retrocessos são resultados de alguém que tomou ou deixou de tomar decisões. Muitos sucessos de pessoas e empresas estão ligados à capacidade de tomar decisões rápidas e acertadas. Apesar disso, poucas empresas organizam adequadamente o seu processo decisório. Em um levantamento realizado com 350 empresas globais, apenas 15% afirmaram que possuem estruturas para tomar decisões sistemáticas para superar os seus competidores.[163] Essas estruturas ajudam a melhorar as principais decisões estratégicas, como aquisição de outras empresas, realização de novos investimentos ou movimentações dos executivos. O importante é decidir antecipadamente, evitando eventuais surpresas.

Um dos maiores problemas é a falta de definição de quem tem a responsabilidade pela decisão (ver Quem tem o "D", Capítulo 8), em termos pessoais ou funcionais. Isso não significa concentração de autoridade, mas uma definição clara das responsabilidades pelas decisões, que pode ser descentralizada ou hierarquizada. Por exemplo, no caso de uma empresa que estava perdendo mercado porque seus produtos estavam defasados, foi feita a pergunta: Quem é o responsável pelo redesign do produto? No departamento de marketing, 83% responderam: "Somos nós". A mesma pergunta foi respondida positivamente por 64% do pessoal de projeto. Com essa aparente superposição de responsabilidades, houve atraso no lançamento do novo produto, e a empresa perdeu mais uma fatia do mercado.[163]

As empresas que tomam boas decisões atuam como organismos sensíveis para "farejar" oportunidades. Depois processam as informações captadas com rapidez, superando os obstáculos em busca das soluções. Paul Rogers e Marcia Blenko elaboraram um *checklist* de dez perguntas (Quadro 9.1) para conferir a qualidade do processo decisório das empresas.[163] Quando o processo decisório estiver organizado, as diversas pessoas envolvidas terão clareza das responsabilidades de cada uma e atuarão a favor da equipe, somando esforços para que as melhores decisões sejam alcançadas. Ao mesmo tempo, evita-se a duplicação de esforços, indefinições, competições e ciúmes entre as equipes. Naturalmente, esse é um processo cultural que deve ser construído gradativamente pelas empresas, criando-se um clima favorável para as decisões e valorizando a sua qualidade.

Quadro 9.1 Diagnóstico do processo decisório

Considere a sua participação nas três últimas decisões importantes para responder às perguntas
1. Quem ou qual setor demandou a decisão? A solicitação estava clara?
2. A decisão foi acertada?
3. A decisão foi tomada no tempo certo? Houve atrasos?
4. Ela foi implantada na prática? Houve distorções?
5. As pessoas certas foram envolvidas? Como elas participaram da decisão?
6. Na decisão tomada, os seguintes aspectos ficaram claros? • Quais eram as fontes das informações necessárias? São confiáveis? • Quem foi o responsável pela palavra final? • Como essa decisão foi comunicada aos interessados? Quem a executou? • Quem foi o responsável pelo acompanhamento?
7. A decisão seguiu as normas, as práticas, as regras e os métodos adequados?
8. Como foram solucionadas as divergências e os conflitos? Quem resolveu?
9. A decisão foi tomada no setor ou nível adequado da empresa?
10. A empresa tem uma cultura que incentive a tomada de decisões corretas?

Fonte: adaptada de Rogers e Blenko.[163]

SUCESSO OU FRACASSO

Muitas vezes, a fronteira entre sucesso e fracasso de uma ação não fica claramente definida, pois depende de critérios e julgamentos subjetivos.[44] Em alguns casos, os critérios podem ser claramente estabelecidos, como um investimento que deve proporcionar retorno mínimo de 10% ao ano. Em geral, os resultados que alcancem ou superem as expectativas ou as metas estabelecidas são considerados sucesso. Contudo, essas expectativas e a forma de avaliá-las podem variar muito. Por exemplo, uma pessoa pode ter a expectativa de ganhar dinheiro para comprar um carro. Para alguns, isso pode significar simplesmente um carro popular usado. Para outros, esse carro pode ser, no mínimo, um SUV luxuoso do ano. As metas também são ajustáveis de acordo com as condições. A expansão de 1% anual de uma cadeia de lojas pode ser considerada aceitável em tempos de recessão, mas inaceitável em tempos de expansão.

Um dos maiores fracassos na indústria automobilística foi o modelo de carro Edsel, lançado em 1957 pela Ford, que fez um grande investimento para produzir um carro inovador para a época, baseando-se em extensa pesquisa de mercado. O novo carro foi definido "a partir do que sabíamos, imaginávamos, sentíamos, acreditávamos, suspeitávamos sobre você – você é a razão que explica o Edsel". Foi feita a maior campanha publicitária já vista para o dia do lançamento, chamada de "Dia E". Contudo, para decepção geral, vendeu-se muito pouco. Dois anos depois, a empresa encerrou a produção, em novembro de 1959, com prejuízo de 350 milhões de dólares, deixando a Ford à beira da falência. Analistas de mercado consideram-no como "o carro errado, para o mercado errado, na hora errada." A pesquisa foi tardia, a preparação, deficiente, e a execução, lamentável.

Outro grande erro cometido foi a demissão do vice-presidente Lee Iacocca, considerado um dos melhores executivos da época e que tinha lançado o carro esportivo Mustang com grande sucesso. Nesses casos, houve uma cadeia de erros, mas também uma decisão dogmática (ver Quadro 8.2, Capítulo 8) do presidente da empresa, Henry Ford II, provavelmente baseando-se em informações equivocadas e intuições erradas. Ele era neto do pioneiro Henry Ford e provavelmente não tinha experiências significativas, pois herdou quase tudo pronto.

Do ponto de vista social e político, a fronteira entre sucesso e fracasso pode ser muito relativa. Há aquela famosa frase do senador norte-americano que propôs a retirada das tropas norte-americanas do Vietnã: "Declaramos que vencemos e vamos embora". Individualmente, as pessoas apresentam expectativas bem diferentes, principalmente ao julgar subjetividades, como conforto, bem-estar, satisfação, felicidade, autorrealização e outras.

FEEDBACK

Feedback é a informação de retorno que serve para monitorar os resultados de uma decisão. Quanto mais rápido for o *feedback*, mais rapidamente poder-se-á adotar as medidas corretivas. Nos sistemas dinâmicos e complexos, o *feedback* deve abranger a multiplicidade de variáveis e suas mútuas influências para permitir o seu monitoramento adequado.

É importante que o *feedback* não se converta em meras obrigações burocráticas, quando as pessoas preenchem extensos formulários e relatórios analíticos. Estes dificilmente resultam em reorientações para o executor e, quando isso ocorre, costuma ser muito demorado. Na maioria dos casos, são preferíveis relatos simples e sumários, contendo apenas o essencial, rapidamente, para acompanhar seus aspectos dinâmicos. Em analogia com a descrição de um cenário, o importante são os atores que se movimentam, e não a paisagem estática.

A resposta ao *feedback* deve ser rápida, franca e honesta. Pode ser apenas um "OK" e um elogio pelos acertos ou podem ser orientações construtivas para eventuais correções. Essa resposta rápida possibilita que as eventuais medidas corretivas sejam tomadas no devido tempo, antes que o erro se propague e se avolume. Os erros devem ser tratados como eventos, sem atribuições de culpa, pois podem ter causas externas e involuntárias ou até mesmo aleatórias. A análise dos erros deve esclarecer as causas para que estas sejam eliminadas e o erro não se repita.

MONITORAMENTO

O monitoramento é realizado para acompanhar a evolução da implementação de uma decisão e depende das informações de retorno (*feedback*). Ele é essencial para manter certa disciplina na execução e fazer as correções necessárias. Isso não deve ter caráter de cobrança, fiscalização ou punição. Pelo contrário, as pessoas envolvidas na execução podem ser encorajadas a prosseguir no caminho. Esse monitoramento pode ser feito pela simples verificação visual, por perguntas diretas ou pelo telefone. Muitas vezes, um simples olhar de aprovação, um monossílabo "Yes" ou "OK", um "uhum" ou balançar a cabeça afirmativamente servem como incentivos. Pode assumir também um caráter mais formal, com reuniões periódicas ou elaboração de relatórios. Em sistemas complexos devem ser construídos indicadores adequados de desempenho para acompanhamento e evolução.

O monitoramento torna-se praticamente impossível nos *sistemas abertos* que são unidirecionais, sem mecanismos de *feedback*. Exemplo típico é de um jogador de futebol que chuta na direção do gol. Depois de chutar, o jogador não tem mais o controle da bola. Resta-lhe fazer o acompanhamento visual da trajetória e comemorar, se for em direção ao gol, ou lamentar, se for para fora, o que acontece em cerca de 90% dos chutes. Outra classe é de *sistemas fechados*, com mecanismos de retorno de informações, permitindo a introdução de correções. Isso equivale à construção de um sistema de ação-reação, para que o desempenho seja continuamente corrigido até atingir os objetivos almejados.

Um exemplo de sistema fechado é o avião-piloto, em que este vai corrigindo continuamente a trajetória do voo até chegar ao destino. Outro exemplo é o míssil teleguiado, cuja trajetória pode ser continuamente ajustada até atingir o alvo, o que é muito diferente do antigo tiro de canhão, que era um sistema aberto. Naturalmente, os sistemas fechados são melhores porque permitem o monitoramento contínuo até se atingirem os resultados. Dessa forma, sempre que possível, os sistemas abertos devem ser substituídos pelos fechados, providos de mecanismos que permitam fazer o acompanhamento, o monitoramento e as correções dos desvios.

Quando se constata um erro, não se devem fazer acusações ou ataques pessoais, porque isso coloca a pessoa na defensiva, tentando justificar-se. A pessoa criticada vai se sentir injustiçada e perseguida. Em vez de isso levar a um caminho para correção, pode produzir um acúmulo de ressentimentos com uma dinâmica destrutiva. É conveniente considerar que uma falha quase sempre é resultado de vários fatores ou do trabalho cooperativo entre várias pessoas.[19] Dificilmente uma pessoa comete um erro de forma deliberada. Em vez de procurar um culpado, é melhor atuar nas medidas corretivas e tomar providências para que essas falhas não se repitam. Ou seja, não usar uma falha como motivo para criticar ou humilhar uma pessoa, mas considerá-la uma oportunidade para introduzir melhorias.

Os tomadores de decisões tendem a melhorar a qualidade delas se souberem que serão monitorados. Em muitos casos, as decisões erradas continuam a acontecer simplesmente porque aqueles que tomam essas decisões não recebem informações de retorno. Essas decisões podem estar baseadas em certas suposições que não se confirmam na prática. É o caso de uma nutricionista novata de uma cozinha industrial que incluiu cenoura nas refeições dos operários baseando-se no cálculo da qualidade nutricional desses tubérculos, conforme tinha aprendido em seu curso universitário. Contudo, esses operários não tinham hábito de comer cenoura e quase tudo era devolvido nos pratos, causando muito desperdício.

Um monitoramento quase imediato ocorre nos jogos de futebol, quando todos os movimentos são seguidos pelos espectadores, aplaudindo ou vaiando. Por exemplo, se um árbitro cometer um erro, será imediatamente vaiado pelos torcedores. Entretanto, esse grau de visibilidade não existe na maioria dos trabalhos. Quando houver interesse, um *feedback* imediato pode ser introduzido nos locais de trabalho, por meio de bips. Por exemplo, pode-se colocar um contador de peças produzidas junto à bancada de trabalho ou na tela de um monitor para produzir um bip a cada peça completada com sucesso e registrar o número total de peças produzidas.

MATRIZ DE ACERTOS

Pode-se elaborar uma matriz cruzando acertos da decisão com os respectivos graus de execução (Quadro 9.2). Os acertos das decisões podem ser classificados em três categorias: certa, parcialmente certa ou errada. A execução também tem três categorias: totalmente executada, parcialmente executada e refugada. Resulta uma matriz com nove combinações possíveis de acertos *versus* execução. A melhor situação é a C1, com decisão certa e totalmente executada, e a pior, a E1, correspondendo a uma decisão errada que foi totalmente executada. A alternativa E3 é ineficaz, pois uma decisão errada foi refugada em tempo, não produzindo efeitos danosos.

As demais situações produzem impactos intermediários, que devem ser examinados e, se possível, corrigidos. O caso C3, quando uma decisão certa é refugada, provavelmente significa uma oportunidade perdida. Já no caso P3, é possível que os eventuais prejuízos sejam menores, pois a decisão estava apenas parcialmente certa. A primeira coluna, totalmente executada, é mais frequente em projetos materiais, como nas obras de engenharia. A segunda coluna, parcialmente executada, é mais frequente em projetos sociais, como em campanhas de vacinação. A terceira coluna ocorre, por exemplo, na legislação, com as "leis que não pegam".

Quadro 9.2 Matriz do grau de acerto *versus* execução da decisão

		Execução da decisão		
		Totalmente executada	*Parcialmente executada*	*Refugada*
Grau de acerto da decisão	*Certa*	C1	C2	C3
	Parcialmente certa	P1	P2	P3
	Errada	E1	E2	E3

A fim de monitorar o acerto das decisões, é interessante estabelecer certos sinalizadores, marcos (*milestones*) ou pontos de checagem para verificar se as ações estão seguindo no caminho desejado. Se for constatado qualquer tipo de desvio, a correção deverá ser imediatamente realizada. Em casos mais simples, basta uma inspeção visual ou perguntar como a ação está se desenvolvendo. Em casos mais complexos, é preciso contar com profissionais especializados ou instrumentos de medida e controle. Por exemplo, os auditores fiscais analisam os demonstrativos dos recursos financeiros aplicados em um projeto a fim de verificar se estão sendo corretamente aplicados. No caso de uma grande obra de engenharia, como uma usina hidrelétrica, há metas de concretagem e uma empresa especializada é contratada para fazer as medições periodicamente. Em muitos casos, a liberação dos recursos financeiros para a etapa posterior pode ser condicionada à execução dessas metas parciais. Contudo, não se devem criar mecanismos burocráticos e demorados que, em vez de ajudar, acabam atravancando o processo.

DECISÕES ENGANOSAS

As nossas decisões são comandadas por dois processos básicos: o reconhecimento de padrões e as colorações emocionais.[86] Eles ocorrem quase simultaneamente e afunilam o processo decisório em torno de poucas alternativas. Após a decisão inicial, quase imediata, ficamos muito relutantes em admitir outras opções e, na medida do possível, procuramos argumentos tendentes a confirmá-la. Muitas dessas decisões falsas são influenciadas pelos vieses, já apresentados no Capítulo 3.

Ao examinar as decisões enganosas tomadas por grandes líderes, Andrew Campbell, Jo Whitehead e Sydney Finkelstein[86] descobriram três causas que se relacionam com o reconhecimento de padrões e suas associações emocionais. A primeira é a presença de *falsos interesses próprios,* que direcionam a emoção para os padrões desejados. As pesquisas demonstraram que até mesmo os profissionais qualificados e idôneos são incapazes de identificar esses falsos interesses. Isso pode acontecer, por exemplo, quando um médico passa uma receita ou um juiz profere uma sentença, inconscientemente eivada de interesses próprios.

O segundo é a presença de *preferências pessoais* a certos produtos, marcas, cores, pessoas, lugares e assim por diante, que podem influir nos julgamentos da situação e das ações escolhidas. O terceiro é a presença da *memória enganosa*, assemelhando a situação em exame com outra, sem que se notem diferenças que podem conduzir a caminhos errados. Essa falta de sintonia pode levar a se desprezarem alguns detalhes importantes. Ela pode ser causada pela associação emocional que se faz com o padrão memorizado. Dessa maneira, evocamos uma decisão anterior que funcionou bem sem considerar diferenças importantes para a nova situação.

BANDEIRAS VERMELHAS

Em um exercício de estudos de casos em um curso de Administração, foram apresentados diversos tipos de novas tecnologias que poderiam sugerir bons negócios para uma grande empresa da área. Cada grupo escolheu certa tecnologia que considerava a mais promissora.[86] As análises financeiras indicaram que alguns desses investimentos produziam retornos negativos. Mesmo assim, os grupos mostraram-se bastante relutantes para mudar suas escolhas iniciais e propuseram investimentos mais agressivos a fim de viabilizá-los. O reconhecimento das situações críticas só é útil quando ocorre antes de se tomar a decisão. Andrew Campbell, Jo Whitehead e Sydney Finkelstein analisaram essas situações críticas fazendo analogia com três bandeiras vermelhas para alertar as distorções provocadas pelas emoções: distorção da memória, coloração emocional inadequada e interesses enganosos (Quadro 9.3).[86]

- *Distorção da memória:* a distorção da memória ocorre quando relembramos fatos semelhantes, mas com importantes diferenças em relação à situação analisada e que podem provocar associações indevidas ou vieses. Como se viu no caso do general Broderick, ele associou os efeitos do furacão Katrina às suas experiências anteriores nos eventos da guerra do Vietnã (ver Capítulo 5).

- *Coloração emocional inadequada*: certos apegos a pessoas, profissões, lugares e objetos podem enviesar as decisões no sentido errado (ver Capítulo 3). Uma pessoa que guarde boas lembranças de infância em uma cidade do interior pode ser levada a implantar uma indústria nessa cidade apenas por questões sentimentais, sem considerar a existência de infraestrutura e logística apropriadas.
- *Interesses enganosos:* os interesses enganosos nos levam a selecionar, inconscientemente, aquilo de que gostamos ou com que simpatizamos. Nesse processo, acabamos desprezando as informações contraditórias, que não sirvam para reforçar a escolha inicial. Nos julgamentos realizados por profissionais como médicos e auditores, observa-se que eles são incapazes de separar os vieses provocados por interesses pessoais (ver Capítulo 3). Isso não quer dizer que sejam desonestos ou trapaceiros, apenas que são vulneráveis aos processos mentais.[86]

Quadro 9.3 Identificação das situações de alerta para levantar bandeira vermelha antes de tomar decisões em situações complexas

Bandeiras vermelhas. As bandeiras vermelhas só serão úteis se forem levantadas antes da decisão, para evitar o erro. Os sete passos apresentados a seguir ajudam na identificação das situações complexas em que podem ocorrer erros.

1. *Examine todas as opções possíveis.* Deve-se examinar o maior número de opções. Se isso não for viável, examine pelo menos aquelas extremas. Isso dá um contorno das decisões possíveis.
2. *Liste as pessoas que decidem.* Quem será decisivo? Quais são as pessoas mais influentes? Quem vai tomar a decisão final? A decisão será colegiada?
3. *Escolha a pessoa mais influente.* Concentre-se inicialmente na pessoa mais influente. Identifique as condições em que essa pessoa poderia levantar a bandeira vermelha.
4. *Estude as possíveis causas das bandeiras vermelhas.* Focalizando a atenção sobre a pessoa mais influente, existe a possibilidade de ela ser influenciada por distorção da memória, coloração emocional inadequada ou interesses enganosos?
5. *Verifique as distorções da memória.* Verifique se há possibilidade de ocorrer interferência de distorção da memória, especialmente relacionada a fortes emoções do passado e que possa produzir um julgamento prévio, preconceituoso ou indevido da situação atual.
6. *Repita os passos 3, 4 e 5 para outras pessoas influentes.* Em decisões complexas, podem ocorrer influências de muitas pessoas, que ensejem outras bandeiras vermelhas.
7. *Revise a lista das bandeiras vermelhas.* Analise os argumentos que poderiam sofrer distorções a favor ou contra a cada bandeira vermelha. Examine cada caso e, se necessário, prepare as suas correções ou defesas.

Fonte: Campbell, Whitehead e Finkelstein.[86]

Medidas preventivas adicionais podem ser tomadas sempre que houver chance de aparecerem essas bandeiras vermelhas. Por exemplo, o diretor de divisão de uma grande empresa precisava preencher um dos cargos para chefiar um departamento de sua área.[86] Ele tinha um funcionário antigo que parecia apresentar as qualificações para o cargo. No entanto, ficou em dúvida se promoveria este ou recrutaria alguém de fora. No caso da promoção, receava deixar-se influenciar por laços de coleguismo e desconsiderar eventuais inaptidões dele para o cargo. Na dúvida, contratou um especialista em seleção de pessoal (*headhunter*) e pediu-lhe que avaliasse esse colega, de forma neutra, em comparação com outros profissionais do mercado. Nesse caso, o colega foi considerado apto para o novo cargo, e o diretor o promoveu sem preocupação.

O uso das bandeiras vermelhas permite que os vieses sejam identificados e confrontados explicitamente antes que produzam eventuais efeitos danosos. No caso de uma decisão colegiada entre membros de uma diretoria, pode acontecer, por exemplo, que um dos membros apresente forte objeção, baseando-se em uma experiência muito marcante no passado. Nesse caso, pode haver uma preparação prévia, reunindo dados objetivos sobre esse incidente específico e demonstrando que a percepção desse membro ficou distorcida por suas emoções. O mesmo pode ser feito em relação a certos preconceitos, crenças e valores, como "eu não acredito em pessoas desse tipo". Nesse caso, podem-se reunir dados objetivos sobre esse tipo de pessoa para serem apresentados na reunião caso essa bandeira vermelha seja levantada por alguém.

CONTROLE DE QUALIDADE DAS DECISÕES

Fazendo uma analogia com a produção de uma fábrica, o nosso cérebro produz muitas decisões erradas. Na fábrica, costumam-se adotar dois tipos de medidas para impedir que produtos defeituosos cheguem ao consumidor. Um deles é a melhoria do processo produtivo, para que menos produtos defeituosos sejam fabricados. O outro, a introdução de controle de qualidade, atuando tanto durante o processo produtivo quanto no produto final a fim de refugar os produtos defeituosos. No primeiro caso, diversas medidas podem ser tomadas, como a substituição das máquinas, a qualificação da mão de obra e a melhoria da organização do fluxo produtivo. No segundo, podem-se estabelecer procedimentos de controle de qualidade tanto durante o processo produtivo como no produto final.

O processo produtivo das decisões humanas pode ser melhorado, aplicando-se três tipos de procedimentos. Primeiro, deve-se alimentar a mente com conhecimentos e experiências relacionados com os principais assuntos de nosso interesse, para que sirvam de "matéria-prima" boa e sejam evocados intuitivamente para a solução de novos problemas. Segundo, a informação ou o estímulo que serve de "gatilho" deve ser precisa, para que os padrões armazenados na mente sejam evocados corretamente. Terceiro, deve-se tomar cuidado com os diversos vieses que distorcem a nossa percepção, estabelecendo um controle externo sempre que possível, pois temos dificuldade de perceber e admitir os nossos próprios vieses, como vimos no Capítulo 3.

Em termos institucionais, envolvendo decisões mais complexas e importantes, justifica-se organizar um grupo de especialistas para fazer o controle de qualidade das decisões. Se possível, esse grupo de controle deve ser independente das atividades de planejamento e de execução. Isso se assemelha à separação dos três poderes do governo: legislativo (planejamento), executivo (produção) e judiciário (controle). Para que os controles possam atuar adequadamente, é necessário definir previamente os padrões de qualidade (gabaritos) considerados aceitáveis pela empresa. Naturalmente, algumas empresas podem ser mais rigorosas que outras. Depois, devem-se definir os métodos de controle, aplicando-se, por exemplo, o *checklist* dos vieses, incluindo as doze perguntas propostas por Daniel Kahneman, Dan Lovallo e Oliver Sibony, já apresentadas neste Capítulo.[159]

O grupo de controle de qualidade poderá controlar a qualidade do produto na etapa final e também durante o processo produtivo, focalizando alguns pontos críticos, nos quais podem surgir mais defeitos. É importante ressaltar que o objetivo do controle aqui não são materiais, mas ideias, conceitos e propostas com maior grau de subjetividade. Consequentemente, os controladores devem ser pessoas muito capacitadas, com ampla experiência e habilidade de argumentação. Devem estar preparados para defrontar-se com fortes lideranças, pessoas poderosas e interesses corporativos, mostrando-lhes os possíveis riscos e as consequências desastrosas das decisões erradas de forma convincente.

REFERÊNCIAS BIBLIOGRÁFICAS

1. BUCHANAN, Leigh; O'CONNELL, Andrew. A brief history of decision making. *Harvard Business Review,* v. 84, n. 1, p. 32, 2006.

2. KLEIN, Gary. Naturalistic decision making. *Human factors*, v. 50, n. 3, p. 456-460, 2008.

3. MLODINOW, Leonard. *Subliminar:* como o inconsciente influencia nossas vidas. Rio de Janeiro: Zahar, 2013. 299 p.

4. ALVIM, Valéria. Um poder chamado intuição. *Mentecérebro.* n. 287, p. 19-29, 2016.

5. MLODINOW, Leonard. *O andar do bêbado:* como o acaso determina nossas vidas. Rio de Janeiro: Zahar, 2009. 261 p.

6. SCHULTZ, Ron. *Sabedoria e intuição*. São Paulo: Cultrix, 2006.

7. LEHRER, Jonah. *How We Decide.* New York: Houghton Mifflin Harcourt, 2009. 302 p. Edição em português: *O momento decisivo.* Rio de Janeiro: Best Business, 2010. 332 p.

8. DAMÁSIO, António. *O erro de Descartes.* São Paulo: Companhia das Letras, 1996. 330 p.

9. KAHNEMAN, Daniel. A perspective on judgement and choice: mapping bounded rationality. *American Psychologist*, v. 58, n. 9, p. 697-720, 2003.

10. KAHNEMAN, Daniel; TVERSKY, Amos. Judgement Under Uncertainty: Heuristics and Biases. *In* BAZERMAN, Max H., *Judgement in Managerial Decision Making.* Hoboken, NJ: Wiley, 2006.

11. KAHNEMAN, Daniel; TVERSKY, Amos. Prospect Theory: An Analysis of Decision under Risk. *Econometrica*, n. 47, p. 263-291, 1979.

12. SIMON, Herbert A. *Administrative Behavior*. 2. ed. New York: Free Press, 1978.

13. SIMON, Herbert A. Making Management Decisions: The Role of Intuition and Emotion. *Academy of Management Executive*, fev., p. 57-64, 1987.

14. FINKELSTEIN, Sydney; WHITEHEAD, Jo; CAMPBELL, Andrew. É melhor repensar. Rio de Janeiro: Elsevier, 2009. 233 p.

15. MATUS, Carlos. *Adeus, Senhor Presidente*: governantes governados. São Paulo: Fundap, 1996. 381 p.

16. AGOR, Weston H. *The Logic of Decision Making*. New York: Quorum Books, 1986. 182 p.

17. IIDA, Itiro; GUIMARÃES, Lia B. M. *Ergonomia*: projeto e produção. São Paulo: Blucher, 2016. 850 p.

18. EKMAN, Paul. *A linguagem das emoções*. São Paulo: Lua de Papel, 2011. 287 p.

19. GOLEMAN, Daniel. *Inteligência emocional*. Rio de Janeiro: Objetiva, 1995. 370 p.

20. SIGMAN, Mariano. *A vida secreta da mente*. Rio de Janeiro: Objetiva, 2017. 283 p.

21. THALER, Richard H.; SUNSTEIN, Cass R. *Nudge*: Improving Decisions About Health, Wealth and Happiness. New York: Penguin, 2008. 312 p.

22. LeDOUX, Joseph. Emotional Systems in the Brain. *Behavioral Brain Research*, n. 58, 1994.

23. OLDS, James; MILNER, Peter. Positive reinforcement produced by electrical stimulation of septal area and other regions of rat brain. *Journal of Comparative and Physiological Psychology*, v. 47, n. 6, p. 419, 1954.

24. WISE, Roy A. Role of brain dopamine in food reward and reinforcement. *Philosophical Transactions of the Royal Society B: Biological Sciences*, v. 361, n. 1471, p. 1149-1158, 2006.

25. SCHULTZ, Wolfram. Predictive Reward Signal of Dopamine Neurons. *Journal of Neurophysiology*, n. 80, p. 1-27, 1998.

26. ASHTON, Heather. Reward and punishment systems. *Neurochemistry of Consciousness: Neurotransmitters in Mind*, v. 36, p. 83, 2002.

27. DENK, F. et al. Differential involvement of serotonin and dopamine systems in cost-benefit decisions about delay or effort. *Psychopharmacology*, v. 179, n. 3, p. 587-596, 2005.

28. ATKINSON, Richard C.; SHIFFRIN, Richard M. Human memory: a proposed system and its control processes. In: K. W. Spence (ed.), *Psychology of learning and motivation*. New York: Academic Press, 1968. v. 2, p. 89-195.

29. BADDELEY, Alan D.; HITCH, Graham. Working memory. In: G. A. Bower (ed.), *Psychology of learning and motivation*. New York: Academic press, 1974. p. 47-89.

30. USHER, Marius. Economic Irrationality is Optimal During Noisy Decision Making. In: *Proceedings of the National Academy of Sciences*. fev. 2016.
31. TULVING, Endel et al. Episodic and semantic memory. *Organization of memory*, v. 1, p. 381-403, 1972.
32. NELSON, Douglas L.; SCHREIBER, Thomas A.; MCEVOY, Cathy L. Processing implicit and explicit representations. *Psychological Review*, v. 99, n. 2, p. 322, 1992.
33. KAHNEMAN, Daniel. *Rápido e devagar*. Rio de Janeiro: Objetiva, 2012. 608 p.
34. EKMAN, Paul. Are there basic emotions? *Psychological Review*, v. 99, n. 3, p. 550-553, 1992.
35. BARRON, Jonathan. *Thinking and Deciding*. Cambridge: Cambridge University Press, 2000.
36. MURPHY, Joseph. *O poder do subconsciente*. Rio de Janeiro: BestSeller, 2017. 307 p.
37. KLEIN, Gary. *Sources of Power: How People Make Decisions*. Cambridge, MIT Press, 1999.
38. HAMMOND, John; KEENEY, Ralph L.; RAIFFA, Howard. The Hidden Traps in Decision Making. In: Harvard Business Review, *Making Smart Decisions*. Boston: Harvard Business School, 2011.
39. GIGERENZER, Gerd. *O poder da intuição*. Rio de Janeiro: BestSeller, 2009. 319 p.
40. CROCKETT, Roger. How Motorola Lost Its Way. *Business Week*, 4 maio 1995, p. 140.
41. LOVALLO, Dan; KAHNEMAN, Daniel. Delusions of Success. In: Harvard Business Review, *Making Smart Decisons*. Boston: Harvard Business School, 2011.
42. HAIDT, Jonathan. *The Happiness Hypothesis*. New York: Basic Books, 2006.
43. BAXTER, Mike. *Projeto de produto*. 3. ed. São Paulo: Blucher, 2011.
44. MARCH, James G. *A Primer on Decision Making:* How Decisions Happen. New York: Free Press, 1994. 289 p.
45. LORD, Charles G.; ROSS, Lee; LEPPER, Mark. Biased Assimilation Attitude Polarization: The Effects of Prior Theories on Subsequently Considered Evidence. *Journal of Personality and Social Psychology*, v. 37, n. 11, p. 2098-2109, 1979.
46. LOEWENSTEIN, George *et al.* Self-serving Assessments of Fairness And Pretrial Bargaining. *Journal of Legal Studies*, v. 22, n. 1, p. 135-159, 1993.
47. LOEWENSTEIN, George; BABCOCK, Linda. A Social Science Perspective on Gifts to Physicians from Industry. *JAMA*, v. 290, n. 2, p. 252-255, 2003.
48. ORESKES, Naomi. The Scientific Consensus on Climate Change. *Science*, 306, 3, dez. 2004, p. 686.
49. BARROS, Daniel M. Eleitor das cavernas. *O Estado de S. Paulo*, 7 out. 2018, p. A34.

50. ASCH, Solomon. *Psicologia social.* São Paulo: Companhia Editora Nacional, 1977.

51. DIMITRIUS, Jo-Ellan. *Decifrar pessoas.* Rio de Janeiro: Elsevier, 2009. 346 p.

52. JANIS, Irving L. Groupthink. *Psychology today*, v. 5, n. 6, p. 43-46, 1971.

53. SCHACTER, D. L. *Os sete pecados da memória*: como a mente lembra e esquece. Rio de Janeiro: Rocco, 2003.

54. GILLUND, Gary; SHIFFRIN, Richard M. A retrieval model for both recognition and recall. *Psychological Review*, v. 91, n. 1, p. 1, 1984.

55. MÜNSTERBERG, Hugo. *On the Witness Stand*: Essays on Psychology and Crime. Nova York: Doubleday, 1908.

56. ROEDIGER, Henry L.; MCDERMOTT, Kathleen B. Creating false memories: Remembering words not presented in lists. *Journal of Experimental Psychology: Learning, Memory, and Cognition*, v. 21, n. 4, p. 803, 1995.

57. BRAUN, Kathryn *et al.* Make my Memory: How Advertising can Change our Memories of the Past. *Psychology and Marketing*, v. 19, n. 1, p. 1-23, 2002.

58. WADE, Kimberly A. *et al.* A Picture is Worth a Thousand Lies: Using False Photographs to Create False Childhood Memories. *Psychonomic Bulletin & Review*, v. 9, n. 3, p. 597-602, 2002.

59. LOFTUS, Elizabeth F.; PALMER, John C. Reconstruction of automobile destruction: an example of the interaction between language and memory. *Journal of Verbal Learning and Verbal Behavior*, v. 13, n. 5, p. 585-589, 1974.

60. HUERTAS, Franco. *O método PES*: entrevista com Carlos Matus. São Paulo: Fundap, 1996. 139 p.

61. DOVIDIO, John F.; ELLYSON, Steve L. Decoding Visual Dominance: Attributions of Power Based on Relative Percentage of Looking While Speaking and Looking While Listening. *Social Psychology Quarterly*, v. 45, n. 2, p. 106-113, 1982.

62. SPENCE, S. H. The Relationship Between Social-cognitive Skills and Peer Sociometric Status. *British Journal of Development Psychology*, n. 5, p. 347-356, 1987.

63. BARTLETT, Frederic C. *Remembering:* A Study in Experimental and Social Psychology. Cambridge: Cambridge University Press, 1932.

64. WOOLFOLK, M. E.; CASTELLAN, W. BROOKS, C. Pepsi versus Coke: Labels, Not Tastes Prevail. *Psychological Reports*, v. 52, p. 185-186, 1983.

65. PAULUS, M. P.; FRANK, L. R. Ventromedial Prefrontal Cortex Activation is Critical for Preference Judgments. *Neuroreport*, n. 14, p. 1311-1315, 2003.

66. LAING, D. *et al.* The Limited Capacity of Humans to Identify the Components of Taste Mixtures and Taste-odour Mixtures. *Perception*, v. 31, n. 5, p. 617-635, 2002.

67. SOLOMON, Gregg A. Psychology of Novice and Expert Wine Talk. *American Jorunal of Psychology*, v. 103, n. 4, p. 495-517, 1999.

68. RIVLIN, Gary. In Vino Veritas. *The New York Times,* 13 ago. 2006.

69. ROSENTHAL, Robert; JACOBSON, Leonore. *Pygmalion in the Classroom*: Teacher Expectation and Pupils' Intellectual Development. Nova York: Holt, Rinehart and Winston, 1968.

70. MALDONATO, Mauro. *Na hora da decisão*. São Paulo: Sesc, 2017. 139 p.

71. ROSENTHAL, Robert; JACOBSON, Lenore. Teacher's expectancies determinants of pupil's IQ gains. *Psychological Reports,* n. 19, p. 115-118, 1966.

72. CRAIG, David. *Como identificar um mentiroso.* São Paulo: Cultrix, 2013. 199 p.

73. CHAVAGLIA Neto, José; FILIPE, José A., FERREIRA, Manuel A. M. *Neuroeconomia*. Rio de Janeiro: Alta Books, 2017. 230 p.

74. GREENE, Robert. *33 estratégias de guerra.* Rio de Janeiro: Rocco, 2011. 494 p.

75. YACCOUB, Hilaine. Classe média não é só renda. *Correio Braziliense,* 21 mar. 2018, p. 12.

76. HOUSE, James S. *et al.* Social Relationships and Health. *Science,* n. 241, p. 540-545, 29 ju. 1988.

77. HILL, R. A.; DUNBAR, R. I. M. Social Network Size in Humans. *Human Nature*, v. 14, n. 1, p. 53-72, 2003.

78. BARBIERI, Frank; ROSENTHAL, Robert. Interpersonal Coordination, Behavior Matching and Interpersonal Synchrony. In: FELDMAN, Robert; RIME, Bernard. *Fundamentals of Nonverbal Behavior.* Cambridge: Cambridge University Press, 1991.

79. SINGER, Tania; CRITCHLEY, Hugo D.; PREUSCHOFF, Kerstin. A common role of insula in feelings, empathy and uncertainty. *Trends in Cognitive Sciences,* v. 13, n. 8, p. 334-340, 2009.

80. KELLEY, Robert; CAPLAN, Janet. How Bell Labs Creates Star Performers. *Harvard Business Review,* jul. ago., 1993, p. 104.

81. WARREN, Richard; WARREN, Rosalyn. Auditory Illusions and Confusions. *Scientific American*, n. 223, p. 30-36, 1970.

82. CUNNINGHAM, Michael R. Weather, Mood and Helping Behavior. *Journal of Personality and Social Psychology*, v. 37, n. 11, p. 1947-1956, 1979.

83. SAUNDERS, Edward M., Stock Prices and Wall Street Weather. *American Economic Review,* n. 83, p. 1337-1345, 1993.

84. ALLISON, R.; UHL, K. P., Influence of Beer Brand Identification on Taste Perception. *Journal of Marketing Research,* n. 1, p. 36-39, 1964.

85. NAKAYAMA, Ken *et al.* Serial and parallel processing of visual feature conjunctions. *Nature*, v. 320, n. 6059, p. 264-265, 1986.

86. CAMPBELL, Andrew; WHITEHEAD, Jo; FINKELSTEIN, Sydney. Why Good Leaders Make Bad Decisions. In: Harvard Business Review, *Making Smart Decisions*. Boston: Harvard Business School, 2011.

87. VAUGHAN, Frances E. *Awakening Intuition*. Garden City, NY: Anchor Books, 1979.

88. HAMMOND, John; KEENEY, Ralph; RAIFFA, Howard. *Decisões inteligentes*. Rio de Janeiro: Alta Books, 2017. 211p.

89. TAKAHASHI, Hidehiko. Molecular neuroimaging of emotional decision-making. *Neuroscience Research*, v. 75, n. 4, p. 269-274, 2013.

90. YERKES, Robert M.; DODSON, John D. The relation of strength of stimulus to rapidity of habit-formation. *Journal of Comparative Neurology and Psychology*, v. 18, n. 5, p. 459-482, 1908.

91. COLLINS, W. E., Relationships of Anxiety Scores to Academy and Field Performance of Air Traffic Control Specialists. *FAA Office of Aviation Medicine Reports*, maio 1989.

92. STEELE, Claude; ARONSON, J. Stereotype Threat and Black College Students. *Atlantic Monthly*, ago. 1999.

93. MATUS, Carlos. *Teoria do jogo social*. São Paulo: Fundap, 2005.

94. COELHO, Carlos S. M.; SANTOS, Jorge A.; SILVA, Carlos Fernandes da. Enjoo de movimento: etiologia, factores predisponentes e adaptação. *Psicologia, Saúde & Doenças*, v. 8, n. 1, p. 33-48, 2007.

95. LANGER, Ellen; RODIN, Judith. Long-term Effects of a Control-relevant Intervention with the Institutionalized Aged. *Journal of Personality and Social Psychology*, v. 35, n. 12, p. 897-902., 1977.

96. MITCHEL, J. Robert; FRIGA, Paul N.; MITCHELL, Ronald K. Untangling the intuition mess: intuition as a construct in entrepreneurship research. *Entrepreneurship Theory and Practice*. nov. 2005, p. 653-679.

97. TÖRNGREN, G.; MONTGOMERY, H., Worse Than Chance? Performance and Confidence among Professionals and Laypeople in the Stock Market. *Journal of Behavioral Finance*, n. 5, p. 148-153, 2004.

98. PACKARD, Vance. *The Hidden Persuaders*. Nova York: David McKay Co., 1957.

99. NORTH, Adrian *et al.* In-store Music Affects Product Choice. *Nature*. v. 390, n. 13, p. 132, 1997.

100. LAIRD, Donald A. How the Consumer Estimates Quality by Subconscious Sensory Impressions. *Journal of Applied Psychology*, n. 16, 241-246, 1932.

101. WILSON, Timothy; SCHOOLER, Jonathan. Thinking Too Much: Introspection Can Reduce the Quality or Preference Decisions. *Journal of Personality and Social Psychology*, n. 60, p. 181-192, 1991.

102. DIJKSTERHUIS, Ap. Breakthrough Ideas. *Harvard Business Review,* fev. 2007.

103. IIDA, Itiro. *Planejamento estratégico situacional.* Brasília: Sebrae, 1997. 99 p.

104. CLAUSEWITZ, Carl von. *Da guerra*. São Paulo: Martins Fontes, 1996. 930 p.

105. MILLER, George A. The magical number seven, plus or minus two: some limits on our capacity for processing information. *Psychological Review*, v. 63, n. 2, p. 81, 1956.

106. JANIS, Irving L. *Crucial Decisions.* New York: The Free Press, 1989. 388 p.

107. IYENGAR, S. S.; LEPPER, M. R. When Choice is Demotivating: Can One Desire Too Much of a Good Thing? *Journal of Personality and Social Psychology*, n. 79, p. 995-1006, 2000.

108. GIGERENZER, Gerd *et al. Simple Heuristics That Make Us Smart.* Oxford: Oxford University Press, 1999.

109. JOHNSON, E. J.; GOLDSTEIN, O. G., Do Defaults Save Lives? *Science*, n. 302, p. 1338-1339, 2003.

110. JOHNSON, E. J. *et al.* Framing, Probability Distortions and Insurance Decisions. *Journal of Risk and Uncertainty*, n. 7, p. 35-51, 1993.

111. KLEIN, Gary. *Sources of Power*: How People Make Decisions. Cambridge, MA: MIT Press, 1999.

112. PETROSKI, Henry. *Inovação: da ideia ao produto.* São Paulo: Blucher, 2008.

113. JOHNSON, J. G.; RAAB, M. Take the first: Option Generation and Resulting Choices. *Organizational Behavior and Human Decision Process*, n. 91, p. 215-229, 2003.

114. LAWSON, Gabriela Andrade Vorraber. *O papel da representação mental da tática no desenvolvimento da proficiência tática esportiva.* Tese de doutorado defendida no Programa de Pós-Graduação em Ciências do Comportamento, PPG-CdC/PPB/IP/UnB, Universidade de Brasília, Brasília, DF, 2015.

115. ISEN, Alice M. *et al.* Positive Affect Facilitates Creative Problem Solving. *Journal of Personality and Social Psychology* v. 52, n. 6, p. 1122-1131, 1987.

116. LEE, Christina. Self-efficacy and behaviour as predictors of subsequent behaviour in an Assertiveness Training Programme. *Behaviour Research and Therapy*, v. 21, n. 3, p. 225-232, 1983.

117. KAGAN, Jerome. *Galen's Prophecy*. Cambridge: Harvard University Press, 1992.

118. THOMPSON, Richard. *The Brain.* San Francisco: W. H. Freeman, 1985.

119. STERN, Daniel. *The Interpessoal Word of the Infant.* New York: Basic Books, 1987.

120. ROSENTHAL, Robert *et al.* The PONS Test: Measuring Sensitivity to Nonverbal Cues. In: REYNOLDS, P. (ed.) *Advances in Psychological Assessment.* San Francisco, CA: Jossey-Bass, 1977.

121. GARDNER, Howard. *Multiple Intelligences.* New York: Basic Books, 1993.

122. ERICSSON, Anders. Expert Performance: Its Structure and Acquisition. *American Psychologist*, ago. 1994.

123. DAVIDOFF, Linda. *Introdução à psicologia.* 3. ed. São Paulo: Pearson Makron Books, 2001. 798 p.

124. COON, Dennis. *Introdução à psicologia: uma jornada.* São Paulo: Thomson Learning, 2006. 712 p.

125. SILVA, Izabella Brito; NAKANO, Tatiana de Cássia. Modelo dos cinco grandes fatores da personalidade: análise de pesquisas. *Avaliação Psicologica: Interamerican Journal of Psychological Assessment*, v. 10, n. 1, p. 51-62, 2011.

126. BARRICK, Murray R.; MOUNT, Michael K. The big five personality dimensions and job performance: a meta-analysis. *Personnel Psychology,* v. 44, n. 1, p. 1-26, 1991.

127. JUDGE, Timothy A. *et al.* The big five personality traits, general mental ability, and career success across the life span. *Personnel psychology,* v. 52, n. 3, p. 621-652, 1999.

128. WISEMAN, Richard. Pesquisa realizada durante o festival de Ciência em Edimburgo, em 2005. In: GIGERENZER, Gerd. *O poder da intuição.* Rio de Janeiro: BestSeller, 2009.

129. MEYERS-LEVY, J. Gender Differences in Information Processing: A Selectivity Interpretation. In: CAFFERATA, P.; TYBOUT, A. *Cognitive and Affective Responses to Advertising.* Lexington, MA: Lexington Books, 1989, p. 219-260.

130. Estudos realizados por Karen ARNOLD e Terry DENNY sobre "Os primeiros da turma" na Universidade de Illinois, publicados no *The Chicago Tribune*, 29 maio 1992.

131. VAILLANT, George. *Adaptation to Life.* Boston: Little, Brown, 1977.

132. VAILLANT, George; FELSMAN, J. K. Resilient Children as Adults: a 40 Year Study. In: ANDERSON, E. J.; COHLER, B. J. *The Invulnerable Children.* New York: Guilford Press, 1987.

133. SODA, Yuichi; MISCHEL, Walter; PEAKE, Philip K. Predicting Adolescent Cognitive and Self-regulatory Competences. *Development Psychology,* v. 26, n. 6, p. 978-986, 1999.

134. COHEN, Jonatah. The Vulcanization of the Human Brain: A Neural Perspective on Interaction Between Cognition and Emotion. *Journal of Economic Perspectives*, n. 19, p. 314-316, 2005.

135. CSKISZENTMIHALYI, Michal; CSKISZENTMIHALYI, Isabella. *Optimal Experience: Psychological Studies of Flow in Consciousness.* Cambridge: Cambridge University Press, 1988.

136. DWECK, Carol. *Mindset*. New York: Random House, 2006.

137. HAMILTON, Jean *et al.* Intrinsic Enjoyment and Boredom Coping Scales. *Personality and Individual Differences*, v. 5, n. 2, p. 183-193, 1984.

138. MYERS, Isabel Briggs. *The Myers-Briggs Type Indicator*: 1985 Manual. Palo Alto, CA: Consulting Psychologists Press, 1985.

139. MELO, José Carlos. Depoimento pessoal. 2015.

140. ISENBERG, Daniel. How Senior Management Think. *Harvard Business Review*, nov.-dez. 1984, p. 81-90.

141. MANZONI, Jean-François; BARSOUX, Jean-Louis. The Set-up-to-fail Syndrome. In: *On Managing People*. Boston: Harvard Business School, 2011.

142. HALOWELL, Edward M. Overloaded Circuits. In: *On Managing Yourself*. Boston: Harvard Business School, 2010.

143. GARVIN, David A.; ROBERTO, Michael A. What You Don't Know About Making Decisions. In: Harvard Business Review, *Making Smart Decisions*. Boston: Harvard Business School, 2011.

144. GHOSHAL, Sumantra; BRUCH, Heike. Reclaim Your Job. In: *On Managing Yourself*. Boston: Harvard Business School, 2010.

145. BUCKINGHAM, Marcus. What Great Managers Do. In: *On Managing People*. Boston: Harvard Business School, 2011.

146. ROCHA NETO, Ivan. *Lynaldo Cavalcanti*: além das palavras. Brasília: Paralelo 15, 2010. 257 p.

147. ABREU, Álvaro Braga de; ROCHA NETO, Ivan; IIDA, Itiro. Colaboradores que trabalharam com Lynaldo Cavalcanti durante muitos anos reuniram-se diversas vezes para discutir o processo decisório dele de 2011 a 2015.

148. ROCHA NETO, Ivan; IIDA, Itiro. Intuition and Wisdom in Decision Making. Disponível em: http://dx.doi.org/10.1590/0103-6513.20170007.

149. MENARD, L. The Unpolitical Animal. *The New Yorker*, 30 ago. 2004.

150. GREEN, L. A.; YATES, J. F. Influence of Pseudodiagnostic Information on the Evaluation of Ischemic Heart Disease. *Annual of Emergency Medicine*, n. 25, 1995, p. 451-457, 1995.

151. GREEN, L. A.; MEHR, D. R. What Alters Physicians' Decisions to Admit to the Coronary Care Unit? *The Journal of Family Practice*, n. 45, p. 219-226, 1997.

152. ROGERS, Paul; BLENKO, Marcia. Who has the D? How Clear Decision Roles Enhance Organizational Performance, In: *On Strategy*. Boston: Harvard Business School, 2010.

153. DRUCKER, Peter. What Makes an Effective Executive. In: *On Leadership*. Boston: Harvard Business School, 2011.

154. LAVIN, Carl. When Moods Affect Safety: Communications in a Cockpit. *The New York Times,* 26 jun. 1994.

155. MACCOBY, Michael. The Corporate Climber has to Find its Heart. *Fortune,* dez. 1976.

156. COSTA, Eduardo Alves da. *No caminho, com Maiakóvski. Poesia runida.* São Paulo: Geração Editorial, 2003.

157. DAVENPORT, Thomas H. Make Better Decisions. In: Harvard Business Review, *Making Smart Decisions.* Boston: Harvard Business School, 2011.

158. MATUS, Carlos. *Los tres cinturones del gobierno.* Caracas: Fundación Altadir, 1997.

159. KAHNEMAN, Daniel; LOVALLO, Dan; SIBONY, Oliver. Before You Make that Big Decision. In: *On Making Smart Decisions.* Boston: Harvard Business School, 2013.

160. CHARAN, Ram. Conquering a Culture of Indecision. In: Harvard Business Review, *Making Smart Decisions.* Boston: Harvard Business School, 2011.

161. NEILSON, Gary L.; MARTIN, Karla L.; POWERS, Elizabeth. The Secrets to Successful Strategy Execution. In: *On Strategy.* Boston: Harvard Business School, 2010.

162. FRIEDMAN, Stewart. Be a Best Leader, Have a Richer Life. In: *On Managing Yourself.* Boston: Harvard Business School, 2010.

163. ROGERS, Paul; BLENKO, Marcia. Who has the D? In: Harvard Business Review, *Making Smart Decisons.* Boston: Harvard Business School, 2011.

164. OBERAUER, Klaus, et al. Individual differences in working memory capacity and reasoning ability. In: R. A. Consway, C. Jarrold, M. J. Kane (eds.), *Variation in working memory.* Oxford: Oxford University Press, 2007. p. 49-75.